KB150161

지금
우리말글

난 지금도 중국집에만 가면 짬뽕과 짜장면을 놓고 고민하곤 한다. 하지만 언어현실에선 짜장면의 처지가 훨씬 낫다.

사실 짜장면은 경직된 어문규범에 대한 저항의 상징이었다. 사람들은 짜장면을 먹는데 우리 사전은 '자장면'만 먹으라고 오랫동안 우겼다. 마침내 국립국어원은 2011년 8월 31일 언중의 말 씀씀이를 받아들여 짜장면을 표준어로 삼았다. 한데 짬뽕은 아직도 중국 음식인 '초마면(炒碼麵)'으로 고쳐 사용하란다. 사전대로라면 중국집에 가서 '초마면 주세요'라고 해야 옳다. 웃기는 짬뽕이다.

아시다시피 우리나라의 짬뽕은 고추기름과 고춧가루를 쓰면서 빨갛고 얼큰한 맛으로 바뀌었다. 맑은 국물의 맵지 않은 일본 나가사키 잔폰과도 물론 다르다. 짬뽕의 뿌리는 초마면일지 모르지만 100여 년의 세월을 거치며 우리 입맛에 맞는 음식으로 재탄생한 것이다. 이걸 일본을 거쳐 중국까지 거슬러 올라가 '초마면'으로 순화하라니….

1987년 11월 동아일보 교열부에 입사했다. '말이 올라야 나라가 오른다'고 하신 한힌샘 주시경 선생의 말씀을 가슴에 새기고 바른 우리말글을 사용하기 위해 노력했다. 자연 사전을 찾는 일이 많아졌다. 그런데 웬걸, 사전에 오류가, 그것도 심심찮게 눈에 띄는 게 아닌가. 2003년 동료 3명(김덕두, 이승훈, 조윤희 기자)과 함께 1년 남짓 표준국어대사전(1999년 10월 발행) 오류분석 작업에 매달렸다. 분석 결과 표제어 오류 50여 개, 총 오류 600여 개를 바로잡았다. 이 일로 저자는 그해 한국어문교열기자협회 대상(단체)을 받았다. 이 작업이 훗날 '손진호 어문기자의 말글 나들이'를 꾸려가는 바탕이 되리라곤 당시로선 짐작조차 못했다.

　우리말 관련 책 한 권 써야겠다고 입버릇처럼 되뇌면서도 어영부영 시간을 보냈다. 그러다 뜻밖에 기회가 찾아왔다. 2014년 11월 24일 콘텐츠기획본부 전문기자로 자리를 옮겼다. 당시 심규선 본부장이 "말글 칼럼을 한번 써보라"고 제안했다. 사실 글을 쓸 기회가 별로 없는 내근기자에게 고정 면을 준다는 건 도박에 가까운 일이다. 그런 만큼 고민은 깊어졌다. "그래. 버티는 것이 답답하고 힘들겠지만 버티다 보면 앞으로 나아가게 되겠지. 한번 해보자."

"'A는 표준어, B는 비표준어이므로 A를 써야 옳다'는 글에서 벗어나자. 지금은 비표준어이지만 입에 자주 오르내리는 낱말을 찾아내 언중에게 돌려주자. 그리고 사투리로 묶여있거나 사전에 오르지 못했어도 감칠맛 나고, 삶의 향기가 오롯이 배어있는 낱말들을 언중에게 알리자." 무엇을 어떻게 써야 하나, 오랫동안 고민을 거듭하다 내린 결론이다. 그렇게 해서 '손진호 어문기자의 말글 나들이'는 첫 회 '삼천포'(2014년 1월 24일자)를 시작으로 '맨드리'(2017년 3월 7일자)까지 3년 3개월간 동아일보에 연재됐다. 이 책은 '말글 나들이'에 연재했던 글을 엮은 것으로, 독자들이 읽기 편하도록 내용을 깁고 더했다. 반드시 알아야 하거나 갈무리해 두면 좋은 낱말, 헷갈리기 쉬운 표현 등을 다뤄 독자들이 좀더 쉽게 우리말에 다가설 수 있게 했다.

글을 쓰는 동안 좋은 일이 많이 생겼다. 저자의 지적대로 '잎새'는 충청 지역에서 쓰는 '잎사귀의 방언'에서 낱말의 심상과 맛깔스러움을 인정받아 문학적 표현에 쓸 수 있게 됐다. '속병'의 잘못으로 묶여있던 '속앓이'도 표준어가 됐고, '묵은지'도 새로이 표제어에 올랐다.

'마실'도 강원·경상·충청 지역에서 쓰는 '마을'의 방언에서 '이웃에 놀러 다니는 일'을 뜻하는 낱말이 됐다.

책이 나오기까지 많은 분의 도움을 받았다. 심규선 콘텐츠기획본부장의 꼼꼼한 데스킹과 어문연구팀원들의 교열작업에 힘입은 바 컸다. "빨리 책 한 권 써라"며 격려해준 김화성 선배와 e메일을 통해 좋은 의견을 보내주신 독자들께도 많은 가르침을 받았다. 독자들이 좀 더 편안하게 우리말글을 익힐 수 있도록 재미난 그림을 그려준 허남문 작가, 우리말글에 대한 열정으로 빼어난 편집을 해준 편집자 권지은 씨, 부족함이 많은 글에 기꺼이 추천사를 써주신 송철의 국립국어원장, 손범규 SBS 아나운서팀 부장, 이현권 정신건강의학과 전문의 겸 사진작가에게도 깊은 감사를 드린다. 이 책이 우리말을 아끼고 사랑하는 사람들에게 조금이라도 도움이 되었으면 한다.

출근할 때면 만사 제쳐 놓고 아들이 골목길에서 사라질 때까지 손 흔들어 주시는 어머니께 이 책을 바친다.

_ 지은이 손진호

차
례

누구나 한 번쯤은 마셨을 법한,

부드럽고 향긋한 헤이즐넛

커피가 바로 개암 커피다.

헤이즐넛의 우리말이 개암이고,

헤이즐은 개암나무다.

각
자
내
기

국립국어원은 더치페이를 대신할 우리말로
'각자 내기'를 선정했다. 알기 쉽고 말맛도 좋다.
허나 더치페이를 찾아야만 순화어를 알 수 있다.

'청탁금지법'이 2016년 시행되면서 말 많고 탈 많았던 촌지(寸志), 향응(饗應), 접대(接待) 등이 사라져간다.

촌지는 '손가락 마디만 한 뜻', 즉 마음이 담긴 작은 선물이나 돈을 의미한다. 촌의(寸意), 촌정(寸情)과 비슷하다. 정겨운 말맛 때문일까. '변변치 못한 작은 성의'를 뜻하는 '미의(微意)'보다 널리 쓰이며 표제어에도 올랐다. 가끔 정도를 넘어 뇌물로 변해 문제를 일으키기도 하지만.

'더치페이(Dutch pay).' 비용을 각자 부담한다는 뜻이다. 이 말은 네덜란드 사람들의 접대 문화인 '더치 트리트(Dutch treat)'에서 온 말이다. 당시 네덜란드와 식민지 늘리기 경쟁을 벌이던 영국 사람들이 '대접하다'는 뜻의 '트리트'를 '지불하다'란 의미의 '페이'로 바꿔 부르며 네덜란드의 접대 문화를 비하했다.

국립국어원은 2013년 외래어인 '더치페이'를 대신할 우리말로 '각자 내기'를 선정했다. 알기 쉽고 말맛도 좋다. 허나 더치페이를 찾아야만 그 순화어가 각자 내기임을 알 수 있다는 게 흠이다. 온라인 국어사전인 '우리말샘'엔 둘 다 표제어로 올라있다.

갹출과 추렴이라는 우리말도, '와리칸' '분파이' 같은 일본말도 있다. 여러 사람이 돈을 나누어 낸다는 '갹출'은 추렴으로 순화했고, 추렴은 더치페이의 순화어인 '각자 내기'에 자리를 내줬다. 정재도 선생(전 한글학회 명예이사)은 생전에 추렴의 원말로 올라있는 '출렴(出斂)'은 있지도 않은 말이므로 '추렴의 잘못된 말'로 바로잡아야 한다고 주장했다.

와리칸(割勘)은 '계산을 나눈다'는 뜻으로 각자 부담을 말하며, 분파이는 분배(分配)의 일본식 발음이다. 요즘은 거의 쓰지 않는다.

'돈내기'란 말을 아시는지. 돈을 내고 하는 내기나 노름 말고, 품삯을 미리 정하고 일정한 분량의 일을 하는 걸 뜻한다. 농번기 때 노동 시간과 관계없이 일한 만큼 돈을 받는 독특한 방식이다.

한턱내길 좋아하는 우리의 문화에서 보면 각자 내기는 왠지 낯설다. 더티페이(Dirty pay)라는 이도 있다. 쪼잔하게 보이니까. 그렇지만 좀더 맑은 사회를 위해 이제부터는 너나없이 계산대 앞에 줄지어설 일이다.

---

* 쪼잔하다 : 「형용사」 (속되게) 마음 쓰는 폭이 좁다. '쪼잔하다'는 언중의 말 씀씀이에 힘입어 뒤늦게나마 표제어로 올랐지만 작은말인 '조잔하다'는 여전히 전남 지방의 사투리로 묶여 있다.

각하 閣下

자유당 시절과 군사정권을 거치면서
'각하＝대통령'이란 인식이 굳어져 총리, 장관 등
고위공직자를 각하로 부르던 문화는 사라졌다.

'각하(閣下).' 사전 속 의미는 '특정한 고급관료에 대한 경칭'이지만 많은 이들은 대통령을 가리키는 말로 받아들인다. 마치 임금의 아버지인 일반명사 대원군(大院君)을 고종의 아버지 '흥선대원군 이하응'이라고 생각하는 것처럼.

조선시대 신분에 따른 호칭은 폐하(황제·황후)–전하(왕)–저하(왕세자)–합하(정일품·대원군)–각하(정승) 순이다. 그런데도 잊을 만하면 고위공직자 등의 입에서 군사독재시대의 유물인 '각하'가 튀어나온다. 자유당 시절과 군사정권을 거치면서 '각하＝대통령'이란 인식이 굳어졌기 때문인 것 같다. 그 때문에 총리, 장관 등 고위공직자를 각하로 부르던 문화는 사라졌다. 대통령에 대한 호칭은 '대통령(님)'이 됐다.

'영부인(令夫人)' '영식(令息)' '영애(令愛)'도 '각하'처럼 쓰임새가 좁아졌다. 본래 영부인은 남의 아내를 높여 부르는 말이다. 지금은 초청장에서나 볼 수 있지만 '동영부인(同令夫人)'이란 표현이 원래의 뜻을 잘 담고 있다. 이는 '존경하는 부인과 함께'라는 뜻으로 부인도 함께 초청한다는 뜻이다. 요즘은 언론에서도 대통령 부인이나 다른 나라 국가 원수의 부인을 영부인이라 부른다.

영식과 영애도 마찬가지. 윗사람의 아들과 딸을 높여 부르는 말이었는데 대통령의 아들딸을 지칭하는 낱말로 굳어졌다. 영부인, 영식, 영애의 '영(令)'자를 대통령의 '영(領)'자로 인식했는지도 모르겠다. 언중은 남의 아들이나 딸은 '아드님' '따님'으로 부른다.

마누라 자랑은 팔불출에 속한다 했던가. 자기 부인을 높여 부른다는 생각에, 약간은 장난기를 섞어 '어부인(御夫人)'이라고 하는 사람들을 볼 수 있다. 일견 그럴듯해 보이지만 우리 사전엔 '어부인'은 없다. '어(御)'는 임금과 관련된 낱말에 붙는다. 임금의 명령을 '어명(御命)', 임금의 나이를 '어수(御壽)', 임금이 신하에게 내리는 술을 '어주(御酒)'라 하듯이.

폐하, 전하, 저하, 합하, 각하…. 왕후장상의 핏줄은 따로 있고, 민초는 고귀한 분의 소유물로 여겨질 때나 쓰던 말이다. 지금은 반대다. 국민이 주인인 시대다.

---

* 팔불출(八不出) : 「명사」 몹시 어리석은 사람을 이르는 말. ¶자식 자랑은 팔불출이라지만 우리 아들 자랑 좀 해야겠다.

갈매기살

돼지 배 속을 가로로 막고 있는 부위가 갈매기살.
비타민과 철분이 풍부하고 맛이 담백하다.
양은 그리 많지 않지만 값이 적당해 즐겨 찾는다.

"여러분들은 지금껏 어떤 갈매기살을 드셨습니까."

채널A 〈먹거리X파일〉이 몇 년 전 내장갈매기살로 불리는 '토시살'이 둔갑한 '갈매기살'의 실체를 밝히며 던진 질문이다. 갈매기살. 프로야구 롯데 자이언츠 팬이 목 놓아 부르는 '부산갈매기'와는 눈곱만큼도 관계가 없다.

갈매기살은 돼지 배 속을 가로로 막고 있는 부위의 살이다. 비타민과 철분이 풍부하고 맛이 담백하다. 양은 그리 많이 나오지 않지만 값이 적당해 많은 이들이 즐겨 찾는다. 소의 같은 부위는 안창살이라고 한다. 같은 부위인데도 소냐, 돼지냐에 따라 이름이 다르다니 재미있다.

갈매기살은 가로막살이라고도 한다. 이 말이 가로마기살, 가로매기살을 거쳐 갈매기살이 된 것이다(《정말 궁금한 우리말 100가지》·조항범). 토시살은 갈매기살의 일종이지만 내장 쪽에 붙어있어 값도 싸고 맛도 떨어진다.

'배 속을 가로로 막고 있는 부위'를 한자어로는 뭐라고 할까. 횡격막인가, 횡경막인가. 한자 의식이 흐려지고 '횡경막'이라는 발음 때문에 횡경막으로 쓰는 경우가 많지만 '횡격막(橫隔膜)'이 맞다.

수육도 논쟁거리. 수육은 식사 전 반주에 곁들이는 안주로 인기가 높다. 그런데 수육은 무슨 고기로 만들까. 한동안 돼지고기를 수육이라 부르거나 '돼지고기 수육'이라 하는 것은 옳지 않다는 주장이 세를 얻었다. 당시 국어사전들이 수육을 '삶아 익힌 쇠고기'라고 정의하는 바람에 수육은 쇠고기만을 지칭하는 게 돼버렸다. 지금은 어떨까. '삶아 내어 물기를 뺀 고기'로 뜻풀이가 바뀌었다. 즉 돼지고기든 오리고기든 삶아서 익힌 고기는 모두 수육이라 할 수 있다. 물론 쇠고기 수육이 대세이긴 하지만.

수육은 한자어 '숙육(熟肉)'이 변한 말이다. 숙육은 발음하기가 영 불편하다. 그래서 자연스레 'ㄱ'이 탈락해 수육이 됐다. 수육과 헷갈리기 쉬운 '편육(片肉)'은 또 뭘까. '얇게 저민 수육'이다. 침을 삼키는 독자들이 많겠지만 고기 얘기 한 가지만 더. 돼지고기에 갖은 양념을 넣어 볶은 제육볶음의 '제육'은 어디서 왔을까. 돼지고기를 뜻하는 한자어 '저육(豬肉)'이 변한 말이다.

---

* 눈곱 : 「명사」 「1」눈에서 나오는 진득진득한 액. 또는 그것이 말라붙은 것. 「2」아주 적거나 작은 것을 비유적으로 이르는 말. 눈꼽(×)

강强추위와 깡술

강추위는 눈도 바람도 없으면서 몹시 매운 추위,
강(强)추위는 눈이 오고 매운바람이 부는 심한 추위다.
눈이 오느냐, 안 오느냐의 차이다.

대한(大寒)은 '큰 추위', 소한(小寒)은 '작은 추위'이니 대한이 더 추울 성싶지만 반대다. '대한이 소한 집에 가서 얼어 죽는다'거나 '춥지 않은 소한 없고 포근하지 않은 대한 없다'는 속담은 그래서 생겼다.

'꽃샘추위' '잎샘추위'가 봄추위라면 한겨울 추위는 '강추위'다. 이때 강추위는 순우리말일까 한자어일까. 둘 다 맞다. '강추위' '강(强)추위' 모두 사전에 올라있다. 강추위는 '눈도 바람도 없으면서 몹시 매운 추위'이고, 강(强)추위는 '눈이 오고 매운바람이 부는 심한 추위'다. 눈이 오느냐, 안 오느냐의 차이다. 알고 쓰든 모르고 쓰든 '폭설과 함께 온 강추위'라면 강(强)추위를 뜻한다.

강(强)추위는 1990년대 후반 사전에 오른 낱말이다. 본래는 눈도 오지 않고 바람도 불지 않는 추위, 즉 고유어인 강추위만 있었다. 그런데 언중은 눈이 내리고 매운바람도 부는 추위를 '강추위'라고 쓰기 시작했다. '매우 센' '호된'의 뜻을 가진 한자어 '강(强)'의 말맛에 이끌려서다.

　순우리말 강추위의 '강-'은 '그것만으로 이루어진' '물기가 없는' '억지스러운'의 뜻을 지닌 접두어다. 강술은 '안주 없이 마시는 술'을, 강기침은 '마른기침'을 이른다. 강울음은 '억지 울음'이다.

　이 중 '강술'은 입말과 말법이 너무 동떨어진 말이 됐다. 언중은 안주 없이 깡다구 있게 마신다는 뜻으로, 혹은 강한 말맛 때문에 '깡술'을 입에 올린다. 그런데도 사전은 오로지 강술만을 쓰라고 한다. 열에 열, '깡소주'라고 하는데도 말이다.

　어떤 말이 사전에 오르기까지에는 오랜 시간이 걸리게 마련이다. 그렇더라도 언중이 즐겨 쓰고, 생명력도 있는 말은 표준어로 삼는 데 인색할 필요가 없다고 본다. 강추위, 강더위에 '강(强)'의 의미를 얹었듯이 입말로 세력을 얻고 있는 '깡술' '깡소주'도 표준어로 삼는 걸 검토해야 할 때가 됐다. 약간 속된 표현 같아 표준어로 삼는 걸 꺼리는 듯하지만, '깡술'이란 말에는 서민의 애환이나 울분 같은 것도 서려 있어 '강술'과는 말맛 차이가 크다.

* 깡다구 : 「명사」 악착같이 버티어 나가는 오기를 속되게 이르는 말. =깡

개굿다와 짓궂다

짓궂다는 장난스럽게 남을 괴롭게 하는 것이어서 부정의 의미가 살짝 배어있다. 반면 개굿다는 말썽은 말썽인데, 다소 귀엽다는 뜻도 담고 있다.

　3월의 새 학기에 가장 달뜨는 이는 누굴까. 조기교육에 내몰린 탓에 설렘은 예전만 못하지만 그래도 '제 짝꿍이 궁금한' 초등학교 입학생이 아닐까 싶다.

　하는 짓이 심하고 짓궂게 장난하는 아이를 개구쟁이라 한다. 여자애들이 고무줄놀이를 할 때 갑자기 나타나 고무줄을 끊고 내빼면서 씩 웃는 모습에 딱 맞는 말이다. 북한에는 쫄랑대며 되바라지게 행동하는 아이란 뜻의 '발개돌이'라는 말도 있다.

　"어이구, 이 개구진 녀석." 친구들과 놀다 잔뜩 흙을 묻히고 돌아오면 어머니가 옷을 털면서 하시던 말씀이다. 하지만 '개구지다'는 우리 사전에 없다. '개굿다'가 올라있지만 '짓궂다'의 경북 사투리에 머물러 있다.

　짓궂다와 개굿다를 표준어와 사투리의 관계라고 하기엔 왠지 찜찜하다. 말맛이 다르기 때문이다. 언중도 구분해서 쓰는 경우가 많다. 짓궂다는 장난스럽게 남을 괴롭고 귀찮게 하는 것이어서 부정의 의미가 살짝 배어있다. 반면 개궂다는 말썽은 말썽인데, 다소 귀엽다는 뜻도 담고 있다.

아이들의 작은 손을 귀엽게 일러 '조막손'이라 하는 사람이 있다. 아마도 물건 따위를 '조몰락조몰락' 하는 아이들의 동작을 떠올린 때문인지 모른다. 하지만 조막손은 '손가락이 없거나 오그라져서 펴지 못하는 손', 즉 장애를 지닌 손을 일컫는다. 여리고 포동포동한 어린아이의 손을 비유적으로 이르는 말은 '고사리 같은 손' '고사리손'이다. 사전이 언중의 말 씀씀이를 받아들여 '고사리손'을 표제어로 삼은 건 잘한 일이다.

아이와 관련해 거슬리는 표현이 또 하나 있다. 어린아이의 나이 뒤에 '−짜리'를 붙이는 것. 표준국어대사전 예문에 '열 살짜리'가 올라있어선지 신문 등에도 심심찮게 오르내린다. '짜리'가 나이를 세는 말로 적당하다면 '오십 살짜리 장년' '여든 살짜리 할아버지'도 쓸 수 있어야 할 것 아닌가. 그런데 어색하다. 어린아이의 나이를 세는 말로 '−배기'란 좋은 표현이 있는데 왜 굳이 '짜리'를 써야 할까. 어린아이에겐 '어떤 나이에 이르다'란 뜻의 '나다'를 써도 괜찮다. '두 살배기'나 '두 살 난 아기'로 쓰면 된다는 얘기다. 어떤가. '두 살짜리'는 그저 나이만 알려주지만, '두 살배기'나 '두 살 난 아기'는 성장 과정의 어떤 시점을 의미하는 것 같아 훨씬 정겹지 않은가.

* −배기 : 「접사」「1」(어린아이의 나이를 나타내는 명사구 뒤에 붙어) '그 나이를 먹은 아이'의 뜻을 더하는 접미사. 두 살바기(×)

개암 커피 주세요

누구나 한 번쯤은 마셨을 법한, 부드럽고 향긋한 헤이즐넛 커피가 바로 개암 커피다. 헤이즐넛의 우리말이 개암이고, 헤이즐은 개암나무다.

시간을 기다리며 마시는 '개암 커피' 향은 기막히다. 무엇을 해도 기분 좋은 가을 풍경에 취할 때면 더욱 그렇다.

개암 커피라고? 고개를 갸우뚱하는 분이 많을 줄 안다. 누구나 한 번쯤은 마셨을 법한, 부드럽고 향긋한 헤이즐넛(hazelnut) 커피가 바로 개암 커피다. 헤이즐넛의 우리말이 개암이고, 헤이즐(hazel)은 개암나무다. 왜 있잖은가. 개암은 도깨비들이 그 깨지는 소리에 화들짝 놀라 방망이도 내팽개치고 도망갔다는, 전래 동화 속의 바로 그 열매다. 모양은 도토리와 비슷하지만 맛은 밤보다 고소하다. 개암을 깨금이라고 하는 이도 있지만 깨금은 강원·전북·충청 지방의 사투리다. 자, 오늘부터 헤이즐넛 커피를 개암 커피로 불러보는 것은 어떨까.

마시고 먹을 때 가끔 '슴슴하다'라는 단어를 떠올린다. "맛 좀 볼래. 내 입에는 슴슴한데" "나물은 슴슴하게 무쳐야지" 등에서 보듯 슴슴하다는 '조금 싱겁다'는 뜻으로 많이 쓴다. 한데 우리 사전은 슴슴하다를 '심심하다의 잘못'이라고 고집한다. 슴슴하다의 세력도 만만찮은데 말이다. 슴슴하다는 말은 싱겁다거나 심심하다와는 또 다른 감칠맛이 있다. 이쯤이면 슴슴하다를 복수표준어로 삼는 걸 검토해야 하지 않을까. 북한에서는 슴슴하다는 물론이고 '무슴슴하다'도 문화어(표준어)로 삼고 있다. 무슴슴하다는 '아무 맛도 없이 슴슴하다'는 뜻이다.

그러고 보니 슴슴하다보다 더 찬밥 신세인 낱말도 있다. '음식 따위가 싱겁다'거나, '본래의 맛과 느낌에서 뭔가 부족한 기분이 들 때' 쓰는 '닝닝하다'다. 언중은 밍밍하다, 맹맹하다와 함께 닝닝하다도 입에 올리지만 '밍밍하다'와 '느끼하다'의 경남 지역 사투리 신세다. 그마저도 온라인 국어사전 우리말샘을 통해 겨우 알려졌다.

국민참여형 온라인 국어사전인 우리말샘이 2016년 10월 5일 개통했다. 누구나 새로운 단어를 추가할 수 있고 사전의 뜻풀이를 수정할 수도 있는 웹 기반 사전이다. 우리말 위키피디아 사전이라고나 할까. 사실 표준국어대사전은 규범 사전이어서 실생활 어휘들을 때맞춰 폭넓게 담아내지 못하는 한계가 있다. 우리말샘에 표제어로 올랐다고 해서 곧바로 표준어가 되는 건 아니다. 하지만 우리말의 곳간이 더 풍성해질 것임은 틀림없다. '닝닝하다'가 새삼 주목을 받는 것처럼.

---

* 감칠맛 : 「명사」「1」음식물이 입에 당기는 맛. 「2」마음을 끌어당기는 힘. 한 낱말이므로 붙여 쓴다. 감칠 맛(×)

개털과 범털

죄수들의 은어인 개털과 범털은 둘 다 표준어다.
개털이 돈이나 뒷줄이 없는 일반재소자라면,
범털은 돈 많고 권력 있는 거물급 재소자를 뜻한다.

　검찰 조사를 받는 사람이 팔짱을 낀 채 말을 건네자 검찰 직원들은 깍듯한 자세로 응대한다. 변호인은 바지주머니에 손을 넣은 채 웃고 있고…. 2016년 11월 한 장의 사진이 웅변하는 우리 검찰의 일그러진 민낯이다. 언론은 이를 두고 '황제 소환'이라 했지만 '범털'이 떠오르는 건 왜일까.

　'개털과 범털.' 죄수들의 은어(隱語)로 말본새는 좀 그렇지만 둘 다 표준어다. 개털이 돈이나 뒷줄이 없는 일반재소자라면, 범털은 돈 많고 권력 있는 거물급 재소자를 가리킨다. 범털이 있는 방이 '범털 방'인데, '개털방'은 잘 안 쓴다. 그 대신 '쥐털방'이 있다. 살인범이나 강도범 등 흉악범을 가둔 방을 그렇게 부른다.

　늙은 사람을 낮춰 부르는 말은 '노털'일까, '노틀'일까. 많은 이가 '노인의 털'이나 '오래된 털'쯤으로 여겨 '노털'로 알고 쓰지만, '노틀' 이 옳다. 노인을 뜻하는 중국어 '라오터우얼(老頭兒)'이 우리나라에 들어와 '노틀'로 바뀐 것이다. 한데 어쩌랴. 언중은 하나같이 '노털'이라고 하니. 표준어 아귀찜 대신 사투리 아구찜이 더 행세를 하는 것처럼.

잘 알다시피 '깃털'도 자주 쓴다. 머리털 몸털처럼 깃털도 원래는 깃에서 난 털이었다. 그런데 언중은 '어떤 사건의 주범이 아닌 종범(從犯)'이란 뜻으로 즐겨 쓴다. 큰 사건이 날 때마다 몸통은 온데간데없고 깃털만 나부끼니 그럴 만도 하다. '깃털 징계'도 온라인 국어사전인 우리말샘에 올라있다. 몸통은 놔둔 채 약한 사람만 징계하는 걸 뜻한다. 이쯤이면, 언중의 말 씀씀이를 받아들여 깃털의 뜻풀이를 추가하는 게 좋을 성싶다.

또 있다. 터럭줄이 변한 '타락줄'은 사람의 머리털을 꼬아 만든 줄이다. '털너널'은 몹시 춥거나 먼 길을 갈 때 덧신는, 털가죽으로 크게 만든 버선이다. '털수세'는 털이 많이 나서 험상궂게 보이는 수염을, '터럭손'은 터럭이 많이 난 손을 말한다. 그러니 '털'과 '터럭'은 형제다.

* 말본새 : 「명사」 말하는 태도나 모양새. 말뽄새(×)

개
평

화투판에서 쓰는 말인 꼬평은 개평이 옳다.
노름이나 경기 등에서 남이 딴 몫에서
조금 나눠 받는 공것이 개평이다.

설이나 추석 연휴 때면 고향의 정과 함께 화투(花鬪)의 추억을 나
눈 분들도 많을 것 같다.

화투는 우리 삶 속에 깊숙이 자리하고 있다. 고스톱, 민화투, 섰
다 등 종류도 많다. 그래서일까. 2006년에 영화 〈타짜〉가 568만 명
의 관객을 모으더니 2014년에는 〈타짜 – 신의 손〉이 흥행몰이에 성
공했다. '타짜'와 '타짜꾼'은 국립국어원 웹사전에 표제어로 올라있
다. 타짜는 '달인(達人)'을 뜻하는 일본말 '닷샤(達者)'에서 왔다. 일제
강점기에 많이 쓰다가 광복 후 타짜로 바뀐 것이다.

화투판에서 잘못 쓰는 말도 많다. '꼬평(깨평)'이 대표적인데, '개
평'이 옳다. 노름이나 경기 등에서 남이 딴 몫에서 조금 나눠 받는 공
것이 개평이다. 노름 용어인 것은 맞는데 어원은 정확하지 않다. 조
선어사전(1938년) 등에는 '가평(놀음판에서 구경꾼에게 주는 돈이나 물
건)'으로 나온다는 점에 주목해 가평에서 변한 말로 보기도 한다(《그

런, 우리말은 없다》·조항범). 하지만 조선말큰사전(1947년)에서는 개평을 표준어로 삼고 가평을 사투리로 본다. 최근에 나온 사전 역시 마찬가지다. 한자 '낱 개(個)'와 조선 중기부터 후기까지 통용되던 엽전 '상평통보(常平通寶)'를 뜻하는 '평(平)'이 합쳐진 것으로 해석한다. 얼마 안 되는 돈이라는 뜻이다. 개평과 비슷한 말로 요즘 '뽀찌'라는 말도 쓰는데, 이 또한 어원이 정확하지 않다.

화투를 치다 보면 가끔 비기기도 한다. 이때 '파토가 났다'라고들 하는데 '파투가 났다'라고 해야 한다. 판이 깨졌으니 파투(破鬪)인 것이다. 이를 '나가리'라고도 하는데, 나가리는 '무효' '허사'를 뜻하는 일본말 '나가레(流れ)'를 잘못 발음한 것이다.

'섰다'에서는 땡잡은 사람과 황잡은 사람이 나오게 마련. 땡은 같은 짝 두 장으로 장땡(10이 두 장인 경우)이 가장 높고 9땡, 8땡 순으로 내려갈수록 끗수가 낮아진다. 황잡다의 황은 짝이 맞지 않는 패로 끗수가 낮아 십중팔구 돈을 잃는다. 그래서 땡잡다에 '뜻밖에 큰 행운이 생기다', 황잡다에 '뜻밖에 큰 낭패를 당하다'는 비유적 의미가 생겨났다.

도박과 놀이의 경계는 어디쯤일까. 얼마 안 되는 판돈을 걸고 잠시나마 타짜 소리 들어가며 기분 좋게 개평을 나눠주고 끝낸다면 놀이가 아닐까. 자칫 그 맛에 빠져 진짜 타짜가 되려고 한다면 인생 '파투' 나기 십상이다.

* 낭패(狼狽) : 「명사」 낭과 패는 본래 전설상의 동물(늑대)이다. 뒷다리가 짧은 '낭'과 앞다리가 짧은 '패'는 서로 도와야만 사냥을 할 수 있었다. 하지만 성격이 맞지 않아 둘은 곤경에 빠졌다. 여기에서 '계획한 일이 실패로 돌아가거나 기대에 어긋나 매우 딱하게 됨'이라는 비유적 의미가 생겨났다.

‘거덜나다

조선시대에 말을 관리하던 거덜은 생활이 쪼들려도
높은 양반 옆에서 허세를 부리다 가산을 탕진했다.
‘거덜 났다’는 거덜처럼 무일푼이 되었다는 말이다.

쫄딱 망했을 때 사람들은 ‘거덜이 났다’고 한다. ‘거덜’이 뭐지? 무
슨 물건쯤으로 생각하는 이가 많을 것이다. 아니다. 조선시대에, 사
복시(司僕寺)에 속해 말을 돌보고 관리하던 종이다.

사극의 가마 행렬을 한번 떠올려보자. 이때 “쉬~ 물렀거라. 대감
마님 행차시다”라며 목청을 길게 빼는 이들이 바로 거덜이다. 얼마
나 우쭐거렸기에 그들이 타는 ‘거덜마’에 ‘걸을 때 몸을 몹시 흔드는
말’이라는 뜻까지 생겨났을까.

거만스러운 태도를 일컫는 ‘거드름’도 거덜에서 파생한 말이다.
상전의 위세를 믿고 남 앞에서 으스대거나 허풍을 떠는 것을 ‘거드름
피운다’고 했다. ‘들때밑’은 세력 있는 집안의 오만하고 고약한 하인
을 이른다. 여우가 호랑이의 위세를 빌려 호기를 부린다는 ‘호가호위
(狐假虎威)’라는 말과 닮았다.

‘거덜 나다.’ 거덜에 ‘나다’가 붙은 모양새다. 재산이나 살림 등이

여지없이 없어진다는 뜻이다. 그런데 이상하다. 왜 '거덜 나다'가 망했다는 뜻이 됐을까. 거덜은 생활이 쪼들리는데도 높은 양반 옆에서 허세를 부리다 가산을 탕진했다고 한다. 그래서 '거덜 났다'는 것은 거덜처럼 무일푼이 되었다는 말이다. 요즘은 '옷과 신 등이 닳아 떨어지다' '하려던 일이 여지없이 결딴나다' 등으로 의미가 확산됐다.

'결딴나다'는 거덜 나다와 뜻이 닿아 있다. 어떤 일이나 물건 따위가 망가져서 어쩌지 못하는 상태를 일컫지만 '살림이 망하여 거덜 난 상태'를 이르기도 한다. 한데 이 말을 '절딴 나다' '절단 나다' '결단 나다'로 잘못 쓰는 이가 많다. 절딴은 글꼴이 결딴과 비슷할 뿐 사전에 조차 올라있지 않다. '결단(決斷)' 역시 발음이 '결딴'으로 나는 까닭에 헷갈리겠지만 당연히 의미가 다르다. '절단(切斷)'은 한자에서 보듯 자르거나 베어 끊는 것을 말한다.

'살림이 거덜 나면 봄에 소를 판다'는 속담이 있다. 생활이 쪼들려 막다른 처지에 이르게 되면 아무리 긴요한 물건이라도 꺼리지 않고 판다는 뜻이다.

---

* 들때밑 : 「명사」 세력 있는 집의 오만하고 고약한 하인을 이르는 말.

‘거하게 한잔 쏜다?

‘술 따위에 어지간히 취한 상태’인 ‘거나하다’의
준말인 ‘건하다’는 ‘아주 넉넉하다’는 뜻이다.
‘거하다’는 술이나 음식과는 관계가 없다.

‘외모는 거울로 보고 마음은 술로 본다.’ ‘청동은 모양을 비추는
거울이지만 술은 마음을 비추는 거울이다.’ 얼마나 똑같은가. 앞의
것은 우리나라 속담이고, 뒤의 것은 기원전 5세기 고대 그리스의 비
극 시인 아이스킬로스가 한 말이다. 그만큼 동서와 고금을 막론하고
술은 인간과 뗄 수 없는 관계를 맺어왔다. 에우리피데스는 ‘술이 없
는 곳에 사람은 있을 수 없다’고 단언했다. 당연히 술에 관련된 속담
격언 경구는 넘쳐나고, 시대에 따라 새로 생기기도 한다.

“오늘 거하게 한잔 쏘세요.”

요즘 흔히 쓰고 듣는 말이다. ‘반 잔 술에 눈물 나고, 한 잔 술에
웃음 난다’는 말도 있으니 이왕 대접할 바에야 제대로 대접하라는 뜻
이다. 하지만 아쉽게도 술이든 밥이든 ‘거하게’ 살 순 없다. 많은 사
람들이 거하다를 한자 ‘클 거(巨)’가 들어간 ‘거(巨)하다’로 생각한다.
그런데 그런 말은 우리 사전에 없다. ‘거하다’는 ‘산 따위가 크고 웅

장하다' '나무나 풀 따위가 우거지다'는 뜻의 순우리말이다. 술이나 음식과는 눈곱만큼도 관계가 없다.

바른 표현은 '건하다'이다. 건하다는 '아주 넉넉하다'는 뜻이다. '술 따위에 어지간히 취한 상태'를 말하는 '거나하다'의 준말이기도 하다. 간혹 이를 '걸하다' '찐하다'로 쓰기도 하는데 이 역시 잘못된 표현이다. 걸하다는 '재빠르다'는 뜻의 제주도 사투리. 찐하다는 표제어에 올라있지만 뜻은 '안타깝게 뉘우쳐져 마음이 언짢고 아프다' 이다. '짠하다'와 같은 의미다. 술을 언짢고 짠하게 사서야 되겠는가.

입에 자주 올리는 '쏘다'는 표현도 역시 문제다. '쏘다'엔 '돈을 내다' 라는 뜻이 없다. '쏘다'를 대신할 말은 무엇일까. '(한턱) 쓰다'가 있다.

하지만 사전을 들춰가며 말하는 사람은 없다. 언중이 말맛에 이 끌려 '돈을 내다'의 의미로 '쏘다'를 꾸준히 쓴다면 얘기는 달라진다. 다양한 연령층에서 쓰고 있으니 언젠가는 쏘다에 '한턱 쓰다'라는 뜻 풀이를 더해야 할지도 모르겠다. 쏘든, 쓰든, 내든 중요한 건 어떻 게 마시느냐이다. 까딱 잘못하면 우리나라에서 '술 먹은 개'가 될 수 있다. '입술과 술잔 사이에는 악마의 손이 넘나든다(요한 프리드리히 킨트).'

* 한턱 : 「명사」 한바탕 남에게 음식을 대접하는 일. ¶그는 직원들에게 저녁 한턱을 단단히 냈다.

~
것
같
다

예부터 어림을 나타내는 자리에 '듯'을 넣었는데
모난 돌이 정 맞는 사회에서 공격을 피하려는
방어 심리가 '~것 같다'를 만들어낸 것인지도 모른다.

"이 집 음식 맛 어때?"

"맛있는 것 같아요. 근데 좀 짠 것 같아요."

가족들과 모처럼 외식하는 자리에서 오간 대화다. 아들 녀석의 대답은 '좀 짜긴 하지만 맛은 있다'는 정도일 터. 맛있으면 맛있다고, 짜면 짜다고 하면 될 것을 왜 굳이 '맛있는 것 같다' '짠 것 같다'고 할까. 필자의 속내를 알아차린 듯 녀석은 '~것 같다'를 '~하다' '그렇다'는 의미로 쓰는 친구가 꽤 많다고 했다.

그러고 보니 '~것 같다'는 젊은이들 사이에 이미 관용구가 되어버렸다. '좋아요' 대신 '좋은 것 같아요'를 쓰는 것까지는 봐줄 만한데 '배고파요' 대신 '배고픈 것 같아요'라고 하는 건 뭔지. 심지어 '잘 모르는 것 같아요'라고 하면 모른다는 건지, 알긴 아는데 확실하지 않다는 뜻인지 헷갈린다. 이것도 그냥 '알쏭달쏭해요'라고 하면 될 것을. '~것 같다'는 모난 돌이 정 맞는 사회에서 공격을 피하려는 무의

식적 방어 심리가 만들어낸 것인지도 모르겠다.

단정적으로 말하기 어렵다면 '듯하다' '듯싶다'를 활용하는 것이 좋다. 예부터 우리말에서는 어림을 나타내는 자리에 '듯'을 넣어 '그런 듯하다'처럼 써왔다. '듯하다'는 앞말이 뜻하는 사건이나 상태를 추측할 때 쓴다. 즉 '배고픈 것 같아요'는 '배고픈 듯해요'로 쓰면 된다.

아 참, '~같아요'를 '~같애요'로 쓰는 사람도 있는데 잘못이다. '같애'는 '같(어간)＋애(어미)'로 나눌 수 있을 듯하지만 그렇지 않다. '그는 키가 작아'에서 보듯 어떤 사실을 서술하는 어미는 '~애'가 아니라 '~아'이다.

신조어로 많이 쓰인 낱말 가운데 '아몰랑'을 기억하시는지. '아, 몰라'에 'ㅇ'을 붙인 것이다. 어떤 사안을 놓고 논쟁하다 더 이상 상대방을 이길 수 없을 때 '아몰랑' 하고 물러서면 논쟁은 끝난다. 이 낱말 역시 자신이 없어 두루뭉술하게 표현한다는 점에서는 '~것 같다'와 닮았다. 선택의 고민은 끝이 없다지만 지금 만나고 있는 사람과 결혼할지 말지를 인터넷에 묻는 사람도 있다 하니 '~것 같다'는 약과(藥果)일지도 모르겠다.

'~것 같다' 같은 어정쩡한 표현 말고 똑 부러지게 자신의 생각을 드러내는 말들이 많아졌으면 좋겠다. 말은 곧 얼이다.

---

* 두루뭉술하다 : 「형용사」 「1」모나거나 튀지 않고 둥그스름하다. 「2」말이나 행동 따위가 철저하거나 분명하지 아니하다. 두루뭉실하다(×)

'골든타임

'금쪽같은 시간'을 뜻하는 '골든타임'은
응급환자 발생 시 응급 처치, 사고 대응의
성패를 좌우하는 초기시간이다.

"어, 누리꾼이 언제 표제어가 됐지?" 국립국어원 웹사전에서 '누리꾼'을 찾으면 '네티즌(netizen)'을 다듬은 말로 올라있다. 누리꾼은 '사이버 공간에서 활동하는 사람'을 일컫는 순우리말이다. 국어원 '모두가 함께하는 우리말 다듬기' 운동을 통해 외래어와 외국어를 우리말로 가꾸어 나가려고 노력한 결과다. 언중이 즐겨 쓰는 '나들목' '댓글' '그림말'도 마찬가지. 그동안 사용하던 인터체인지와 IC, 리플, 이모티콘과 함께 표제어에 올랐다.

물론 다듬은 말이라고 해서 모두 표제어가 되는 건 아니다. 순화 대상 외래어 가운데는 생활 깊숙이 자리 잡은 경우가 많다. 콘텐츠, 블로그, 다크서클을 각각 '꾸림정보' '누리방' '눈그늘'로 다듬었지만 10년이 넘도록 뿌리를 내리지 못하고 있다.

'웰빙'과 '참살이'는 지금도 경쟁 중이다. 국어원은 2012년 사회생활 전 분야로 쓰임새를 넓혀가던 웰빙을 참살이로 다듬었다. '참살이

(웰빙)' 형태로 쓰는 곳도 있지만 일부에서는 참살이와 웰빙은 의미와 말맛이 다르다며 반발한다. 그래서일까. 두 낱말 모두 사전에 오르지 못하고 있다.

'금쪽같은 시간'을 뜻하는 '골든타임'이 요즘 들어 부쩍 입에 오른다. 국어원은 2014년 7월 골든타임을 '황금시간'으로 순화하면서 응급환자 발생 시 응급 처치, 사고 대응의 성패를 좌우하는 초기시간으로 규정했다.

한동안 황금시간이 많이 쓰이는가 싶더니 어느새 골든타임이 다시 세를 넓히고 있다. '노동시장 개혁 골든타임은 놓쳤지만…' '경기 회복 위한 마지막 골든타임 놓치지 말아야' 등 하루가 멀다 하고 등장한다. 골든타임의 의미도 '사람을 살리기 위한 시급함'을 넘어 '국가나 사회의 변화를 이끌어 낼 수 있는 중요한 시기나 기회'로까지 확대됐다.

'호치키스'를 아시는지. 디귿(ㄷ) 자 모양의 철사 침으로 서류 따위를 철하는 도구 말이다. 본래 이름은 '스테이플러(stapler)'인데 상표 이름인 '호치키스'를 자꾸 쓰면서 사전에까지 올랐다. 선글라스를 '라이방'이라고 하는 것과 같다. 스테이플러와 호치키스를 다듬은 말이 '(종이) 찍개'다. 하지만 '찍개'는 표제어에 오르지 못해 다시금 호치키스에 밀릴 처지에 놓였다.

---

* 국어원 '모두가 함께하는 우리말 다듬기'에서 순화한 용어 가운데 입말로 세력을 넓혀가는 낱말이 더러 있다. 버스킹(busking)을 '거리 공연', 셰어 하우스(share house)를 '공유 주택'으로 다듬은 게 좋은 예다.

‘ 과메기

겨울철에 청어나 꽁치를 해풍이 부는 덕장에서
얼리고 녹이기를 반복하며 만들어내는 별미다.
문인수 시인은 '저 해와 달의 요리'라며 예찬했다.

'원조 과메기 청어가 돌아왔다.' 경북 포항 구룡포에서 2014년 본
격적으로 '청어(靑魚) 과메기'를 만들기 시작했다고 알리는 글이다.

과메기. 겨울철에 청어나 꽁치를 해풍이 부는 덕장에서 얼리고
녹이기를 반복하며 만들어내는 별미다. 생미역이나 다시마를 곁들
여 초고추장에 찍어 먹을 때의 그 맛이란…. 문인수 시인은 과메기
를 '저 해와 달의 요리'라며 '고단백의 찰진 맛에 먼 봄의 비린내가
살짝 풍긴다'고 예찬했다.

과메기라는 명칭은 청어의 눈을 꼬챙이로 꿰어 말렸다는 관목(貫
目)에서 나왔다. '관목이'로 부르다가 '관메기'로 변하고 'ㄴ'이 탈락하
면서 과메기로 굳어졌다. 건청어(乾靑魚)라고도 한다. 과메기는 지방
특산물이 전국상품이 된 사례 중 하나다. 그런데 이상하다. 사람들
은 왜 지난해까지 즐겼던 꽁치 과메기 대신 청어 과메기를 원조라며
반길까.

과메기는 원래 청어로 만들었다. 청어는 일찍이 '선비를 살찌우는 생선'이라는 뜻에서 비유어(肥儒魚)라는 별명까지 얻었다. 어획량이 줄어든 1960년대부터 꽁치 과메기가 보편화됐다. 그러다 2014년부터 청어가 많이 잡히고, 소비자들도 원양에서 잡은 꽁치보다 국내산 청어로 만든 과메기를 선호하면서 청어 과메기가 옛 명성을 되찾게 된 것. 과메기의 사전 뜻풀이도 이런 변화를 수용하고 있다. 국립국어원 웹사전은 '꽁치를 차게 말린 것(경북)'에서 '청어나 꽁치를 차게 말린 것(경북)'으로 수정했다. 그런데 '차게 말린 것'이라는 뜻풀이는 뭔가 부족하다. 얼리면서 말리는데 말이다.

또 하나. 과메기를 경북 지역 사투리로 묶어두고 있다는 점이다. 표준국어대사전이 1999년 모든 국어사전이 강원도 등지의 사투리로 규정한 '골뱅이'를 표준어로 삼은 것을 참고할 필요가 있다. '현대 서울말'이 아니라는 이유로 많은 사투리들을 표준어와 차별해온 것은 우리 언어 정책의 실책 중 하나다. 삶의 향기가 배어있는 사투리에 오늘의 숨결을 불어넣을 방법을 고민할 때다.

가을 달빛 아래에서 먹는 과메기는 과메기가 아니다. 행복이다. 권커니 잡거니, 친구여 또 한잔!

---

* 찰지다 : 「형용사」 '차지다'의 경상·전남 지역의 사투리로 묶여 있다 '차지다'의 원말로 바뀌었다. 하지만 여전히 많은 이들의 입에 오르내린다.
* 차지다 : 「형용사」 반죽이나 밥, 떡 따위가 끈기가 많다. ¶차진 흙/그는 차진 밥을 좋아한다.

광복과 해방

광복에는 우리 민족의 항거와 저항이 들어있고,
해방은 외세의 힘으로 풀려났다는 의미가 강하다.
'해방둥이' 역시 '광복둥이'로 고쳐 쓰면 어떨까.

'흙 다시 만져보자 바닷물도 춤을 춘다/기어이 보시려던 어른님
벗님 어찌하리….' 정인보 작사 윤용하 작곡의 '광복절 노래'다. 언제
불러도, 언제 들어도 가슴 뭉클하다.

광복(光復)과 해방(解放). 언중의 느낌과 쓰임은 다르다. 그런데 우
리 사전은 동의어처럼 다루고 있다. 국립국어원 웹사전에 올라있는
'광복을 맞이하다' '일본의 항복으로 우리는 해방을 맞았다'는 예문만
보더라도 그렇다. 광복도, 해방도 전부 '맞았다'고 한다.

거부감이 있다. 광복에는 우리 민족의 항거와 저항이 들어있고,
해방은 외세의 힘으로 풀려났다는 의미가 강하다. 2003년 3월 미국
이 영국 등과 함께 이라크에서 벌인 전쟁이 외세에 의한 해방전쟁이
다. 하지만 3·1운동이 말해주듯 우리 조상들은 국내외에서 끈질긴
항거와 무장투쟁을 벌였다.

물론 우리 힘만으로 광복을 쟁취했느냐는 반론이 있을 수 있다.

그러나 우리가 우리를 존중하겠다는 걸 누가 뭐라 하겠는가. 가해자인 일본조차 이날을 '패전일'로 부르지 않고 '종전일'로 부르고 있다. 매스컴은 일찍부터 광복과 해방의 차이를 받아들여 해방 대신 광복으로, 일제시대 대신 일제강점기로 쓰고 있다.

해방둥이. '우리나라가 일제로부터 해방된 1945년에 태어난 사람'을 이르는 말이다. 이 역시 '광복둥이'로 고쳐 쓰면 어떨까. 그들도 '해방된 조국'보다는 '광복된 조국'을 더 자랑스러워할 테니.

'종군위안부'라는 용어도 써서는 안 될 말이다. 일본군의 성노예로 고통을 당한 그분들을 또 한번 울리는 말이다. 종군(從軍)은 종군기자라는 쓰임에서 보듯 '자발적으로 군을 따라다닌 것'을 의미한다. 정신대(挺身隊) 역시 '나라를 위해 몸을 바친 부대'라는 뜻이다. 종군위안부나 정신대는 일본이 왜곡한 말이다. '일본군 위안부'나 더 정확히는 '일본군 성노예'로 쓰는 게 옳다. 한때 '정신대'를 '일본군 성노예'와 혼동하기도 했으나 정신대는 '근로정신대'를 의미한다.

* 혼동 : 「명사」「1」구별하지 못하고 뒤섞어서 생각함. 「2」서로 뒤섞이어 하나가 됨.
* 혼돈 : 「명사」「1」마구 뒤섞여 있어 갈피를 잡을 수 없음. 또는 그런 상태. ¶혼돈에 빠지다.

괴 개
발 발
개 새
발 발
과

'괴발'은 고양이의 발, '개발'은 개의 발이다.
고양이와 개의 발자국으로 어지럽혀진 모습에서
'글씨를 아무렇게나 써놓은 모양'을 뜻하게 됐다.

　한밤중 내리는 눈은 고양이 발걸음을 닮아 소리가 없다고 했던
가. 사전에 화석처럼 남아 있는 '괴발디딤(고양이가 발을 디디듯이 소리
나지 않게 조심스럽게 발을 디디는 짓)'이란 낱말을 보면 고개가 절로 끄
덕여진다.

　고양이 발걸음 하면 전혀 어울리지 않는 두 낱말이 겹쳐 떠오른
다. '괴발개발'과 '개발새발'이다. 괴발개발은 '괴발(猫足)＋개발(犬足)'
구조로, '괴발'은 고양이의 발, '개발'은 개의 발이다. 천방지축 들이
뛰는 고양이와 개의 발자국으로 어지럽혀진 모습에서 '글씨를 되는
대로 아무렇게나 써놓은 모양'을 뜻하게 됐다. '괴'는 지금은 죽은말
이 되다시피 했지만 고양이의 옛말이다.

　한데 고양이와 전혀 관계가 없어 보이는 개발새발을 떠올리는 건
왜일까. 이 낱말은 괴발개발과 같은 뜻으로 새로이 표준어가 됐기
때문이다. 그런데 그 과정이 재미있다. '괴'가 고양이의 옛말임을 잘

모르다 보니 언중은 괴발을 개발로 발음하고, 여기서 연상해 뒷말을 '쇠발'로 바꾼 '개발쇠발'을 입에 올렸다. 또한 개발쇠발보다 발음하기가 더 편하다는 이유로 '개발새발'도 줄기차게 사용했다. 마침내 국립국어원은 언중의 말 씀씀이를 받아들여 이 중 개발새발을 복수 표준어로 삼았다.

글꼴은 비슷하지만 뜻이 전혀 다른 '쇠발개발'도 있다. 이는 '아주 더러운 발'을 비유적으로 이르는 말이다. 사방에 뇌물을 뿌리고 다니며 이권을 챙기는 사람에게 어울릴 법한 표현이다.

그러고 보니 동물의 이름과 합성돼 그 뜻이 바뀐 발 관련 낱말이 많다. 거미발, 기러기발, 까치발, 노루발이 그렇다. 거미발은 노리개나 반지 등 장신구에 보석을 고정시키는 삐죽삐죽한 부분으로, 모양이 거미발처럼 생긴 데서 비유적인 의미를 지니게 됐다. 기러기발은 거문고나 가야금 따위 현악기의 줄을 고르는 기구를, 노루발은 노루발장도리 또는 재봉틀에서 바느질감을 눌러주는 부속을 뜻한다.

고약한 발도 있는데, '닭 잡아먹고 오리발 내민다'는 속담 속 '오리발'이 그렇다. 이는 옳지 못한 일을 저질러 놓고 엉뚱한 수작으로 속여 넘기려 하는 일을 비유할 때 쓴다.

---

* 까치발 : 「명사」 발뒤꿈치를 든 발. ¶ 까치발을 하고 손을 최대한 뻗어 보았으나 담장 위로는 손이 미치지 않았다.

까먹는 소리
귀신 씻나락

들릴 듯 말 듯 우물우물하거나 이치에 닿지 않는
엉뚱하고 쓸데없는 말을 뜻한다. 이 속담은
남북한의 말법 차이를 잘 보여준다.

영화 〈곡성〉(2016년)이 700만 관객을 모으더니 좀비를 소재로 한 〈부산행〉도 역대 18번째로 1000만 영화에 올랐다. 〈곡성〉에서 악령에 쓴 효진(김환희)이 절규하듯 내뱉은 대사, '뭣이 중헌디!'는 유행어로 대박을 터뜨렸다.

〈곡성〉의 결론만큼이나 사람들을 헷갈리게 하는 표현이 있다. '귀신 따위에 접하게 되다'는 뜻의 동사 '씌다'다. 많은 이가 '내가 그런 결정을 하다니 뭔가에 단단히 씌인 모양' '귀신에 씌였다'처럼 쓴다. 하지만 '씐' '씌었다'가 옳다. '귀신에 쓰여 어쩌고저쩌고' 하는 것도 '귀신에 씌어'라고 해야 한다.

'귀신 씻나락 까먹는 소리.' 들릴 듯 말 듯 우물우물하거나 이치에 닿지 않는 엉뚱하고 쓸데없는 말을 뜻한다. 그런데 이 속담, 남북한의 말법 차이를 잘 보여준다. 우리는 '씻나락'을 '볍씨'의 경상·전라 지역 사투리로 보고, 많은 이가 쓰는 '씨나락'은 인정하지 않는다. 반면 북한은 씨나락을 '벼씨'를 달리 이르는 말로 인정해 문화어로 삼고 있다. 그런가 하면 볍씨와 볍쌀을 표준어로 삼은 우리와 달리 벼씨와 벼쌀을 문화어로 삼고 있다.

'나락'과 '벼'도 그렇다. 북한이 둘 다 인정하는 반면 우리는 나락을 벼의 강원 · 경남 · 전라 · 충청 지역의 사투리로 본다.

그렇다면, 말법대로 '귀신 볍씨 까먹는 소리'라고 해야 하는 것 아니냐는 사람도 있을 줄 안다. 얼토당토않다. 속담은 말법보다 그 뜻이나 말맛이 더 중요하다. 그러니 누군가 '귀신 볍씨 까먹는 소리'라고 한다면, 그야말로 '자다가 봉창 두드리는' 소리처럼 들릴 것이다.

'굿이나 보고 떡이나 먹지'란 속담도 재미있다. 무당이 굿을 끝내고 구경꾼에게 나눠 주는 떡이 계면떡인데, 속담은 여기서 나온 말이다. 남의 일에 쓸데없이 간섭하지 말고 이익이나 얻으라는 얘기다. 계면은 내림굿을 하기 위하여, 무당이 집집마다 돌아다니며 돈이나 쌀을 거둘 때에 무당을 인도한다는 귀신이다.

한여름의 무더위를 날리고도 남을 '오싹함'을 나타내는 남북한의 말 씀씀이도 딴판이다. 우리가 '으스스하다'만을 인정하는 데 비해 북한은 '으시시하다'도 쓴다. '갑자기 소름이 끼치도록 무섭고 끔찍하다'는 뜻으로 우리는 '섬뜩하다' '섬찟하다'를 쓰지만 북한은 '섬찍하다'도 인정한다. '섬찟하다'는 한때 비표준어였으나 언중의 말 씀씀이에 힘입어 표준어가 됐다.

---

* 새벽 봉창 두들긴다 : 「속담」 「1」한참 단잠 자는 새벽에 남의 집 봉창을 두들겨 놀라 깨게 한다는 뜻으로, 뜻밖의 일이나 말을 갑자기 불쑥 내미는 행동을 비유적으로 이르는 말. ≒자다가 봉창 두드린다. 「2」너무나도 뜻밖의 일을 당한 경우를 비유적으로 이르는 말.

그 남자가 재원이라고?

많은 이들이 재원을 '재주 있는 사람',
즉 재원(才員)일 거라 지레짐작하지만 사전 어디에도
그런 재원은 없다. 재주가 뛰어난 젊은 여자를
가리키는 '재원(才媛)'은 여성에게만 쓸 수 있다.

"남우석 씨는 월가에서도 촉망받는 재원이었습니다." 몇 해 전 인기를 모았던 드라마 〈전설의 마녀〉의 한 대목이다. 이 짤막한 대사 하나로 주인공 남자는 자신도 모르게 여자로 변해버렸다. '재원'이라는 말을 잘못 썼기 때문이다.

많은 이들이 재원을 '재주 있는 사람', 즉 재원(才員)일 거라 지레 짐작한다. 허나 우리 사전 어디에도 그런 재원은 없다. 재화나 자금이 나올 원천을 뜻하는 재원(財源), 제사를 주관하는 사람이 제사 지내기 전날 몸과 마음을 깨끗이 하고 부정을 멀리하는 곳을 이르는 재원(齋院), 재주가 뛰어난 젊은 여자를 가리키는 '재원(才媛)'만이 올라있을 뿐이다. 才媛의 媛은 '미녀 원, 아름다울 원'으로 새기는데 '계집 녀(女)'가 들어있는 것으로 알 수 있듯 여성에게만 쓸 수 있다. 재녀(才女)와 뜻이 비슷하다.

홍일점(紅一點)도 여자에게만 써야 한다. '푸른 잎 가운데 피어있는 한 송이의 붉은 꽃'이라는 뜻으로 송나라의 대학자이자 당송 8대가의 한 사람인 왕안석의 '영석류시(詠石榴詩)'에서 나왔다. 여럿 속에서 이채(異彩)를 띠거나, 많은 남자 사이에 끼어있는 한 여자를 비유적으로 일컫는다. 그럼, 많은 여자 사이에 끼어있는 한 남자를 이르는 말은 뭘까. '청일점(靑一點)'이다. 홍일점에 대응하는 말로 나중에 태어난 것으로 추정된다.

극 중 남우석 씨에게 어울리는 말은 '재자(才子)'다. 한자 그대로 '재주가 뛰어난 젊은 남자'를 일컫는다. 한데 이 표현, 별로 쓰이지 않는다. 오히려 인재(人才)라는 표현을 더 많이 쓴다. 이참에 재원이니 재자니 하는 어려운 말 대신 '기둥'이나 '실력자' 등으로 쓰는 건 어떨까. 뜻도 제대로 모르고 쓰다가 잘못을 저지르는 것보다 백 번 낫다.

최근 '여류(女流)'라는 말도 거의 사라졌다. 여류란 어떤 전문적인 일에 능숙한 여자를 일컫는 말이다. 여류 소설가, 여류 화가, 여류 명사 등으로 쓰였다. 이 말은 남자 중심 사회에서 두각을 나타내는 여자가 적었던 시절에 쓰던 말이다. 그런데 요즘처럼 여성의 사회진출이 늘고 뛰어난 여성도 많아지면서 의미를 잃었다. 금남의 벽을 뚫는 남성들도 있다. 간호부(看護婦)가 간호사로 바뀐 데는 남자 간호사가 생긴 것과도 무관하지 않다. 남녀의 역할 경계가 희미해지면서 여성에게만, 혹은 남성에게만 쓰는 단어는 점차 줄어들 게 틀림없다.

---

* 백미(白眉) : 「명사」 흰 눈썹이라는 뜻으로, 여럿 가운데에서 가장 뛰어난 사람이나 훌륭한 물건을 비유적으로 이르는 말. 중국 촉한(蜀漢) 때 마씨(馬氏) 다섯 형제가 모두 재주가 있었는데 그중에서도 눈썹 속에 흰 털이 난 마량(馬良)이 가장 뛰어났다는 데서 유래한다.

‘襟
度
인
가,
禁
度
인
가

‘넘지 말아야 할 선’이나 ‘지켜야 할 법도’란
의미로 언중이 즐겨 쓰는 금도는 사전에 없다.
‘금지하다’의 금(禁)과 도량을 뜻하는 도(度)를
합한 금도(禁度)를 올리는 건 어떨까.

　　말과 글에 대해 뭘 좀 안다는 사람이 한 번은 꼭 언급하는 것이
‘금도(襟度)’다. 뜻을 잘못 알고 쓰는 낱말의 대표 격이어서다. 금도,
‘넘지 말아야 할 선’이나 ‘지켜야 할 법도’란 의미로 언중이 즐겨 쓴
다. 이 낱말에 생명력을 불어넣고 있는 건 공교롭게도 정치권이다.
자기들은 금도를(잘못된 의미의) 지키지 않으면서 남에게만 금도를 요
구하는 경우가 많다.

　　여야 가릴 것 없이 툭하면 ‘금도를 넘어서고 있다’ ‘금도를 벗어나
지 마라’며 상대방을 공격한다. 하지만 정치인들이 흔히 쓰는 뜻의
금도는 아직까지 국립국어원 웹사전의 표제어에 오르지 못했다. 그
러다 보니 지식인이나 칼럼니스트들조차 ‘넘지 말아야 할 선’이라는
의미로, 사전에 올라있는 다른 뜻의 금도(襟度)를 사용하는 일이 잦
다. 가물에 콩 나듯 ‘금도(禁度)’라는 뜻으로 쓴 글도 있지만 대개는
한자를 병기하지 않는다. 독자들이 알아서 이해하라는 식이다.

많은 이들이 사용하면서도 그 뜻을 정확히 알지 못하는 금도(襟度)의 '금(襟)'은 '옷깃이나 마음'을, '도(度)'는 '정도나 도량'을 뜻한다. 따라서 이 말은 '다른 사람을 포용할 만한 도량'이라는 의미다. '넘지 말아야 할 선'과는 뜻이 전혀 다르다. '사람들은 그의 배포와 금도에 감격했다'처럼 써야 옳다. '금도를 보이다, 금도를 베풀다, 금도가 있다' 식으로 쓰는 것도 좋다.

　반면 언중이 즐겨 사용하는 금도의 의미를 한자로 옮기자면 '禁度'다. '금지하다'는 뜻의 금(禁)과 도량을 나타내는 도(度)를 합친 것이다. '넘어선 안 될 선' '지켜야 할 법도'라는 의미와도 부합한다. 신문 글을 보면 그 뜻은 더욱 명확해진다. '금도를 지켜야 할 학자의 현실참여' '언론윤리의 금도를 넘는 기행들' '경제가 어려울수록 가진 사람들이 절제와 금도를 잊으면 안 된다'. 한눈에 봐도 금도(禁度)의 뜻으로 쓰였음을 알 수 있다.

　일부에서는 금도(禁度)라는 말이 우리말은 물론이고 중국어와 일본어에도 없는 국적 불명의 말이므로 쓸 수 없다고 주장한다. 과연 그럴까. 우리말글의 주인공은 누가 뭐래도 언중임을 잊어버린 소치다. 언중이 많이 쓰고 우리말법에 어긋나지 않는다면 사전에 올리는 게 맞다. 적당한 말이 없어 '대접'을 자꾸 '접시'라고 한다면, 접시라는 말을 쓰지 말라고 할 게 아니라 '대접'이라는 단어를 만들면 된다.

---

* 가물에 콩 나듯 : 「속담」 가뭄에는 심은 콩이 제대로 싹이 트지 못하여 드문드문 난다는 뜻으로, 어떤 일이나 물건이 어쩌다 하나씩 드문드문 있는 경우를 비유적으로 이르는 말.

금빛 메치기

어깨와 관련한 말에는 '메다'를, 묶는 일에는 '매다'를 쓴다. 메어치다, 어깨메치기, 메다꽂다 등은 모두 어깨와 관련된 것이므로 '메다'로 쓰는 것이다.

두 사람이 맨손으로 맞잡고 상대편이 공격해 오는 힘을 이용해 던져 넘어뜨리거나 조르거나 눌러 승부를 겨룬다. 시원한 기술이 일품인 유도다.

많은 이가 '한판승' 등 큼지막한 유도 기술에 매료돼 즐기면서도 용어를 잘못 쓰는 경우가 꽤 있다. 대표적인 것이 '밭다리후리기'다. 이를 밧다리후리기, 받다리후리기로 아는 사람이 많다. 발음이 같다 보니 벌어지는 일이다.

안사돈과 대립되는 말은 무엇일까. '밭사돈(바깥사돈)'이다. 즉 '밭'은 '바깥'의 준말이다. 그러니 '상대편을 어깨로 밀고 왼쪽으로 틀며 오른쪽 다리로 상대편의 바깥다리를 후려치는 기술'은 밭다리후리기가 맞다.

'어깨메치기' 역시 어깨매치기라고 쓰는 경우가 있다. 이는 '메다'와 '매다'의 쓰임을 잘 몰라서이다. 어깨와 관련한 말에는 '메다'를,

묶는 일에는 '매다'를 쓴다. 가방은 둘러메고, 넥타이와 신발 끈은 매는 것이다. 메어치다, 어깨메치기, 메다꽂다, 메고 가다 등은 모두 어깨와 관련된 것이므로 '메다'로 쓰는 것이다.

'상대편의 윗몸을 추켜올리며 허리로 업어 넘기는 기술'인 '허리채기' 역시 열에 아홉은 허리치기라고 한다. 하지만 잡아채서 거는 기술이므로 허리'채기'다. 씨름의 잡치기를 '잡채기'로 써야 하는 것과 마찬가지다.

많이 쓰는 표현인데도 사전에 오르지 않은 것도 있다. '배대되치기'가 그것. 인터넷 등에는 배대뒤치기로 올라있기도 하다. 이 기술은 상대의 힘을 역이용하는 게 핵심. 상대가 공격할 때 '상대의 배에 발을 대어 되치기 하는' 기술이므로 배대되치기라고 해야 옳다.

---

* 메치기 : 「명사」 유도에서, 상대편의 자세를 무너뜨린 다음 기술을 걸어서 던지거나 쓰러뜨리는 기술을 통틀어 이르는 말.

‘까치담배?’ ‘가치담배!’

국어사전에 올라있는 표준어인 가치담배는
무슨 뜻인지 쉽게 와닿지 않는다.
담배 한 가치, 두 가치라 해야 고개를 끄덕인다.

정부가 2015년 국민건강 보호를 위해 담뱃값을 올렸으나 금연효과가 별로 없다는 지적이 일고 있다. 담뱃값만 문제가 아니다. 담배 용어를 둘러싼 논쟁 역시 계속되고 있다.

'가치담배.' 국어사전에 올라있는 표준어다. 한데 무슨 뜻인지 쉽게 와닿지 않는다. '(담배) 한 가치, 두 가치' 할 때의 '가치'라고 해야 겨우 고개를 끄덕인다. 모든 사전은 '가치는 개비의 잘못'이라고 밝히고 있다. '개비'가 표준어이므로, 언중이 많이 쓰는 '개피' '까치'도 당연히 표준어가 아니다. 즉 담배 낱개를 이르는 말로는 '개비'만 쓸 수 있다. 그래놓고선 '갑에 넣지 않고 낱개로 파는 담배'의 표제어로 '가치담배'를 떡하니 올려놓았다. 가치가 개비를 잘못 쓴 말이라면 '가치'와 결합한 합성어도 틀린 말로 다뤄야 옳은데 말이다. 차라리 언중이 입말로 많이 쓰는 '까치담배'를 표제어로 올리는 게 어땠을까 싶다.

'담배를 묶어 세는 단위'로 쓰는 '보루'라는 말도 논쟁거리다. '보루'는 일본말 잔재이므로 '포(包)'로 고쳐 써야 한다는 주장과 우리말 속에 동화된 말이므로 괜찮다는 주장이 맞서고 있다.

'얇은 종이로 가늘고 길게 말아놓은 담배'인 궐련 스무 개비를 넣은 조그만 상자를 '갑(匣)'이라 한다. 열 갑을 포장한 것이 '보루'다. 이는 영어 '보드(board)'에서 나왔다. '보드'는 '판자'나 '마분지'를 가리키는 말인데, 예전에는 담배 열 갑을 마분지로 만든 딱딱한 상자에 넣어서 팔았기 때문에 이런 말이 생긴 듯하다. 그래서일까. 일부에서는 미국말이 일본을 거쳐 들어온 것이므로 사용해도 된다고 주장한다.

하지만 한글학회의 '우리말 큰사전'은 보루를 아예 표제어로 삼지 않았다. 한동안 '보루'의 쓰임새를 인정하는 듯하던 국어원도 최근들어 웹사전에 '포'와 '줄'을 순화어로 올려놨다. 이는 '보루'를 많이 쓰면서도 더 고운 말로 다듬기를 바라는 사람이 여전히 많음을 보여준다. '포'와 '줄'이 얼마나 뿌리를 내릴지는 논외로 하고라도.

콘크리트 빌딩 숲 귀퉁이에서 담배를 피워 물고 행복해하는 사람들을 어렵지 않게 볼 수 있다. 요즘 흡연자들은 담뱃값뿐만 아니라 흡연을 죄악시하는 사회 분위기와도 싸우고 있는 듯하다.

---

* 타동사 '피우다' 앞에는 목적어가 있어야 해 담배를 '피우는' 것이 올바른 표현이다. 담배를 피는(×)

'까칠한 남자?

사전 속 '까칠하다'에는 살갗에 한정된 표현만 있지만
마음이 메말라 있다는 비유적 의미로 쓸 수 있다고 본다.
'성격이 모나거나 까다롭다'는 풀이를 덧붙여야 한다.

'까칠남'과 '차도남(차가운 도시 남자)'이 유행어 '까도남'을 낳았다. 까도남은 '까칠한 도시 남자'를 줄인 말이다. 셋 모두 타인에 대한 배려가 부족한 남자들이다. '좋은 남자'라고 할 수 없다. 그런데 이상하다. TV 속에서 이들은 여심(女心)을 마구 흔든다. 심드렁한 표정으로 툴툴거리는데도 여성들은 '멋있다'며 빠져든다.

문화적 사회적 현실을 반영하는 유행어는 시간이 흐를수록 제2, 제3의 의미가 덧칠해진다. '차도남'류의 단어에 '매력적'이라는 뜻이 들어간 것은 '착하지만 평범한 사람'에 대한 심리적 반항인지도 모른다. 사전이 입말을 쫓아가지 못하는 현실 때문에 아직은 세 남자 모두 표제어에도 오르지 못했지만.

이상한 건 또 있다. 셋 중 처음 등장한 '까칠남'은 마음이 까칠까칠하고 메마른 남자를 뜻한다. 그런데 사전 속의 '까칠하다'엔 그런 뜻이 전혀 없다. '야위거나 메말라 살갗이나 털이 윤기가 없고 조금 거칠다'라고만 돼 있다. 사람의 성격과는 눈곱만큼도 관계가 없다.

그렇다면 '성격이 까칠하다'는 의미의 표제어는 무얼까. '가슬가슬하다'와 '가스러지다'가 있다. 가슬가슬하다는 '살결이나 물건의 거죽이 매끄럽지 못하다'는 뜻과 함께 '성질이 보드랍지 못하고 매우 까다롭다'라는 의미도 갖고 있다. 가스러지다는 털과 관련이 있는데, 가슬가슬하다처럼 두 가지 뜻으로 쓰인다. 하지만 두 단어의 의미를 알고 있는 사람이 몇이나 될까.

까칠하다는 더 이상 살갗에 한정된 표현이 아니다. 마음이 메말라 있다는 비유적 의미로 쓸 수 있다고 본다. '성격이 모나거나 까다롭다'거나 '나긋나긋하지 않고 예민하다'는 식으로 풀이를 하면 될 것이다.

'까다롭다'의 틀린 말로 묶여있던 '까탈스럽다'가 2016년 새로이 표준어가 된 건 늦었지만 잘된 일이다. 까탈스럽다는 이리저리 트집을 잡아 까다롭게 구는 일을 뜻하는 '가탈'의 센말 '까탈'에 형용사를 만드는 '-스럽다'가 붙은 것이다.

사전은 보수적일 수밖에 없다. 언어의 문란을 막는 마지막 보루이기 때문이다. 그렇다고 사전이 만능은 아니다. 언어만큼 사회 변화에 민감한 것도 드물다. 언중의 말 씀씀이를 헤아려 의미를 확장해야 할 때는 해야 한다. 너무 까칠하게 굴지 말고.

* 거스러미 : 「명사」 손발톱 뒤의 살 껍질이나 나무의 결 따위가 가시처럼 얇게 터져 일어나는 부분. 거스러미는 '가스러지다'의 큰말인 '거스러지다'에서 파생된 말이다.

꼬라지

점잖은 표현은 아니지만 심기가 몹시 불편할 때 튀어나오는 '꼬라지'는 꼴, 꼬락서니보다 부정적 감정이 훨씬 강하다. 그런데 이 말, 표준어가 아니다.

'이런 역적 같은/이런 강도 같은 참변 앞에서/과연 이 나라가 나라 꼬라지인가 물었습니다…'

세월호 참사 직후의 분노가 그대로 배어있는 한 시인의 '이름짓지 못한 시' 구절이다. '주구장창' 놀기만 하는 국회와 정치의 '꼬라지' 때문에 분노와 슬픔은 아직도 계속되고 있음을 잘 보여준다.

꼬라지. 점잖은 표현은 아니지만 심기가 몹시 불편할 때 튀어나오는 말이다. 꼴, 꼬락서니보다 부정적 감정이 훨씬 강하다. 그런데 이 말, 표준어가 아니다. 꼬락서니의 경기 · 경상 · 전남 · 충청 지역의 방언이고, '성깔'의 전남 지역 사투리다. 이상하다. 대부분의 지역에서 쓰고 있고, 언중은 꼴과 꼬락서니, 꼬라지를 느낌에 따라 잘 구분해 쓰고 있는데 말이다. 꼬라지를 더 이상 사투리 취급하는 데 찬성할 수 없는 이유다.

'뜬금없다'와 '간추리다'는 어떤가. 뜬금없다는 호남 방언이었고,

간추리다도 경상도 일부 지역에서 쓰던 말이다. 그런데 두 단어는 당당히 표제어로 올라왔다. 뜬금없다의 대체어로 '느닷없다'를 고집했지만 적당한 선에서 접었기 때문이다. 간추리다도 쓰는 사람이 늘자 자연스럽게 표제어가 됐다.

꼬라지는 형태로도 문제가 없다. '목'에 접미사 '아지'가 붙어 '모가지'가 되고, '박'에 '아지'가 붙어 바가지가 되듯, '꼴'에 '아지'가 붙어 꼬라지가 되는 건 당연하다.

'주구장창'이라는 말도 논란거리다. '주구장창 술만 마신다' '주구장창 떠들기만 한다'처럼 많은 사람이 즐겨 쓰지만 유래가 불분명하다. 장창은 '늘'을 뜻하는 황해도 사투리이긴 하지만 주구라는 말에 '잇달아' '계속해서'라는 의미는 없다. 이 바람에 아직까지 사전에 오르지 못했다.

그럼 표준어는 뭘까. '밤낮으로 쉬지 아니하고 연달아'를 뜻하는 '주야장천(晝夜長川)'이다. 시냇물이 쉬지 않고 밤낮으로 흐른다는 뜻에서 나왔다. 의미는 알겠는데 쓰는 사람이 거의 없다는 게 문제다. 어원은 모르지만 열에 아홉은 쓰는 주구장창과 사전 속에서 박제가 된 '주야장천' 중 어느 것을 표준어로 삼아야 할까. 말은 필요에 의해 만들어지고 퍼져나가게 마련이다. 지금은 주구장창이 언중의 입말이라 하겠다. 주구장창을 복수표준어로 인정하는 걸 검토할 때가 됐다.

* 꼴불견 : 「명사」 하는 짓이나 겉모습이 차마 볼 수 없을 정도로 우습고 거슬림.

꼭두각시

꼭두각시놀음에 나오는 인형이 '꼭두각시'로
스스로 움직이지 못한다. 그래서 줏대 없이
남이 시키는 대로 움직이는 사람을 가리킨다.

　우리나라의 민속 인형극인 꼭두각시놀음에 나오는 인형이 '꼭두
각시'다. 이 인형은 스스로 움직이지 못하고 남이 조종하는 대로 움
직인다. 그래서 줏대 없이 남이 시키는 대로 움직이는 사람을 꼭두
각시라고 한다. 비슷한 말로는 가르친사위, 망석중, 망석중이, 바지
저고리, 허수아비 등이 있다.

　가르친사위는 남이 가르치는 대로만 하는 사람이다. 바지저고리
역시 남을 따라 움직이는 사람이고, 핫바지는 무식하고 어리석은 사
람을 낮잡아 이르는 말이다. 망석중과 망석중이는 팔다리에 줄을 매
어 그 줄을 움직이면 춤을 추는 인형이다. 꼭두각시와 가장 닮은 말
이다.

　한데 이상하다. 왜 '바지저고리만 다닌다'는 속담만 있고 '치마저
고리만 다닌다'는 속담은 없는 것일까. 바지저고리만 걸어 다닌다는
것은 가장 중요한 몸은 없다는 뜻으로, 실속 없이 행동하는 걸 말한

다. 이 속담대로라면 예전부터 남자가 여자보다 더 실속과 줏대가 없었다는 뜻이 된다.

어릴 적 많이 열렸던 반공웅변대회에서 연사가 목청껏 외치던 '괴뢰(傀儡)'란 낱말을 기억하시는지. 남북이 사이가 좋지 않을 때면 서로 '괴뢰군'이니, '괴뢰 정부'라고 비난했다. 그 괴뢰가 '꼭두각시'의 한자말이다. 괴뢰군이란 말을 적군(敵軍)이라는 뜻으로 아는 이가 많을 줄 안다. 허나 그런 뜻은 없다. 글자 그대로 '꼭두각시처럼 조종하는 대로 움직이는 군대, 즉 괴뢰 정부의 군대'라는 뜻이다.

꼭두각시의 '꼭두'는 한자어 '곽독(郭禿)'에서 왔다. 중국 북제(北齊) 사람 안지추가 지은 중국의 가훈서 '안씨가훈(顔氏家訓)'에 '성이 곽(郭)씨에다 대머리(禿)를 한 사람이 있었는데, 어찌나 우스갯짓을 잘하던지 후대 사람들이 곽독이라 불렀다'고 한다. 곽독이 곡독→꼭둑→꼭두로 변한 것이다(《신문 속 언어지식》·장진한). 꼭두각시는 오랫동안 꼭둑각시로 써 오다 1988년 한글맞춤법 개정에 따라 꼭두각시가 됐다. 사실 '꼭둑'은 'ㄱ' 소리가 거듭나 제대로 발음하기가 쉽지 않았다.

* 가르친사위 : 「명사」 창조성이 없이 무엇이든지 남이 가르치는 대로만 하는 사람을 낮잡아 이르는 말.

'끼어들지 마!

'차가 옆에서 무리하게 비집고 들어서는 일'은 '끼어들기'일까, '끼여들기'일까. 운전자의 의지에 의해 옆 차로로 들어가는 것이기에 '끼어들기'이다.

'추돌(追突)과 충돌(衝突).' 교통사고가 났다 하면 듣는 낱말인데, 쓰임새는 전혀 다르다. '추돌'이 뒤에서 오던 차량이 앞차를 들이받는 것이라면, '충돌'은 각기 다른 방향에서 오던 차량 등이 강하게 부딪치는 경우다. 그래서 '추돌'은 뒤차가 전적으로 책임을 지지만, '충돌' 사고는 잘잘못을 따져봐야 한다. 추돌의 추(追)에는 '쫓아가다'의 의미가, 충돌의 충(衝)에는 '부딪치다'의 뜻이 들어있다.

2015년 2월 인천 영종대교에서 차량 106대가 추돌한 사고를 두고 언론은 '106중 추돌' '105중 추돌'로 엇갈렸다. 차량 3대가 일으킨 사고를 '이중 추돌 사고'라고 하니 106대가 부딪쳤다면 '105중 추돌 사고'가 맞다.

'차가 옆에서 무리하게 비집고 들어서는 일'은 '끼어들기'일까, '끼여들기'일까. '끼어들기'가 옳다. 누가 뭐래도, 자동차를 운전하다가 옆 차로로 들어가는 것은 운전자의 의지에 의한 것 아닌가. '끼이어들다'의 준말인 수동태 '끼여들다'를 쓸 이유가 없다. 그래도 입에 올리는 이가 많아서일까, 표준국어대사전은 아예 '자기 순서나 자리가 아닌 틈 사이를 비집고 들어서다'라는 뜻의 '끼어들다'를 표제어로 올려놓았다.

자동차의 방향 지시등을 이르는 '깜빡이'도 재미있다. '깜박'의 센말이 '깜빡'이고, 둘의 의미는 사실상 같다. 그렇다면 '깜박이'와 '깜빡이' 둘 다 사용 가능할 듯싶지만 '깜빡이'만 표제어로 올라있다. 이 또한 언중의 말 씀씀이가 낳은 결과라고 할 수 있다.

---

* 갈림목 : 「명사」길이 여러 갈래로 갈라지는 곳. ¶산장으로 가려면 갈림목에서 오른쪽으로 난 길을 따라가셔야 합니다.

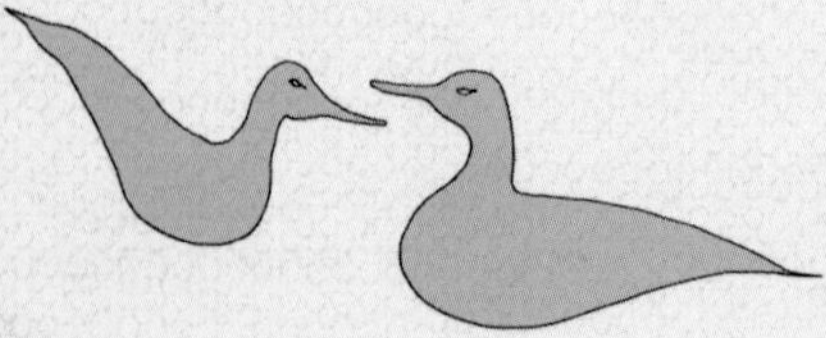

잔재미가 있고 아기자기한
분위기나 느낌을 나타내는
‘달달하다’ 못지않게 사람들의
말 씀씀이를 무시하는 낱말이
‘꿀꿀하다’이다.

난도와 난이도

난도는 어려움의 정도를,
난이도는 어려움과 쉬움의 정도를 말한다.
똑같은 의미로 쓸 수 있는 말이 아니다.

'불수능.' 난도(難度)가 매우 높은 수능을 비난하는 말이다. 거꾸로 '물수능'은 난도가 너무 낮은 수능을 말한다. 더 쉬운 '맹물 수능'도 있다. 대학수학능력시험 때면 만나는 낱말이다. 모두 온라인 국어사전인 우리말샘에 올라있다.

그런데 사전의 뜻풀이가 이상하다. 불수능을 '난이도가 너무 높은' 시험이라고, 물수능을 '난이도가 아주 낮은' 시험이라고 해놓았다. 난이도(難易度)를 난도와 같은 뜻으로 사용하고 있다. 얼토당토 않다.

난도는 어려움의 정도를, 난이도는 어려움과 쉬움의 정도를 말한다. 똑같은 의미로 쓸 수 있는 말이 아니다. 고난도(高難度)라는 낱말에서 알 수 있듯 어렵다는 뜻으로는 '난도가 높다'라고 해야 한다. 난이도는 '탐구과목별 난이도 차이가 줄어들었다'처럼 써야 맞다.

수험생들은 해마다 수능 점수를 어떤 조합으로 하는 게 유리한지를 놓고 고심한다. 내로라하는 입시학원의 족집게 전문가에게 상담이 밀려드는 이유다.

족집게는 어떤 사실을 정확하게 지적해 내거나 잘 알아맞히는 사람을 일컫는다. 한데 많은 이가 발음에 이끌려 '쪽집게' '쪽찝게'라고 한다. 주꾸미를 쭈꾸미로, 졸병을 쫄병으로, 족두리를 쪽두리로 발음하듯이. 습관적으로 된소리를 쓰게 되지만, 표기까지 그렇게 해서는 안 된다.

부정행위하면 너나없이 커닝을 떠올릴 것이다. 하지만 커닝은 영어에는 없는 우리식 영어다. 영어로는 치팅(cheating)이다. 국립국어원은 커닝을 '부정행위'로 순화해 쓰도록 하고 있다.

커닝페이퍼를 뜻하는 재미난 우리말이 있다. '방망이'다. 도깨비 방망이, 빨랫방망이라고 할 때의 방망이가 아닌 '종이로 만든' 방망이다. 사전을 들춰보라. '시험을 치를 때에 부정행위를 하기 위하여 글씨를 잘게 쓴 작은 종이쪽지'를 이른다고 돼 있다. 하지만 아쉽게도 이 낱말은 입말에서 멀어진 지 오래다.

---

* 내로라하다 : 「동사」 어떤 분야를 대표할 만하다. 이는 '나이로라'가 줄어든 '내로라'에 '하다'가 붙은 말이다. 내노라하다(×)

’너
무

‘너무’는 입말과 문법이 팽팽히 맞서던 낱말이다.
사전은 부정적인 서술어에만 쓸 수 있다고 했지만,
언중은 긍정적인 의미로도 폭넓게 써왔기 때문이다.

‘너무 좋다’ ‘너무 싫다’ ‘너무 고맙다’ ‘너무 밉다’. 이들 문장에서
‘너무’의 용법이 이상하다고 느끼는 독자라면 언어감각이 상당히 예
민한 사람이다.

‘너무’는 입말과 문법이 팽팽히 맞서던 낱말이다. 사전은 부정적
인 서술어에만 ‘너무’를 쓸 수 있다고 했지만, 언중은 긍정적인 의미
로도 폭넓게 써왔기 때문이다. 국립국어원도 언어 현실을 받아들여
‘일정한 정도나 한계에 지나치게’에서 ‘일정한 정도나 한계를 훨씬 넘
어선 상태로’라고 뜻풀이를 바꾸었다. 부정과 긍정, 모두에 쓸 수 있
게 된 것이다.

긍정적인 상황에서 ‘너무’를 대신할 수 있는 낱말들은 많다. ‘아주’
‘정말’ ‘매우’ ‘무척’ ‘엄청’ ‘대단히’ 등이 있다. 그런데 이 단어들은 ‘너
무’라는 부사에 가려 점점 사용이 줄어들고 있는 듯하다. 언중이 왜
‘너무’를 더 많이 사용하는지, 왜 부정을 강조하는 말을 긍정의 의미

에도 쓰게 됐는지는 확실치 않다. 다만 시간이 말법을 바꾼다는 걸 인정할 수밖에 없다.

요즘 젊은이들은 '너무'라는 말에도 식상했는지 또 다른 말을 사용하기 시작했다. '완전'이라는 말이다. '완전 재미있다' '완전 맛없다'고 한다. 하지만 완전이라는 말을 이렇게 불완전하게 사용해도 되는지는 의문이다. 일본에서 '젠젠(전연·全然)'이라는 말을 부정어로 쓰다가 젊은이들이 '매우' '너무'라는 뜻으로 긍정어에도 쓰는 움직임과 비슷하다.

'기막히다'는 낱말도 재미있다. 이 말은 '놀랍거나 언짢아서 어이없다'와 '매우 좋거나 정도가 높다'는 전혀 다른 상황에 모두 쓰인다. "하는 짓이 기막히다"와 "음식 맛이 기막히다"처럼 말이다. 그렇지만 누구도 용법을 혼동하지 않는다.

"그는 사람이 아니야"라는 표현도 그렇다. 기막히다와 닮았다. 칭찬일 경우 성인군자나 신처럼 인간을 초월한 존재를 뜻하지만 욕일 경우에는 정반대다. 말맛이란 바로 이런 게 아닐까 싶다.

'물이 너무 맑으면 고기가 모이지 않는다'고 했던가. 말도 이와 같아서 뜻이 너무 분명하면 쓰는 재미는 덜할지도 모르겠다. '의미'와 '재미'의 묘미를 말 자체가 알 리는 없겠지만.

---

* '별로'라는 말도 지금은 부정어와 호응하지만, 옛날에는 '별나게' '특별히'라는 의미였다. 지금은 '별로 맛이 없다'가 맞지만 예전에는 '별로 맛이 있다'가 옳은 용법이었다.

넓 비 오
적 바 름
바 크,
위,

우리 사전은 오름은 '산'과 '산봉우리'의
제주 방언으로 묶어두고 있다. 하지만 언중은
산은 산이고 오름은 오름이라고 생각한다.

가끔씩 오르는 도봉산 중턱에는 꽃 향기에 더해 마당처럼 넓고
평평한 바위가 등산객들을 맞는다. 정상을 향하는 이들에게 쉬엄쉬
엄 가라며 넉넉하게 자리를 내준다. 이름하여 '마당바위'다.

바위에 앉아 알맞추 불어온 바람에 땀을 씻으며 새삼 우리 사전
의 '속 좁음'을 느낀다. 입말로 자리 잡았는데도 사전에 오르지 못한
낱말이 떠올라서다. 마당바위와 비슷한 것으로 '넓적바위'와 '넙적바
위'가 있다. 그런데 두 단어는 표준어가 아니다. '편편하고 얇으면서
꽤 넓다'는 뜻의 '넓적하다'를 보더라도 표준어로 삼지 못할 이유가 없
다. 그렇지만 넓적바위는 아예 사전에 올라있지 않고, 넙적바위는 북
한의 문화어란다. 표준어는 '너럭바위'다. 예부터 써 왔고 지금도 널
리 쓰이고 있는 두 낱말을 비표준어로 묶어두는 건 납득하기 어렵다.

이와 달리 언중이 잘못 쓰는 등산 용어가 있다. 야영 장비 없이
산에서 한뎃잠을 자는 것을 일컫는 '비박'이 그것이다. 많은 이들은

'객지에서 묵는 밤의 횟수를 세는 단위'인 '박(泊)'을 떠올려 '비박(非泊)'이라고 지레짐작한다. 허나 비박(非泊)이라는 한자어는 애초에 없다. 바른 표기는 야영을 뜻하는 독일어 '비바크(biwak)'이다. 그런데도 많은 이들이 '비박'을 즐겨 쓴다. 발음하기 쉬운 데다 '박(泊)'의 이미지를 떠올려서일 것이다. 그래서일까. "국립공원에서의 비바크(biwak · 일명 '비박')는 불법입니다"라고 두 말을 병기하기에 이르렀다. '비박'에 익숙한 사람들이 많아서일 것이다.

제주 한라산에 딸린 기생화산을 뜻하는 '오름'도 우리 사전의 속좁음을 보여주는 사례다. 우리 사전은 여전히 오름은 '산'과 '산봉우리'의 제주 방언으로 묶어두고 있다. 하지만 언중의 말 씀씀이는 전혀 다르다. 즉, 산은 산이고 오름은 오름이라고 생각한다. 신문 역시 '은빛 제주억새 사이로 오름을 달린다' 등으로 오름을 별도 단어로 인정해 자주 쓰고 있다. 이참에 거문오름, 용눈이오름, 다랑쉬오름, 따라비오름, 성널오름, 아부오름 등 재미있고 아름다운 제주도의 오름들을 사전에 싣는 것도 검토해 봤으면 싶다. 그것까지는 바라지 않더라도 '오름'만큼은 일반명사로서 인정해야 할 것이다.

---

* 알맞추 : 「부사」 일정한 기준, 조건, 정도에 적당하게. ¶ 알맞추 익다/알맞추 간을 하다.

넙치 대짜요

한자말 광어에 우리말 넙치가 밀려나고 있다.
넙치를 '비목어(比目魚)'라 하는데 옛날에는
눈이 하나밖에 없는 길로 착각한 건 아닐까.

'광어(넙치).' 전남 해남의 한 횟집에서 본 차림표다. 비록 괄호 속
이었지만 넙치를 보니 반가웠다. 우리말 넙치가 한자말 광어(廣魚)에
밀려나는 게 아쉬웠기 때문. 불현듯 어느 선배가 들려준 '멍게와 우
렁쉥이' 얘기가 생각난다.

멍게가 우렁쉥이의 사투리이던 시절, 어느 음식점 차림표에 '멍
게'와 '우렁쉥이'가 나란히 있는 게 아닌가. 까닭을 묻자 주인은 "멍
게를 찾는 손님도 있고 우렁쉥이를 찾는 손님도 있어 우리 가게엔
둘 다 있다는 뜻으로 써놓았다"고 하더란다. 말을 죽이고 살리는 것
은 언중이라는 사실을 넌지시 알려주는 절묘한 선택이었다. 지금은
둘 다 표준어이지만 멍게가 더 자주 쓰인다. 북한《조선말대사전》에
는 멍게는 없고 '멍기'와 '우릉성이'만 있다.

아 참, 넙치와 가자미를 '비목어(比目魚)'라 한다. 넙치는 왼쪽에,
가자미는 오른쪽에 눈이 몰려 있어서다. 옛날에는 눈이 하나밖에 없

는 걸로 착각한 건 아닐까.

횟집에 가면 무얼 먹어야 좋을지 고민에 빠지는 이가 많다. 좋은 메뉴가 있다. 이름하여 '모둠회'. '모듬회'라 하는 이가 많지만 '모둠회'가 옳다. 어원을 보면 '모듬' '모둠' 둘 다 사용할 수 있지만 국립국어원은 '모둠'을 표준어로 정했다. '모둠냄비' '모둠발' '모둠밥' 등 합성어가 오래전부터 쓰여 왔기 때문.

'大자 냉동꽃게, 사고 보니 中자.' 얼마 전에 본 어느 신문 제목이다. 언뜻 보면 발음도 그렇고 한자어 대(大)와 중(中)에 이끌려 맞을 성싶지만 틀린다. 어떤 물건의 크고 작음을 일컬을 땐 대·중·소에 '-짜'가 붙는다. 그러니 대짜, 중짜, 소짜가 맞다. '어원이 분명치 않은 말은 소리 나는 대로 적는다'는 맞춤법 규정 때문이다. 하지만 글자의 크기를 나타낼 때는 '-자'가 맞다. '-짜'와 달리 어원이 분명해서다. 큰 글자는 '대자(大字)', 작은 글자는 '소자(小字)'로 적어야 한다. '큰대자(-大字)'는 '술에 취해 큰대자로 뻗었다'처럼 '큰대자로'라는 형태로 주로 쓴다.

'-산(産)'도 가려써야 할 표현. 지역을 나타내는 말 뒤에 붙어 거기에서 나온 물건을 뜻한다. 국내산, 미국산처럼 써야 한다. '수입산'처럼 잘못 쓰기 쉬운데, '수입'은 지역이 아니므로 '수입한 물건'은 '외국산' 또는 '수입품'이라고 해야 옳다.

---

* 모둠발 : 「명사」 가지런히 같은 자리에 모아 붙인 두 발.
* 넌지시 : 「부사」 드러나지 않게 가만히. 넌즈시(×)

노둣돌과 징검돌

돌의 세계가 흥미롭다.
같은 돌인데도 길바닥에 놓으면 걸림돌이 되고,
땅이 질척거리는 곳에 놓으면 '징검돌'이 된다.

이산가족들은 2015년 10월 2박 3일간의 짧은 만남 뒤 또다시 기약 없는 생이별 중이다. '작별상봉'이란 말이 거짓이 아니다. 다시 볼 수 없다는 상실감과 북의 가족들을 도울 수 없다는 좌절감에 남쪽 상봉자들은 우울증까지 겪는다고 한다. '오작교가 없어도 노둣돌이 없어도/가슴을 딛고 건너가 다시 만나야 할 우리'('직녀에게' · 문병란) 이산가족들의 심경을 제대로 표현한 노래다.

노둣돌은 말을 타거나 내릴 때 디디려고 대문 앞에 놓은 큰 돌이다. 하마석(下馬石)이라고도 한다. 댓돌은 집채의 낙숫물이 떨어지는 곳 안쪽으로 죽 늘어놓은 돌이고, 섬돌은 집채 앞뒤의 돌층계를 가리킨다. 모퉁잇돌은 교회의 주춧돌이라는 뜻으로 예수 그리스도를 지칭하기도 한다. 하나같이 어떤 문제를 해결하는 데 도움을 주는 돌들이다.

새삼 돌의 세계가 흥미롭다. 같은 돌인데도 어디에 놓느냐에 따라 걸림돌이 되기도 하고 디딤돌이 되기도 한다. 돌을 길바닥에 놓으면 걸림돌, 거침돌이 되고, 땅이 질척거리는 곳에 놓으면 모두를 건네주는 '징검돌'이 된다. 크기에 따라서도 이름이 다르다. 큰 것이 돌덩이, 그보다 조금 작은 게 돌멩이, 제일 작은 게 자갈이다. 생김새에 따라서도 달리 부른다. 뭉우리돌은 둥글둥글하게 생긴 큼지막한 돌이고, 섭돌은 모나고 날카로운 돌이다.

무엇을 눌러 놓는 데 쓰는 돌은 지지름돌, 누름돌이라 한다. 화로의 불이 쉬 사위지 않도록 눌러놓는 조그만 돌이 불돌이고, 김칫독 안의 김치 포기를 눌러놓는 넓적한 돌은 김칫돌이다.

땅 위로 내민 돌멩이의 뾰족한 부분을 돌부리라 하는데 돌뿌리로 잘못 아는 사람이 있다. 어떤 물건의 끝이 뾰족한 부분을 '부리'라고 하니 돌부리가 옳다. 발끝은 '발부리', 손가락 끝은 '손부리', 총구멍이 있는 부분은 '총부리'다.

이산가족의 생사 확인과 상봉 정례화를 위해 모두가 마음 모아 노둣돌과 징검돌을 놓아 보자. 이산가족의 슬픔은 '끝나야 한다'.

---

* 사위다 : 「동사」 불이 사그라져서 재가 되다.

‘노랭이

‘속이 좁고 마음 씀씀이가 인색한 사람'을 가리켜
‘노랭이'라 하지만 표준어는 ‘노랑이'다. ‘빨갱이'처럼
‘노랭이'도 표준어로 삼으면 어떨까.

‘노랭이라 비웃으며 욕하지 마라/나에게도 아직까지 청춘은 있
다.' 기분 좋게 취한 날이면 이 땅의 아버지들이 한 번쯤 목청껏 불러
젖혔을 ‘아빠의 청춘'의 노랫말이다.

노랫말 속 ‘노랭이'는 우리말법에 대한 아쉬움을 느끼게 한다. 많
은 이가 ‘속이 좁고 마음 씀씀이가 인색한 사람'을 가리켜 ‘노랭이'라
하지만 표준어는 ‘노랑이'다. 사전은 ‘노란 빛깔의 물건'이나 ‘털빛이
노란 개' ‘속 좁고 인색한 사람' 등을 모두 노랑이로 뭉뚱그려 놓았
다. 노랭이가 있긴 한데, ‘물잠자리의 애벌레'를 일컫는다.

한때 금기어 취급을 받던 ‘빨갱이'도 그랬다. ‘빨간빛을 띤 물건'과
‘공산주의자'는 모두 ‘빨강이'가 표준어였다. 한데 언중은 공산주의자
는 빨강이 대신 ‘빨갱이'를 더 자주 사용해 결국은 표준어로 만들었다.

그렇다면 이와 마찬가지로 ‘노란 빛깔의 물건'은 노랑이로, ‘인색
한 사람'은 노랭이로 쓰면 어떤가. 북한은 우리와 달리 노란색의 물

건, 노란색의 개나 고양이 같은 짐승, 인색한 사람을 모두 '노랭이'라 한다.

노랭이를 푸대접하는 것은 'ㅣ'모음 역행동화를 원칙적으로 인정하지 않는 우리말법 때문이다. 'ㅣ'모음 역행동화란 뒷소리에 있는 'ㅣ'모음이 앞소리에 영향을 미쳐(역행) 앞소리가 뒷소리와 비슷해지거나 같아지는 현상이다(동화). 아비가 애비로, 어미가 에미로, 가랑이가 가랭이로, 아지랑이가 아지랭이로 소리 나지만 우리말법은 이를 인정하지 않고 아비, 어미, 가랑이, 아지랑이만을 표준어로 삼고 있다.

그런데 가만, 'ㅣ'모음 역행동화도 '원칙적으로' 인정하지 않는 것이지 예외가 없진 않다. '새내기' '풋내기' '신출내기' 등에 쓰이는 '-내기(←나기)'나 '꼬챙이(←꼬창이)' '냄비(←남비)' 등은 'ㅣ'모음 역행동화를 인정받은 사례다. 그러니 노랭이라고 표준어가 안 될 이유가 없다.

'허수애비'란 말을 들어보셨는지. '곡식을 해치는 새 따위를 막기 위해 논밭에 세우는 사람 모양의 물건이나 남이 시키는 대로 행동하는 사람'을 이르는 '허수아비'의 잘못 아니냐는 사람이 많을 줄 안다. 물론 그렇다. 그러나 다른 뜻으로 '허수애비'를 쓰는 경우가 늘고 있다. 직장 일이 바쁘다는 이유로 가정이나 자녀 교육에 소홀한 아버지를 빗댄 신조어로 말이다. 우리말은 오늘도 의미 변화와 확장을 거듭하며 풍부해지고 있다.

* 구두쇠 : 「명사」 돈이나 재물 따위를 쓰는 데에 몹시 인색한 사람. 굳짜=구두쇠

놀래키다

우리 사전은 '놀래키다'를 '놀래다'의 충청 방언이라고
설명한다. '놀라다'의 사동사로 '놀래다'만을
인정하고 있다. 이해할 수 없다.

'졌지만 빛난 정현…세계를 놀래키다'

2015년 US오픈테니스 2회전서 세계 5위 선수에게 분패한 정현
선수를 다룬 신문 제목이다. 허나 우리 사전대로라면 '놀래키다'는
틀린 말이다.

사전은 '놀래키다'를 '놀래다'의 충청 방언이라고 설명한다. '놀라
다'의 사동사로 '놀래다'만을 인정하고 있다. 과연 설득력이 있나.

사람들은 표준어인 '놀래다'는 거의 쓰지 않는다. 그 대신 '놀라다'
에 사동의 뜻을 더하는 접미사 '이키'가 붙은 '놀래키다'를 쓴다. "뒤
에서 갑자기 나타나서 그를 놀랬다"라고 하는 사람이 있긴 있을까.
열이면 열 모두 "놀래켰다"고 할 것이다.

놀래키다는 우리말 조어법에도 어긋나지 않는다. 지난 일을 생각
하거나 원래의 상태로 돌아가게 하다는 뜻의 '돌이키다'는 '돌다'의
어간 뒤에 '이키'가 붙은 말이다. 돌이키다는 표준어인데 놀래키다가

표준어가 안 될 이유가 없다. 아 참, 놀래다를 '놀라게 하다'로 늘려 쓰는 건 괜찮다. "사람 왜 이렇게 놀라게 해요"처럼.

요즘 젊은이들은 깜짝 선물이나 행사를 '서프라이즈'라고 한다. 놀래키는 것과 같다.

* 국립국어원은 2015년 12월 '마실' '잎새' '이쁘다' '-고프다' 등 실생활에서 많이 쓰는 단어와 활용형 11개를 표준어와 표준형으로 인정했다. 이 낱말들은 그동안 '마을'과 '잎사귀'의 방언으로, '예쁘다' '~고 싶다'의 틀린 표현으로 규정됐던 것들이다. 이쁘다가 표준어가 된 덕분에 '이쁘장하다' '이쁘장스럽다' '이쁘디이쁘다' 등 말맛 좋은 관련 낱말들도 당당하게 쓸 수 있게 됐다.

눈살을 찌푸리다

'눈살을 찌푸리다'는 뭔가 못마땅해 양미간을 찡그리는 걸 뜻한다. 발음에 이끌려 눈쌀을 입에 올리는 이가 많지만 '눈살'이 옳다.

"몰라보게 컸네. 예뻐졌구나." 명절날, 조카들에게 인사말을 건네자 하나같이 입꼬리를 올리며 배시시 웃는다. 공부, 취업, 결혼 등 무거운 얘기를 끄집어내 눈총 안 받길 잘했다는 생각이 새삼 든다.

눈과 관련해 자주 쓰면서도 헷갈리는 표현이 있다. 뭔가 못마땅해 양미간을 찡그리는 걸 뜻하는 '눈살을 찌푸리다'다. 발음에 이끌려 눈쌀을 입에 올리는 이가 많지만 '눈살'이 옳다.

한글맞춤법 제5항은 '한 형태소 안에서 받침이 없거나 ㄴ, ㄹ, ㅁ, ㅇ 받침 뒤의 첫소리가 된소리로 나면 된소리로 적는다'고 돼 있다. 가만, 이 규정대로라면 눈쌀이 맞는 것 아닌가. 'ㄴ' 받침 뒤의 첫소리가 된소리로 나니 말이다. 그렇지 않다. 여기서 주목해야 할 것은 '한 형태소 안에서'라는 전제다. 형태소는 '뜻을 가진 가장 작은 말의 단위'다. 눈살은 '눈＋살(殺)' 구조인데 눈과 살은 각자가 형태소다. 형태소가 둘 이상 더해진 말은 형태소 각각의 원형을 밝혀 적어야 하니 '눈살'이 맞다.

그렇다면 '등쌀'은? '탐관오리의 등쌀에 어쩌고저쩌고…'에 나타나는 등쌀은 한 형태소의 말로, '몹시 귀찮게 구는 짓'을 가리킨다. 그러니 등쌀이 맞다. 등살(등＋살)도 있긴 한데, 뱃살 이맛살처럼 '등에 있는 근육'을 뜻하니 '등쌀'과는 관계가 없다.

눈썹은 남북한 간 말법이 다르다. 눈썹의 옛말이 '눈섭'인데 우리는 눈썹을 표준어로, 북한은 눈섭을 문화어로 삼고 있다.

눈의 세계에도 재미난 낱말들이 수두룩하다. '백안시(白眼視)' '청안시(靑眼視)'가 대표적이다. 남을 업신여기거나 무시하는 태도로 흘겨보는 게 백안시이고, 청안시는 반대로 남을 달갑게 여겨 좋은 마음으로 보는 걸 말한다. 한두 번 보고 그대로 해내는 재주를 눈썰미라고 한다. 그러니 한 번 들은 것을 그대로 흉내 내는 재주는 귀썰미다. 허나 청안시, 귀썰미라는 말을 아는 이가 얼마나 될지. 가시눈, 도끼눈, 송곳눈도 있는데, 모두 적의를 가지고 날카롭게 쏘아보는 눈을 뜻한다.

누가 뭐래도 눈의 세계에서 돋보이는 낱말은 '눈꼬리'다. 한때 '눈초리의 잘못'으로 묶여있었지만 언중의 말 씀씀이에 힘입어 표준어가 됐다. 하기야 옛날에는 어땠을지 모르지만 '눈꼬리'와 '눈초리'가 같은 말일 수 없다. 눈꼬리는 볼 수 있지만, 눈초리는 느낄 수만 있으니 말이다.

* 귀썰미 : 「명사」 한 번만 들어도 잊지 아니하는 재주.

‘닐리리와 닐리리

‘닐리리’를 ‘퉁소, 나발, 피리 등 관악기의 소리를 흉내 낸 소리’라고 설명하며 표준어로 삼고 있다. 언중이 즐겨 쓰는 ‘닐리리’는 사전 어디에도 없다.

‘닐리리야 닐리리 닐리리 맘보~.’ ‘니나노 닐리리야 닐리리야 니나노~.’

앞의 것은 응원가 등에서 많이 부르는 나화랑 작곡의 ‘닐리리 맘보’이고, 뒤는 ‘태평가’의 후렴구다. 둘 다 언제 들어도 어깨춤이 들썩일 만큼 신명 난다. 그런데 닐리리 맘보는 닐리리로, 태평가는 닐리리로 각기 달리 적고 있다. 대체 어느 장단에 춤을 춰야 할까.

우리 사전은 ‘닐리리’를 ‘퉁소, 나발, 피리 등 관악기의 소리를 흉내 낸 소리’라고 설명하며 이를 표준어로 삼고 있다. 경기 민요 ‘닐리리야’도 표준어다. 반면 언중이 즐겨 쓰는 ‘닐리리’는 사전 어디에도 없다.

그러거나 말거나 입말에서는 닐리리가 닐리리보다 우세하다. 좋은 예가 있다. 몇 해 전쯤 우리말 달인들이 한 방송사 퀴즈 프로그램에서 실력을 겨뤘다. 치열한 접전 끝에 결승에 오른 한 명이 아쉽게도 마지막 문제를 풀지 못했다. '늴리리와 닐리리 중 어느 것이 표준어인가'를 묻는 질문이었다. 그는 주저 없이 입말 '닐리리'를 선택했다. 늴리리가 표준어라는 진행자의 설명을 들으면서도 그는 여전히 이해할 수 없다는 표정이었다.

우리말에 '늬' 꼴의 글자가 없는 건 아니다. 아무 저항감이 없는 '무늬'나 서쪽에서 부는 바람을 뜻하는 '하늬바람', 밤이나 도토리 따위의 속껍질을 뜻하는 '보늬' 등이 있다. 하지만 이를 제외하면 대부분 낯설다. '닁큼'이라는 말을 들어본 적이 있으신지. '머뭇거리지 않고 단번에 빨리'를 뜻하는 표준말이다. 그렇지만 언중은 '냉큼'이나 비표준어인 '넹큼'을 더 많이 쓴다. 늴리리와 닁큼은 말이 표준어이지, 현실적으로는 언중의 입에서 멀어진 낱말이라고 봐야 한다. 입말 닐리리를 복수표준어로 삼을 때가 됐다.

아 참, 많은 이가 태평가의 후렴구에 나오는 '니나노'의 뜻을 궁금해한다. 혹자는 '니(너)하고 나하고 놀자'를 줄인 말이라고도 하지만 객쩍다.* '술집에서 젓가락 장단을 치면서 부르는 노랫가락이나 시중드는 여자를 속되게 이르는 말'이다. '이래저래 니나노 생활에 익숙해져갔다'(《어둠의 자식들》 · 황석영)고 하면 어떤 생활인지 짐작이 갈 것이다.

---

* 객쩍다 : 「형용사」 행동이나 말, 생각이 쓸데없고 싱겁다.

'단단히' '제대로'를 뜻하는 경상도 사투리인 단디는
표준어로 인정해야 할 만큼 세력을 얻진 못했지만
향토색 물씬 풍기는 정감 있는 낱말임에 틀림없다.

"단디 해라, 니(너)."

한 골목 다섯 가족이 알콩달콩 살아가는 모습을 그린 드라마 〈응답하라 1988〉(2016년)에서 만난 대사다. '단디'라는 말이 찡하게 와 꽂혔다. 단디는 '단단히' '제대로'를 뜻하는 경상도 사투리다. 아직 표준어로 인정해야 할 만큼 세력을 얻진 못했지만 향토색 물씬 풍기는 정감 있는 낱말임에 틀림없다.

'쇳대'라는 말을 들어보셨는지. 나이 지긋한 어르신들은 아시겠지만 요즘 젊은이들은 고개를 갸우뚱할 것이다. 우리 사전에 따르면 쇳대는 강원 · 경기 · 경상 · 전라 · 충남 · 함경 지역에서 쓰는 '열쇠'의 사투리다. 이상하지 않은가. 전국적으로 쓰는 낱말임에도 왜 사투리로 묶어놓았을까. 혹여 '현대 서울말'이 아니라는 이유로 사투리를 차별해 온 우리 언어 정책의 희생양이 된 건 아닐까.

많은 이의 입맛을 사로잡은 과메기와 홍탁, 전국적으로 도보여행 열풍을 몰고 온 제주 '올레길'과 '오름'도 언어의 세계에선 쇳대와 비슷한 처지다. 청어나 꽁치를 얼리면서 말린 과메기는 지금껏 경북 지역 사투리다. 그런가 하면 홍어와 탁주를 합쳐 부르는 홍탁과 '좁은 골목'이란 뜻의 제주 사투리 올레와 올레길은 사전에 아예 오르지 못했다. 오름 역시 '산'과 '산봉우리'의 제주 사투리로 묶여있다.

한때 사투리였던 '멍게'가 표준어인 '우렁쉥이'보다 입에 더 오르내리는 건 뭘 뜻할까. 사전은 보수적인 입장을 견지할 수밖에 없겠지만 언중이 즐겨 쓰는 낱말들은 표제어로 삼아야 함을 말해준다. 사람들은 홍탁을 뛰어넘어 '홍탁삼합(洪濁三合)'까지 입에 올리고 있다. 홍탁삼합은 홍어, 삶은 돼지고기, 그리고 김치 세 가지를 합해 만든 요리를 말한다.

우리 조상들이 즐겨 마시던 '탁배기'도 그렇다. 탁주는 막걸리와 동의어라면서 '탁배기'는 막걸리의 경상도 사투리 또는 북한어란다. 그러다 보니 탁배기는 어느새 입에서 멀어져 버렸다. 똑같은 술을 마시면서 북한 사람은 탁배기잔을, 우리는 막걸리잔을 기울이는 꼴이다.

국립방언연구원 설립 추진을 위한 학술회의가 2015년 10월 말 열렸다. 방언을 '단디' 보존하는 건 문화와 언어 다양성을 유지, 발전시키는 길이라는 점에서 의미가 크다.

---

* 오롯이 : 「부사」 모자람이 없이 온전하게. ¶이 책에는 옛 성인들의 가르침이 오롯이 담겨 있다.

'단잠

'개잠'은 깼다가 다시 자는 그루잠과 두벌잠,
조바심하며 자는 사로잠과 닮았다.
아주 달게 곤히 자는 게 '단잠' '꿀잠'이다.

대학수학능력시험이 끝나면 성적이 좋든 나쁘든 수험생들은 한동안 잠에 빠질 게 틀림없다. 사실 이 땅의 수험생들은 늘 수면 부족에 시달려 왔다. 하루 네 시간 자면 붙고 다섯 시간 자면 떨어진다는 '4당5락(四當五落)'이 2002년 국립국어원 신어(新語)에 오를 정도니. 그러다 보니 수험생들은 늘 '개(改)잠'을 자기 일쑤다. 왜 있잖은가. 자명종을 맞춰 놓지만 졸음에 못 이겨 자명종을 끄고 다시 자는 것말이다.

개잠은 깼다가 다시 자는 그루잠과 두벌잠, 마음을 놓지 못하고 조바심하며 자는 사로잠과 닮았다. 같은 '개잠'이지만 동물인 개에 비유한 것도 있다. 개처럼 머리와 팔다리를 오그리고 옆으로 누워 자는 잠인데, 설치는 잠을 이르기도 한다. 피곤할 때 잠깐 자는 것을 아시잠 혹은 초벌잠이라고 하는데 북한에서 쓰는 말이다.

누구나, 어떤 상황에서도 잠은 자야 한다. 그러다 보니 잠에 관한 단어가 꽤 많다. 우선 숙면 상태. 모두가 원하는 잠은 단잠, 꿀잠, 발편잠이다. 아주 달게 곤히 자는 게 단잠과 꿀잠이고, 마음 편히 자는 잠이 발편잠이다. 이에 비해 괭이잠, 노루잠, 토끼잠은 자주 깨는 잠을 말한다. 얕은 잠은 겉잠, 선잠, 수잠, 여원잠이라고 하며, 반대로 아주 깊이 드는 잠은 속잠, 귀잠이라고 한다. 꽃잠은 신랑 신부가 처음으로 함께 자는 잠이다.

다음은 잠자는 모습. 새우처럼 등을 구부리고 자는 잠은 새우잠, 꼿꼿이 앉은 채로 자는 잠은 말뚝잠, 이리저리 굴러다니면서 자는 잠은 돌곳잠이다. 옷을 입은 채 아무데나 쓰러져 자는 잠은 등걸잠, 갓난아이가 두 팔을 머리 위로 벌리고 자는 귀여운 잠은 나비잠이다. 그런가 하면 남의 눈을 피해 몰래 자는 도둑잠, 남의 발치에서 자는 발칫잠, 밖에서 자는 한뎃잠, 비좁은 방에서 여럿이 모로 끼어 자는 칼잠 또는 갈치잠, 병중(病中)에 정신없이 계속 자는 이승잠 등 서러운 잠도 있다.

* 한잠1 : 「명사」잠시 자는 잠. ¶밤새 한잠도 못 자다/낮잠이라도 한잠 주무세요.
* 한잠2 : 「명사」깊이 든 잠. ¶한잠을 푹 자다/한잠을 늘어지게 자다.
* 헛잠 : 「명사」「1」거짓으로 자는 체하는 잠. 「2」잔 둥 만 둥 한 잠.

‘달
달
하
다,
꿀
꿀
하
다

잔재미가 있고 아기자기한 분위기나 느낌을
나타내는 ‘달달하다’ 못지않게 사람들의
말 씀씀이를 무시하는 낱말이 ‘꿀꿀하다’이다.

“피곤할 땐 달달한 게 최고야.”

“순수한 연하남과 능력 있는 연상남에게 동시에 사랑받는다는 줄
거리도 달달하다.”

‘달달하다.’ 요즘 들어 많은 사람들의 입에 오르내리는 낱말이다.
그런데 두 예문에 나타난 달달하다의 말맛은 전혀 다르다. 뜻도 확
연히 구분된다. 앞의 ‘달다’는 맛과 관계된 것이라면, 뒤에 것은 잔재
미가 있고 아기자기한 분위기나 느낌을 나타낸다. ‘달콤하다’란 낱말
이 있는데도 언중은 달달하다에 새로운 의미를 더해 다른 뜻으로 쓰
고 있는 것이다. 달달한 드라마, 달달한 음악 등의 표현이 넘쳐나는
이유다.

그러나 우리 사전에 올라있는 달달하다엔 두 가지 뜻이 모두 없
다. ‘춥거나 무서워서 몸이 떨리다’ ‘작은 바퀴가 단단한 바닥을 구르
며 흔들리는 소리가 나다’는 뜻만 있다. 추워서 달달 떨거나 손수레

를 달달거리며 끌고 갈 때만 쓸 수 있다. 언중의 말 씀씀이와는 동떨어져 있다.

우리 사전은 맛을 표현하는 단어를 표제어로 삼는 데 인색한 편이다. '들큰하다'는 들큼하다(맛깔스럽지 아니하게 조금 달다)의 경북·평북 지역 사투리로, 달큰하다(꽤 단맛이 있다) 역시 북한에서 쓰는 말로 묶어두고 있다. 사람들이 많이 쓰는 달새콤하다, 짭쪼롬하다는 아예 사전에 올라있지도 않다. 음식 맛이 조금 싱거울 때 쓰는 '슴슴하다'도 '심심하다'만 쓸 수 있게 했다. 북한에서 들큰하다와 달큰하다, 슴슴하다를 모두 문화어로 삼은 것과 대조적이다.

달달하다 못지않게 사람들의 말 씀씀이가 무시되고 있는 낱말이 '꿀꿀하다'가 아닐까 싶다. 우리 사전은 '돼지가 소리를 내다'는 뜻만 올려놓았다. 허나 사람들은 하나같이 '오늘 기분도 꿀꿀한데 어디 가서 술이나 한잔 하자' '날씨가 꿀꿀하다'처럼 쓴다. 같은 뜻으로 쓰는 '꾸리꾸리하다'도 비속어 냄새를 풍겨서인지 표제어로 올라있지 않다.

말도 생로병사의 길을 걷는다. 그 과정에 새로운 의미가 덧붙여지기도 한다. 그렇게 만드는 주체는 말의 주인인 언중이다. 사전이 말을 만드는 것이 아니라 언중이 만든 말이 사전에 오르는 것이다. 사람들이 실생활에서 많이 쓰는 말은 뜻풀이를 추가하거나 표준어로 삼는 게 마땅하다.

---

* 구리다 : 「형용사」 「1」똥이나 방귀 냄새와 같다. 「2」하는 짓이 더럽고 지저분하다. 「3」행동이 떳떳하지 못하고 의심스럽다.

담벽과 담벼락

'담벼락'은 재미있는 낱말이다. 담이나 벽 따위를 통틀어 이르거나, 아주 미련해 어떤 사물을 전혀 이해하지 못하는 사람을 일컫는다.

'미련이 담벼락 뚫는다'는 속담을 아시는지. 미련한 사람의 끈기가 예상 밖의 결과를 가져온다는 뜻인데, 몇 해 전 퀴즈 프로그램 〈우리말 겨루기〉에 등장했다. 한 출연자가 급한 나머지 담벼락 대신 '담구락'을 외쳤다. 토속적 냄새가 물씬 풍기는 말에 방청객들은 너나없이 웃음을 터뜨렸다.

표준어 '담벼락'도 재미있는 낱말이다. 담이나 벽 따위를 통틀어 이르거나, 아주 미련해 어떤 사물을 전혀 이해하지 못하는 사람을 일컫는다. 말맛이 맛깔스러워선지 '담벼락을 걸으며~' 등으로 입에 자주 오르내린다.

담벼락은 '담'과 '벼락'이 합쳐진 낱말인데, 벼락은 경기·황해 지역에서 쓰는 '벼랑'의 방언이다. 즉 표준어와 방언이 만나 표준어가 된 셈이다. '힘'의 방언인 '심'이 '팔심' '뱃심' 같은 말에 붙어 표준어로 인정받은 것과 비슷하다.

'담벽'은 둘 다 표준어인 '담'과 '벽'을 합친 낱말인데도 여전히 표준어가 아니다. 그런가 하면 표준어 담과 벼랑이 합쳐진 '담벼랑'은 사전에 올라있지도 않다. '담벡'이 담벼락의 방언(경남·평북)으로 올라있을 뿐이다. 왜 우리 사전은 담벼락만을 표준어로 삼았을까. 같은 뜻의 여러 말이 쓰이더라도 그중 하나가 압도적으로 많이 쓰이면 그 말만을 표준어로 삼는 표준어 규정을 따른 결과다.

과연 그럴까. 담구락과 담벡은 방언이라 인정하고, 담벼랑은 1960~70년대에 쓰이다 입에서 사라졌으니 그렇다 치자. 하지만 담벽은 입말로 생명력을 이어오고 있다. 북한은 오히려 담벽을 문화어로 삼고 있다. 담벽은 담벼락 못지않은 언어 세력을 갖고 있다. 그렇다면 언중의 말 씀씀이를 헤아려 '담벽'을 복수표준어로 삼는 길 검토해야 하지 않을까.

'비알'의 처지도 담벽과 비슷하다. 우리 사전은 몹시 험한 비탈을 뜻하는 '된비알'을 '된비탈'과 같은 뜻으로 보고 표준어로 인정하고 있다. 그래 놓고선 '비알'은 '벼랑'과 '비탈'의 사투리라고 한다. '된비알'이 표준어라면 '비알'도 표준어라야 옳지 않을까.

사전이 언중의 말 씀씀이를 따라가지 못하니 '정신 차려, 국어사전'이라는 비난을 듣는 것이다. 어문정책이 가끔은 담벼락에 대고 이야기를 하는 느낌을 줄 때가 있다.

---

* 웃음보 : 「명사」 ('터지다' '터뜨리다' 따위와 함께 쓰여) 한꺼번에 크게 웃거나 잇따라 자꾸 웃으려는 웃음을 이르는 말.

대인배

불량배, 간신배 등 배가 붙은 말은 대개 부정적인데 '덕이 높은 사람'을 일컫는 대인의 뒤에 주로 나쁜 사람을 뜻하는 배를 갖다 붙이는 것은 어색하다.

최근 몇 년 새 대인배를 입에 올리는 이가 많아졌다. 마음 씀씀이나 아량이 넓은 사람을 나이에 상관없이 대인배라고 부르는 경향이 있다.

그런데 대인배라는 이 말, 들을수록 이상하다. 사람들은 흔히 '마음 씀씀이가 좁고 간사한 사람들이나 그 무리'를 소인배(小人輩)라고 부른다. 그러다 보니 그 반대를 대인배라고 자연스레 받아들인다. 과연 그럴까. 소인배와 대인배에 붙은 '배(輩)'의 쓰임새를 보면 전혀 그렇지 않다. 도량이 좁고 간사한 사람을 뜻하는 소인과 결합한 배는 자연스럽지만, 대인과 배는 영 어울리지 않는다.

필자는 한자말을 쓸 땐 그 뜻을 정확히 알고 써야 한다고 누누이 강조한다. 배도 그중 하나다. 배는 '무리를 이룬 사람'의 뜻을 더하는 접미사다. 온갖 수단과 방법으로 자신의 이익만을 꾀하는 모리배(謀利輩)를 비롯해 불량배, 폭력배, 간신배, 정상배, 시정잡배 등 배가 붙은 말은 대개가 부정적이다. '말과 행실이 바르고 점잖으며 덕이 높은 사람'을 일컫는 대인의 뒤에 주로 나쁜 사람을 뜻하는 배를 갖다 붙이는 것은 어색하다.

'정면교사(正面教師)'란 말을 들어보셨는지. '부정적인 대상을 통해 교훈을 얻다'라는 반면교사(反面教師)가 널리 쓰이자 '모범사례를 통해 교훈을 얻다'는 의미로 잠깐 등장했던 말이다. 허나 이 말은 반면교사에 대응하는 조어(造語)에 머물다 이내 언중의 입에서 사라져 버렸다. 말의 시장에서 무엇이 살아남느냐는 언중의 말 씀씀이에 달려 있다는 것을 잘 보여주는 사례다.

다행히 대인배는 아직 입말로 굳어지진 않았다. 이는 다른 좋은 말로 바꿀 수 있음을 의미한다. 이를 대신할 좋은 표현이 없을까. 됨됨이가 뛰어나고 훌륭한 사람을 일컫는 '큰사람'은 어떨까. 마뜩잖으면, 그냥 '대인'이라고 하면 된다. 말법에도 맞지 않고 말맛도 그저그런 대인배보다는 훨씬 나아 보인다.

* 마뜩잖다 : 「형용사」(…이)마음에 들 만하지 아니하다. '하다'로 끝나는 용언 가운데 '하' 앞의 음절이 'ㄱ, ㅂ, ㅅ' 받침으로 끝나는 낱말의 준말은 '하'가 아주 줄어든다. 그래서 '마뜩하지'의 준말은 '마뜩지'이다.

‘대포통장

통장에 붙은 ‘대포’의 정체는 무엇일까.
허풍이나 거짓말, 그것을 잘하는 사람을 빗대어
이르는 ‘대포(大砲)’에서 유래됐다는 게 통설이다.

‘대포통장’ 경계령이 내려졌다. 대포통장은 명의자와 실제 사용자가 다른 통장을 말한다. 금융거래의 추적을 피할 수 있어서 보이스피싱 등 각종 범죄에 이용된다. 사기 친 돈을 빼돌리는 통로인 셈이다. 요즘은 가짜 통장만 대포통장으로 부르는 게 아니라 일시적으로 검은돈을 넣었다가 빼가는 데 악용하는 진짜 통장도 대포통장으로 부른다.

통장에 붙은 ‘대포’의 정체는 무엇일까. 여러 설이 있지만 허풍이나 거짓말, 또는 그것을 잘하는 사람을 빗대어 이르는 ‘대포(大砲)’에서 유래됐다는 게 통설이다. 대포 하면 무기를 떠올리는 이들이 많지만 일상생활에서는 ‘허풍’ ‘거짓말’로도 많이 쓰인다. 그래서 우리 사전은 ‘대포를 놓다’를 관용구로 인정하고 있다. 언중도 허풍쟁이나 거짓말쟁이를 ‘대포쟁이’라고 부른다. 북한에서는 ‘꽝포쟁이’라고 한다.

다른 설도 있다. 막무가내, 무모라는 뜻의 일본말 ‘무데뽀(無鐵砲)’

에서 왔다고 보는 이들도 있다. 한자 '포(砲)'가 같고 '데뽀'와 '대포'의 발음이 비슷해서 그런 것 같다.

그러나 '대포 한잔 하자'고 할 때의 대포와는 관계가 없다. 큰 술잔을 뜻하는 대포는 어원을 알 수 없어 한글로만 적는다. 그러니 북한이 우리나라를 침범하지 못하는 이유 중 하나가 곳곳에 '대폿집'이 있기 때문이라는 농담은 원래부터 성립되지 않는 셈이다.

부정적 이미지가 강해선지 대포는 파생어가 거의 없었다. 그러다 몇 년 전부터 대포차, 대포폰이 입말로 자리 잡기 시작했다. 대포차는 이미 상당한 세력을 얻어 표제어로도 올라있다. 금성출판사의 《훈민정음 국어사전》이 '자동차 등록 원부상의 소유자와 실제 소유자가 다른 불법 차량'을 가리키는 속어로 인정한 것이다. 가족 간의 정이 사라지면서 '무늬만 가족'인 경우도 많다. 이러다간 '대포가족'이라는 말이 나올지도 모르겠다.

대포통장과 뗄 수 없는 보이스피싱의 순화어를 아시는지. 국립국어원은 2013년 3월 '모두가 함께하는 우리말 다듬기'에서 보이스피싱을 '사기전화'로 쓰기로 했다. 사기전화, 뜻은 명확하긴 한데 보이스피싱을 대체할 입말로 자리 잡을지는 좀더 두고 봐야 할 것 같다.

---

* 허풍선이 : 「명사」 허풍을 잘 떠는 사람.

도긴개긴

많은 이들이 윷놀이를 할 때 '도낀개낀'이나 '도찐개찐'이란 말을 쓰지만 틀린 말이다. '도긴개긴'이 바른 표현이다.

정월 보름날이면 부럼을 깨물고 약밥, 오곡밥을 먹는다. 이날 마시는 술을 귀밝이술이라고 한다. 음식은 개인의 건강을 기원하는 게 많다. 하지만 행사는 반대다. 달집태우기, 줄다리기, 지신밟기 등 마을 전체가 나선다.

윷놀이도 설에는 주로 집안끼리 하지만 대보름날에는 마을 전체나 문중이 참여한다. 널따란 마당에 멍석을 깔고 남녀노소가 윷을 던지며 풍년을 기원한다.

윷에는 가락윷, 밤윷, 콩윷 등이 있다. 가락윷은 또 장작윷과 싸리윷으로 나뉜다. 장작윷은 길이 20cm 정도에 지름 3~5cm의 소나무를 쪼개 만든다. 우리에게 가장 친숙한 윷이다.

많은 이들이 윷놀이를 할 때 '도낀개낀' '도찐개찐'이란 말을 쓴다. 틀린 말이다. 선뜻 수용하기 어렵겠지만 '도긴개긴'이 바른 표현이다. 원래는 '도 긴 개 긴'으로 띄어 써야 하지만 국립국어원이 언중의 말 씀씀이를 반영해 '도긴개긴'을 표제어로 삼았다. '긴'은 자기 말로 남의 말을 쫓아가 잡을 수 있는 거리. 따라서 '도긴개긴'은 도로 간 거리나 개로 간 거리나 별 차이가 없어 '거기서 거기'라는 뜻이다. 오십보백보와 그 의미가 오십보백보보다.

'난다 긴다'는 말도 윷놀이에서 나온 것임을 아시는지. '난다'는 윷놀이 판의 말이 나는 것이고, '긴다'는 긴에 있는 상대편 말을 잡는 것이다. 즉 '난다 긴다 하는 사람'은 원래 '윷놀이를 잘하는 사람'이었다. 지금은 '재주나 능력이 남보다 뛰어난 사람'을 가리킨다.

이맘때쯤이면 마을 어귀에 '대보름맞이 주민화합 척사대회'라는 선전막이 걸리곤 한다. 척사(擲柶)의 척은 '던지다', 사는 '윷짝'을 뜻한다. 글자 그대로 '윷짝 던지기'인데 요즘은 '윷놀이'에 거의 밀려났다.

윷판의 말이 머무는 자리를 '밭'이라 하며 도는 한 밭, 개는 두 밭, 걸은 세 밭, 윷은 네 밭, 모는 다섯 밭을 간다. 윷과 모는 '사리'라 하여 던질 기회를 한 번 더 얻는다. 그래서 윷이나 모가 나오면 어깨가 절로 으쓱 올라간다.

* 째다 : 「동사」 윷놀이에서, 말을 쨀밭에 놓다.

삼팔따라지와 도떼기시장

'도떼기시장'은 '물건을 도매로 떼는 시장'이다.
'한데 합쳐 몰아치는 일'인 '도거리'의 '도'에
'한꺼번에 많은 물건을 사다'는 '떼다'가 더해졌다.

왁자지껄, 시끌벅적…. 한국영화 사상 11번째로 관객 1000만 명을 돌파한 〈국제시장〉(2014년)에서 관객이 처음 접하는 '소리'다. 전쟁터에서 살아남고자 하는 사람들의 치열함을 암시한다.

뒤이어 등장하는 '도떼기시장'. 미군 물자나 밀수품 등을 사고파는, 시끌벅적한 비정상적 시장이다. 이를 '도때기시장' '돗대기시장' '돗떼기시장'으로 잘못 알고 있는 사람이 꽤 있다. '물건을 도매로 떼는 시장'이라고 이해하면 된다. '도떼기'는 '따로따로 나누지 않고 한데 합쳐 몰아치는 일'을 의미하는 '도거리'의 '도'에 '한꺼번에 많은 물건을 사다'는 뜻의 '떼다'가 더해진 말이다. 소매(小賣)가 '낱떼기', 도매(都賣)가 '도떼기'인 것이다. 밭떼기와 차떼기 역시 밭에 있는 작물을 몽땅 사거나, 화물차 한 대분의 상품을 한꺼번에 사들이는 걸 말한다. 밭떼기와 비슷한 말로는 '밭뙈기'가 있다. 이때 '-뙈기'는 '얼마 되지 않는 조그마한 땅'을 나타낸다. 뜻은 전혀 다르다.

도떼기시장과 도깨비시장을 헷갈려하는 사람도 많다. 결론적으로 두 시장은 다 쓸 수 있다. 한때는 도떼기시장만을 바른말로 삼았지만 국립국어원이 최근 입말로 많이 쓰는 도깨비시장도 표준어로 삼았다. 도깨비시장은 '정신이 없을 정도로 요란하고 시끄러우며, 별의별 것이 다 있다'는 뜻으로 쓰인다. 두 시장의 어원과 말맛이 약간 다르긴 하지만 의미는 비슷하지 않은가.

영화에서 주인공 덕수는 자신의 꿈을 버리고 오로지 가족을 위해 살았다. 그게 관객의 눈물샘을 자극했다. 덕수처럼 38선을 넘어온 빈털터리를 일컫는 말이 있다. 바로 '삼팔따라지'다.

따라지는 처음엔 '키가 작은 사람'을 지칭했다. 그러다 '노름판에서 가장 작은 끗수인 한 끗을 이르던 말'로, 다시 '38선 이북에서 월남한 사람'을 가리키는 말로 의미가 확대되었다(《살아있는 우리말의 역사》·홍윤표). 요즘엔 보잘것없거나 하찮은 처지에 놓인 사람이나 물건을 속되게 이르는 말로 사용한다.

* 별의별 : 「관형사」 보통과 다른 갖가지의. 벼라별(×)

'죽든 살든'을 '죽던 살던'으로 잘못 쓰는 이가 많다.
'-든'과 '-던'의 글자 형태와 발음이 엇비슷해
헷갈린 탓이겠지만 둘의 쓰임새는 전혀 다르다.

"죽든 살든 상관없소." 북한 형사 임철령(현빈)이 남한으로 숨어든 조직의 리더를 잡으려 물속으로 뛰어들려고 할 때 이를 말리는 남한 형사(유해진)에게 내뱉은 말이다. 남북한 형사의 수사 공조를 다룬 영화 〈공조〉(2017년)의 한 장면이다.

한데 대사 속의 '죽든 살든'을 '죽던 살던'으로 잘못 쓰는 이가 꽤 많다. '-든'과 '-던'의 글자 형태와 발음이 엇비슷해 헷갈린 탓이겠지만 둘의 쓰임새는 전혀 다르다. '-든지'와 '-던지', '-든가'와 '-던가'도 마찬가지다.

'-든'은 '-든지'의 준말로, 어느 것을 선택해도 차이가 없는 둘 이상을 나열할 때 쓴다. '사과든지 배든지 다 좋다'처럼. 그런가 하면 나열된 것 중에서 어느 것이든 선택될 수 있음을 나타내기도 한다. '하든지 말든지 마음대로 해라'처럼 말이다. '-든가'는 '-든지'와 의미나 쓰임새가 같다.

이와 달리 '-던'은 누군가에게 과거에 경험했거나 알게 된 사실을 회상하여 답하도록 묻는 말이다. '그는 잘 있던?'처럼 쓸 수 있는데 '-더냐'보다 친근한 느낌을 준다.

'-던가'와 '-던지'는 과거의 일 또는 지나간 일을 회상할 때 쓴다. "너 말이야. 걔가 그렇게 좋던가?" "그 프로그램이 얼마나 재밌던지 배꼽을 쥐었다"처럼 쓰면 된다.

또 하나. '-든지'와 '-던지' 못잖게 '되'와 '돼'를 구별해 쓰는 데 어려움을 겪는 사람이 많다. '안 되죠'와 '안 돼죠' 중 어느 것이 옳은지 헷갈려하는 이를 심심찮게 볼 수 있다. 쉽게 구별하는 방법? 준말 '돼'를 '되어'로 바꾸어 보자. '되어'로 바꿔 말이 되면 '돼'를 쓰고, 그렇지 않다면 '되'로 쓰면 된다. '안 돼죠'의 '돼'를 '되어'로 바꾸니 '안 되어죠'라는 희한한 말이 되고 만다. 따라서 '안 되죠'가 바른 표현이다.

문제는 "요즘 장사가 잘돼?"처럼 '돼'가 문장 끝에 올 때다. '잘돼'는 '잘되어'의 준말이다. '언제 밥 먹어?'에서 어미 '-어'를 떼어내고 '언제 밥 먹?'으로 쓰지 않는 것처럼 어미 '-어'를 떼어내고 '잘되?'로 쓸 수는 없다.

* '어떠어떠한 사람이 되라(되어라)'처럼 '되, 돼'를 모두 쓰는 경우도 있다. 이때 '되라'는 신문 등에서 흔히 보는 문어체(文語體) 명령이고, '되어라'는 듣는 이에게 하는 직접 명령이다.

'등
멱

윗옷만 벗고 엎드려 물을 끼얹던 '등목'은 예전에
흔히 볼 수 있는 풍경이었다. 엇비슷하게 입에
오르내리는 '등멱'은 표준어가 아니다.

"앗, 차가워." 푹푹 찌는 여름날 차디찬 우물물 한 바가지를 등줄기에 뿌리면, 자연스레 터져 나오는 외마디 소리다. 소리까지 시원하다. 윗옷만 벗고 엎드려 물을 끼얹던 '등목'은 예전엔 흔히 볼 수있는 풍경이었다.

'등목, 등물, 등멱, 목물'. 엇비슷하게 입에 오르내리는 말들이다. 그런데 이 중 하나는 여전히 푸대접을 받고 있다. 북한에서는 문화어지만 남한에선 표준어가 아니다. '등멱'이다.

한데 이상하다. 입말로 보나, 맞춤법으로 보나 등멱이 표준어가 아닐 까닭이 없어 보인다. '등+멱'의 구조인데, '멱'은 '미역'의 준말이다. 미역은 '냇물이나 강물 또는 바닷물에 들어가 몸을 담그고 씻거나 노는 일'이다. 그러니 집에서 간단히 등을 씻는 것을 '등멱'이라고 해서 문제될 게 없을 듯하다. 둘 다 표준어인 '담'과 '벽'을 합친 '담벽'이 여태껏 비표준어인 것과 비슷하다. '등물'을 보더라도 등멱을 표준어로 삼지 못할 까닭이 없다. '등물'도 한동안 '목물의 잘못'이라 했다가 언중의 말 씀씀이를 받아들여 표준어가 됐기 때문.

윗옷을 훌렁 벗으면 드러나는, '사람의 몸에서 허리 위의 부분'을 가리키는 낱말은 뭘까. 많은 이가 '위통, 우통, 웃통'을 입에 올리지만 '웃통'이 옳다. 그런데 가만, '된소리나 거센소리 앞에서는 사이시옷을 쓸 수 없는' 말법에 따르면 위통이나 우통이 맞는 게 아닐까. 열쇠는 '웃'이다. '웃'은 '우'에 사이시옷이 붙은 게 아니라 '위'의 뜻을 더하는 접두사다. 여기에 밥통, 몸통이라고 할 때의 '통'이 붙은 것이다. 또 있다. 겨울에, 방 안의 천장이나 벽 사이로 스며들어 오는 찬 기운을 우풍이라는 사람이 많지만 '웃풍'이다. 웃바람이라고도 한다.

'웃' '윗' '위'의 쓰임새를 쉽게 구분할 순 없을까. '웃'으로 발음되는 말이더라도 위아래가 대립되는 말은 '윗'으로만 적고(윗니, 윗목), '웃'으로 굳어진 말 중 위아래 대립이 없는 말은 '웃'으로 적는다(웃어른, 웃돈, 웃비). '위'는 된소리나 거센소리 앞에서 쓰면 된다. 그럼 웃옷과 윗옷은 어떨까. 둘 다 맞지만 뜻은 다르다. 윗옷은 치마나 바지에 대립되는 상의(上衣)를 뜻하고, 웃옷은 맨 겉에 입는 옷이다. 즉, 와이셔츠는 윗옷이고, 바바리코트는 웃옷이다.

---

* 여태 : 「부사」 지금까지. 또는 아직까지. 어떤 행동이나 일이 이미 이루어졌어야 함에도 그렇게 되지 않았음을 불만스럽게 여기거나 또는 바람직하지 않은 행동이나 일이 현재까지 계속되어 옴을 나타낼 때 쓰는 말이다. 여직(×)
* 여태껏 : 「부사」 '여태'를 강조하여 이르는 말. 여직껏(×)

마음씨짱

'짱'의 쓰임새는 몸짱, 얼짱 등 신체 부위에 붙어
이상적인 외모를 가진 사람을 가리키던 게
'가장'을 뜻하는 부사로까지 사용 범위가 넓어졌다.

몸짱, 얼짱, 공부짱에 싸움짱까지. 그야말로 '짱'의 시대다.

이 중 얼굴이 잘생긴 사람을 일컫는 '얼짱'을 표제어로 삼은 건 2004년 판《훈민정음 국어사전》이다. 당시 얼짱이 사전에 오를 자격이 있는지를 놓고 국립국어원과 금성출판사가 논쟁을 벌였다.

국립국어원은 "얼짱은 외모 지상주의 풍조가 사라지면 더는 쓰이지 않을 것이다. '얼굴'과 속어인 '짱'을 결합한 조어 방식 역시 국어에서 낯선 방식이어서 사전에 올릴 수 없다"고 했다. 그러나 금성출판사는 "얼짱은 일시적 유행어가 아니며 사전이 언어 현실을 빠르게 반영하는 게 미덕인 시대이므로 당연히 올려야 한다"고 반박했다. 얼짱은 아직도 국립국어원 웹사전의 표제어 자격은 얻지 못했지만 언중의 입말이 된 것만은 분명하다.

얼짱 논란과는 별도로 '짱'의 쓰임새는 확대되는 추세다. 몸짱, 얼짱 등 신체 부위에 붙어 이상적인 외모를 가진 사람을 가리키던 게 이제는 "싸움, 짱 잘해요"처럼 '가장' '매우'를 뜻하는 부사로까지 사용 범위가 넓어졌다.

그런데 이 '짱'은 어디서 왔을까. 여러 설이 있지만 일본어 '쨩(ちゃん・찬)'과 한자 '장(長)'에서 왔다는 설이 대표적이다.

일본어 '쨩'은 'ㅇㅇㅇ쨩'처럼 친구나 손아랫사람의 이름이나 별명에 붙여 친밀감을 나타낼 때 사용된다. '친밀감'을 표시하므로 드물게 윗사람에게 쓰기도 한다. 품사는 접미사다. 반면 우리는 '싸움짱'처럼 부정적인 의미로도 쓰고, 부사로까지 사용해 일본의 '쨩'과는 연관성이 떨어진다.

한자 '장(長)'은 어떤 조직체나 부서의 '우두머리'를 가리킨다. 이 '장'이 된소리로 변해 '짱'이 되고 학교라는 특정 사회에서 '싸움을 가장 잘하는 학생'이라는 구체적인 의미로 쓰이게 됐다는 것이다(《정말 궁금한 우리말 100가지》·조항범). 이 '짱'의 쓰임새가 넓어졌다고 볼 수 있다. 발음도 의미도 부합해 어원설 가운데 유력하다.

무분별한 신조어는 우리말의 품격을 떨어뜨린다. 하지만 언중에게 사랑받아 생명력이 있는 낱말까지 외면할 수는 없다. 《훈민정음 국어사전》에 얼짱과 함께 올랐던 짝퉁, 옥탑방, 짬밥 등이 나중에 표준국어대사전에 오른 것이 그 실례다.

몸짱, 얼짱, 가슴짱도 좋지만 서로에게 따뜻한 위로와 격려를 해주는 '마음씨짱'이라는 단어가 더 많이 쓰여 사전에 오를 날은 언제일까.

* 우이(를) 잡다 : 「관용구」 어떤 모임 또는 동맹의 우두머리나 간부가 되다.

'막창과 곱창

막창은 '소의 네 번째 위'로 '홍창'이라고도 한다.
곱창의 '곱'은 '지방 또는 그것이 엉겨 굳어진 것'으로
눈곱이나 곱창전골 등에서 그 흔적을 찾을 수 있다.

양구이나 양곱창구이를 양(羊)고기를 구워 먹는 것으로 안 적은 없는지. 한자어 양(羊)에 이끌려서인데 그렇지 않다. 여기서 '양'은 소의 위(胃) 가운데 하나를 말한다.

소는 되새김질을 하는 동물이어서 위가 4개다. 첫 번째 위는 '혹위' '반추위', 두 번째는 '벌집위', 세 번째는 '천엽(千葉)' '처녑' '겹주름위' '중판위', 네 번째 위는 '추위' '주름위'라고 한다. 보통 익히지 않고 날로 기름장에 찍어 먹는 처녑, 천엽 등 익숙한 낱말도 있지만 대부분 생소하다. 그런데 가만, 정작 입에 자주 오르는 '막창'은 보이지 않는다.

많은 이가 막창을 '마지막 창자'라고 생각해 '소의 대장'으로 알지만 막창은 '소의 네 번째 위'다. '홍창'이라고도 한다.

또 있다. 사전은 '양'을 '소의 위(胃)를 고기로 이르는 말'이라고 뭉뚱그려 놓았지만 언중은 첫 번째 위를 가리키는 말로 쓴다. 처녑과

천엽의 언어세력을 인정해 복수표준어로 삼은 것처럼 막창과 홍창도 표준어로 삼아야 하지 않을까.

아 참, 대구 사람들이 즐겨 먹는 '돼지 막창'은 엄밀히 말하면 '돼지 밥통'으로 불러야 한다. 돼지는 위가 하나뿐이니.

곱창은 소의 작은창자(小腸)를 말한다. 북한에서는 '곱밸' '곱창' 둘 다 쓴다. 곱창의 '창'이 중국어 '장(腸)'에서 왔고 곱밸의 '밸'은 창자를 뜻하므로 둘의 의미는 같다. 비위에 거슬려 아니꼬울 때 흔히들 쓰는 '밸(배알)이 꼴리다'의 밸이 바로 그것. 밸은 속어로 남아 있는 고유어.

소의 작은창자가 꼬불꼬불하다 보니 곱창을 '굽은 창자' '곱은창자'로 이해하는 사람도 있다. 곱은창자가 줄어들어 곱창이 된 것으로 본 것. 과연 그럴까. 소의 큰창자(大腸) 역시 꼬불꼬불하기는 마찬가지 아닌가. 우리 사전은 '곱은창자'를 인정하지 않는다.

곱창의 '곱'은 뭘까. '부스럼에 끼는 고름 모양의 이물질'이나 '지방 또는 그것이 엉겨 굳어진 것'이다. 눈곱, 발곱, 손곱이나 곱창전골 등에서 '곱'의 흔적을 찾을 수 있다.

'양껏 드세요' '양에 차다'라고 할 때의 양은 어떻게 표기할까. 위가 꽉 차도록 많이 먹으라는 뜻이므로 '위(胃)'로 봐야 한다는 주장도 있지만 한자어 양(量)에 밀려났다. 사람의 배를 채우면서 소 위인 양을 쓴다는 게 마뜩잖아 그런 건 아닐까.

---

* 배알이 꼴리다(뒤틀리다) : 「관용구」 비위에 거슬려 아니꼽다.

‘맨드리

땟물은 '겉으로 드러나는 자태나 맵시'라는 좋은 뜻도 있지만 차츰 잊혀져간다. '옷을 입고 매만진 맵시'를 뜻하는 '맨드리'가 이를 대신할 수 있다.

"선생님, 땟물이 훤하십니다." 누군가에게 이렇게 인사하면 어떤 표정을 지을까. 모르긴 몰라도 대부분 얼굴을 찡그리거나 화를 낼 성싶다. 땟물 하면 '때가 섞여 있는 더러운 물 또는 때로 범벅이 된 땀이나 물기'를 떠올릴 테니. 하지만 놀라지 마시길. 땟물에는 '겉으로 드러나는 자태나 맵시'라는 좋은 뜻도 있다. 그런데 사람들이 땟물을 말맛이 고약한 뜻으로만 알고 쓰면서 좋은 뜻의 땟물은 사전 속에 갇혀 버렸다.

좋은 뜻의 땟물이 잊혀지는 건 아쉽지만 이를 대신할 말맛 좋은 말이 있다. '옷을 입고 매만진 맵시'를 뜻하는 '맨드리'다. "선생님은 맨드리가 있으십니다" "맨드리가 참 곱군요"처럼 쓰면 된다. 몸의 모양과 태도를 뜻하는 '몸맨두리'도 있는데, 어찌 된 일인지 우리 사전엔 맨두리라는 낱말은 없다. 몸맨드리 대신 몸맨두리를 표제어로 삼은 까닭이 궁금해진다.

'표변(豹變)'도 언중이 낱말의 쓰임새를 바꿔 버린 예다. 이 낱말은 《주역》의 '혁괘(革卦)'에 쓰인 '군자표변 소인혁면(君子豹變 小人革面)'에서 왔다. 표범이 때때로 털을 갈아 아름다운 무늬를 간직하듯이 군자는 허물을 고쳐 말과 행동을 바르게 가다듬지만 소인은 좀처럼 잘못을 바꾸려 하지 않는다는 뜻이다. 그러니까 표변은 처음엔 '긍정적인 변화'를 일컫는 말이었는데, 지금은 자신의 이익을 위해 마음이나 행동을 바꾸는 부정적인 뜻이 돼 버렸다.

분수(分數)에서 온 '푼수'도 표변과 닮은꼴이다. 이 말도 본래는 '얼마에 상당한 정도' 또는 '상태나 형편'과 같은 긍정적인 뜻을 지녔다. 한데 지금은 주로 "야, 이 푼수야. 그렇게 아무 말이나 하고 다니면 어떡해"처럼 생각이 모자라고 어리석은 사람을 놀림조로 이를 때 쓴다. 이는 푼수가 '푼수 없다'는 표현 형식으로 많이 쓰이게 되면서 '없다'가 지니는 부정적 의미가 푼수에까지 파고들었기 때문이다(《정말 궁금한 우리말 100가지》· 조항범).

언중은 한술 더 떠 '푼수데기'도 입에 올린다. 푼수에 접미사 '−데기'가 결합한 형태로, 모자라고 어리석은 사람을 좀더 낮잡는 말이다. '−데기'는 몇몇 명사 뒤에 붙어 '그와 관련된 일을 하거나 그런 성질을 가진 사람'의 뜻을 더한다. 부엌데기, 새침데기, 소박데기에 쓰인 '−데기'도 그와 같은 것이다.

---

* 어떡하다 : '어떠하게 하다'가 줄어든 말이다. '어떡해'는 '어떻게 해'가 줄어든 말이고, '어떻게'는 '어떻다'의 활용형으로 부사적으로 쓰인다. 어떻해(×) 어떻하다(×)

면벌부 vs 면죄부

면죄(免罪)라 죄를 면해준다는 뜻인데,
죄는 이미 지은 것이므로 벌을 면해주는 게 맞다.
하지만 어쩌랴. 면죄부가 입말로 자리 잡았다면
받아들이는 게 옳다.

'면벌부(免罰符).' 요즘 학교에서는 이렇게 배운다. 그동안 써오던 면죄부가 아니다.

'…교황 레오 10세가 성 베드로 성당을 수리하기 위해 독일에서 면벌부 판매를 독려하자 신학자 루터는 95개조 반박문을 통해 이를 비판하였다.'

한 중학교 역사책의 '루터, 종교개혁을 시작하다' 단원에 나오는 대목이다. 면벌부? 왠지 생경하다. 그래도 이 단어는 국립국어원 웹사전에 면죄부와 함께 표제어로 올라있다. 하지만 아는 사람은 드물다.

면죄부는 라틴어 'indulgentia(인둘겐티아)'를 번역한 것이다. '관용, 은혜'를 뜻한다. 면죄부란 말이 귀에 익긴 하지만 따져보니 이상하긴 이상하다. 면죄(免罪)란 죄를 면해준다는 뜻인데, 죄는 이미 지은 것이므로 면해준다면 벌을 면해주는 게 맞다. 그래서 교육인적자원부(현 교육부)가 이를 바로잡겠다고 나섰다. 2003년 8월 7차 교육

과정 개편 때 내놓은 편수자료를 통해서다. 편수자료는 초중등학교의 교과서를 만들 때 꼭 참고로 해야 하는 일종의 지침이다.

그렇게 10여 년이 흐른 지금 면죄부와 면벌부 중 누가 언중의 입말로 자리 잡았을까.

면죄부의 압승이다. 말도 그렇고, 글도 그렇다. 신문이나 방송도 마찬가지다. '면죄부를 줬다' '면죄부를 받았다'는 표현은 많아도 면벌부는 눈 씻고 찾아봐도 없다. 면벌부는 일부 사전과 교과서에서만 볼 수 있는 박제된 말이 되고 말았다.

2009년에 나온 《고려대 한국어대사전》 등 대부분의 사전들도 면죄부만을 표제어로 삼고 있다. 요즘 가톨릭에서는 면죄부와 면벌부도 옆으로 치워놓고 '대사(大赦)'라는 말을 많이 쓴다고 한다.

애당초 언중이 아무런 의심 없이 면죄부를 받아들인 건 잘못이다. 그렇지만 세력을 넓혀 입말로 자리 잡았다면 얘기는 달라진다. 언중의 말 씀씀이를 헤아리지 않고 정부가 인위적으로 어떤 말을 없애거나 만든다고 해서 될 일도 아니다. 좀더 지켜봐야 하겠지만 지금처럼 언중이 면죄부만을 쓴다면 대세로 받아들이는 게 옳다. 면벌부를 접한 학생들은 혼란스러울지 모르나 사회에 나오면 자연히 정리될 것이다. 필자의 이런 주장에 국립국어원은 '면죄부'를 주길 바란다.

---

* 생경하다 : 「형용사」 「1」세상 물정에 어둡고 완고하다. 「2」글의 표현이 세련되지 못하고 어설프다. 「3」익숙하지 않아 어색하다.

명태

조선시대 때 함경도 명천(明川)에 사는 태씨(太氏) 성의 어부가 처음 잡았다 해서 '명태'가 됐다는 설과 많이 먹으면 '눈이 밝아진다' 해서 명태가 됐다는 설이 있다.

명태(明太)는 이름이 많다. 생태, 동태, 황태, 북어, 코다리, 노가리 등등. 얼리지 않은 건 생태, 얼린 건 동태, 말린 것은 북어다. 내장을 뺀 명태를 꾸덕꾸덕하게 반쯤 말린 게 코다리, 한겨울 처마 끝에서 얼렸다 녹였다를 반복해 살이 연해지면서 누렇게 변한 게 황태다. 술꾼들이 속을 풀려 찾는 북엇국은 북어를 두드려 잘게 뜯어 끓인 것이다. 이 밖에 큰 명태는 왜태, 끝물에 잡은 명태는 막물태, 봄에 잡은 건 춘태라고 한다. 코다리는 찜, 구이 등으로 사람들이 즐겨 먹지만 사전에는 오르지 못했다.

명태는 왜 명태일까. 조선시대 때 함경도 명천(明川)에 사는 태씨(太氏) 성을 가진 어부가 처음 잡았다 해서 '명태'라는 설이 있는가 하면, 이 생선을 많이 먹으면 '눈이 밝아진다'고 해 명태가 됐다는 설도 있다.

술안주로 인기가 있는 노가리가 명태 새끼란 걸 아시는지. 또 하

나. 그럴듯하게 거짓말을 늘어놓는 것을 '노가리를 깐다'라고 하는데 먹는 노가리와 관계가 있는지. 물론이다. 노가리는 명태 새끼이자 '거짓말'을 속되게 이르는 말이다. '노가리를 까다'에서 까다는 '알을 낳다'라는 뜻이다. 즉 명태가 알을 까서 새끼를 만드는 게 '노가리를 까다'인데, 명태는 한꺼번에 엄청난 양의 알을 깐다. 여기서 '말을 많이 하다'와 같은 비유적 의미가 생기고, 말을 많이 하다 보면 과장도 섞이게 마련이어서 거짓말을 한다는 뜻도 보태진 것이다.

바닷물고기 중에는 새끼 때와 어미 때 이름이 다른 게 꽤 있다. '고도리'는 고등어 새끼를 이른다. '간자미'는 가오리 새끼, '껄떼기'는 농어 새끼, '모쟁이'는 숭어 새끼, '마래미'는 방어 새끼, '모롱이'는 웅어 새끼다. '전어사리'는 전어 새끼이고, 횟감으로 제격인 '풀치'는 갈치 새끼다.

'출세어(出世魚)'라는 것도 있다. 치어에서 성어가 되기까지 이름이 여러 번 바뀌는 물고기를 말한다. 커갈수록 이름이 바뀌는 게 점점 출세를 하는 것 같다는 뜻에서 따왔다. 대표적인 게 농어, 방어, 숭어 등이다.

* 북어보풀음 : 「명사」 황태를 두드려 잘게 뜯은 북어의 살.

‘모꼬지

‘놀이나 잔치 또는 그 밖의 일로 여러 사람이 모이는 일’을 뜻하는 순우리말인 모꼬지는 1980년대 이후 번진 우리말 사랑 운동에 힘입어 표제어에 올랐다.

‘엠티 안가비.’ 대학의 학과나 동아리에서 주최하는 엠티(MT)에 참석하지 않을 경우 내는 ‘불참비’를 가리키는 은어(隱語)다. 몇 년 전 봄 대학가는 이 문제로 시끄러웠다. 벌금까지 거둬가며 참석을 강요하는 것은 부당하다는 학생 측과 참가율을 높이자면 할 수 없다는 주최 측의 주장이 팽팽했다.

요즘은 어떨까. 음주 강요와 성희롱 없는 ‘모꼬지’ 지침을 만드는 대학이 많다. 먹고 마시고 놀자는 옛날 모꼬지보다는 한층 성숙한 모습이다.

‘모꼬지’가 뭔가. ‘놀이나 잔치 또는 그 밖의 일로 여러 사람이 모이는 일’을 뜻하는 순우리말이다. 1980년대 이후 대학가에서 들불처럼 번진 우리말 사랑 운동에 힘입어 표제어에 올랐다. 이후 ‘엠티’를 대신하는 말로 자주 쓰이고 있다. 일부에서는 엠티는 ‘공식적인 수련 모임’이므로 ‘사사로운 모임’을 뜻하는 모꼬지로 바꾸어 표현할 수 없다고 주장하기도 한다.

사실 모꼬지는 최근에 만들어진 단어가 아니다. 모꼬지의 원형은 16세기 문헌에서 나타나기 시작하는데 초기의 형태는 '몯ㄱ지'였다. '모이다'와 '갖추다'의 뜻을 가진 단어가 합쳐진 것이다. 이후 '못거지'와 '못고지' 등으로 변했다가 '모꼬지'로 정착한 것이다(《살아있는 우리말의 역사》·홍윤표).

그러고 보니 모꼬지뿐 아니라 대학가 용어 중엔 우리말이 참 많아졌다. 동아리, 새내기, 뒤풀이 같은 낱말이 서클, 신입생, 애프터 같은 말들을 밀어냈다. '새내기 배움터'를 줄인 말인 '새터'도 우리 귀에 익은 오리엔테이션을 대신하고 있다. 하나같이 사물의 본질이나 특징을 콕 집어낸 젊은이들의 말이다.

모꼬지는 힘겨운 입시 관문을 뚫은 새내기들이 대학의 자유를 처음 느끼는 자리다. 선후배가 함께 어우러지는 소통의 장이기도 하다. 사적인 모임에 제한적으로 쓰든, '엠티'라는 외래어를 대신하든 모꼬지는 사전에서 끄집어내 쓸 만한 단어다.

햇볕 따사로이 내리쬐는 캠퍼스 잔디밭에서, 모처럼 도회지를 떠나 만난 어느 산야에서, 새내기들이 환하게 웃는 모습은 봄꽃만큼이나 싱그럽다.

---

* 뒤풀이 : 「명사」「1」어떤 일이나 모임을 끝낸 뒤에 서로 모여 여흥(餘興)을 즐김. 또는 그런 일. 「2」「민속」풍물놀이나 탈춤 따위의 놀이 뒤에 구경꾼들과 함께 춤을 추거나 즐김. 또는 그런 일. 뒷풀이(×)

목말 태우다

목 뒤로 말을 태우듯이 한다고 해 생겨난 말이 '목말을 태우다'다. '목마를 태우다'라고 하는 이가 있지만 아이를 어깨에 올려놓는 것과는 전혀 관계가 없다.

삼삼오오 둘러앉아 오순도순 애기꽃을 피우는 가족들, 특히 서너 살 된 아들딸을 목말 태우고 즐거워하는 아버지들의 모습은 더없이 정겨웠다. 어린이날, 집 근처 공원에서 본 풍경이다.

목 뒤로 말을 태우듯이 한다고 해 생겨난 말이 '목말을 태우다'다. 이를 '목마를 태우다'라고 하는 이가 있지만 목마(木馬)는 그야말로 '나무를 말 모양으로 깎아 만든 물건'이다. 아이를 어깨에 올려놓는 것과는 전혀 관계가 없다.

비슷한 말이 '무동(舞童)을 태우다' '무동을 서다'다. 이 표현은 옛날에 사당패나 걸립패 놀이에서 여장을 한 사내아이가 어른의 어깨 위에 올라가 춤을 추는 데서 나왔다. 그 사내아이가 '무동(舞童)'이다. 말 그대로 '춤추는 아이'다. '아이를 등 위쪽에 올려놓은' 모습을 떠올린 때문인지 종종 '무등 태우다'라고 하지만 '무동 태우다'가 맞다.

어린이날에 아이들의 입맛을 사로잡은 것은 역시 아이스크림이었다. 날씨가 더워지자 아이들은 하나둘씩 아이스크림을 사려고 뜀박질을 한다. 불현듯 불편한(?) 제품 하나가 뇌리를 스친다. 2003년에 나온 '설레임'이다. 짜 먹는 재미가 쏠쏠한 이 제품은 표준어 '설렘' 대신 설레임을 고집하고 있다. 물건 이름에 엄격한 말법을 들이댈 수는 없지만, 말글살이에 미치는 영향력도 고려했으면 싶다.

'설레다'는 '설레＋다' 구조다. '설레'는 '가만히 있지 않고 자꾸 움직이는 행동이나 현상'을, '설레설레'는 '큰 동작으로 몸의 한 부분을 가볍게 가로흔드는 모양'을 말한다. '설레발친다'고 할 때의 설레발도 설레에서 나온 말로 '몹시 서두르며 부산하게 구는 행동'을 뜻한다.

말맛에 이끌려서일까. 사람들은 피동접사 '이'를 쓸데없이 넣어 '설레이고, 설레여서, 설레임'이라고 하지만 '설레고, 설레어서, 설렘'이 옳다. 설레는 것은 바로 내가 설레는 것 아닌가. '되뇌이다' 역시 '되뇌다'로 써야 한다.

몇 년 전 방영됐던 예능 프로그램 〈황금어장 무릎팍도사〉를 아시는지. 이 프로그램 역시 맞춤법을 무시한 제목으로 구설에 올랐다. 무릎을 속되게 이르는 말은 '무르팍'인데 이 프로그램 때문인지 많은 이가 '무릎팍'을 표준어로 잘못 알고 있다. 출연자들에게 기를 '팍팍' 넣어준다는 작위적 의미로 쓰고 싶었다면 '무릎 팍'으로 띄어 써야 했다.

---

* 사당패 : 「명사」「민속」사당의 무리. 돌아다니며 노래와 춤, 잡기(雜技) 따위를 팔았던 유랑 극단의 하나이다.

묘령의 남자?

묘령(妙齡)은 '스무 살 안팎의 여자 나이'를 이른다.
이 말은 남자나 나이 든 사람에게 쓸 수 없다.
많은 사람이 '묘하다'에 끌려 묘령을 잘못 쓰고 있다.

몇 년 전 '묘령의 할아버지라뇨?'라는 신문 제목을 보고 기함한 적이 있다. 그렇지만 이례적인 것으로 생각하며 대수롭지 않게 넘겼다. 그런데 그렇지가 않았다. 인터넷 등에서 나이에 관한 표현을 살펴보다 깜짝 놀랐다. '묘령의 할머니' '묘령의 노인', 심지어 '나이 지긋한 묘령의 남자' 등 얼토당토않은 표현이 너무 많았기 때문.

묘령(妙齡). '스무 살 안팎의 여자 나이'를 이른다. 묘년(妙年), 방년(芳年), 방령(芳齡)도 같은 뜻이다. 따라서 이 말은 남자에게 써서는 안 되며, 나이 든 사람에게도 쓸 수 없다.

묘(妙)는 '묘하다, 예쁘다, 젊다'는 뜻이다. 그러니 묘령은 글자 그대로 '가장 예쁜 나이' '꽃나이'다. 그런데 많은 사람이 '묘하다'에 끌려 묘령을 '나이를 짐작할 수 없는' '정체를 알 수 없는' 뜻으로 잘못 쓰고 있다. '걸그룹 멤버가 묘령의 남성과 키스하고 있다' 같은 표현이 그렇다.

'묘령의 여인'이란 표현은 어떤가. '나이는 정확히 알 수 없지만 묘한 분위기를 자아내어 마음 설레게 하는 젊은 여자'라는 뜻으로 입에 오르내린다. 사전적 의미로 '여인'은 '어른이 된 여자'를 뜻하므로 만약 결혼을 안 한 여자라면 '묘령의 처녀'가 맞다. 그런데 처녀라는 말이 성적인 뉘앙스를 풍기기 때문에 요즘은 잘 쓰지 않는다. 그래서 '묘령의 여인'이라는 말이 세력을 얻어가고 있는 듯하다. 결혼 여부와 상관없이. 사전의 예문에도 올라있다.

 묘령과 같은 뜻인 '방년'도 20세 전후의 꽃다운 나이다. 이 역시 '방년 서른 살, 마흔 살'로 쓰는 이가 있지만 잘못이다.

 스무 살 안팎의 남자를 일컫는 표현은 묘랑(妙郞)이다. 그런데 낯설다. 오히려 약관(弱冠)이란 표현이 귀에 익다. '남자 나이 20세'를 일컫는다. 《예기》 '곡례편(曲禮篇)'에서 공자가 스무 살에 관례를 한다고 한 데서 나온 말이다. 요즘은 '20대의 젊은 나이'란 의미로 확대해서 쓰고 있다. 그렇더라도 '약관 30세의 나이로…' 혹은 남녀 모두에게 쓰는 것은 잘못이다.

 공자는 마흔 살부터 세상일에 미혹되지 않았다고 해서 '불혹(不惑)'이란 말을 썼다. 불혹은 딱 '마흔 살'을 일컫는다. 그러므로 40대 전체를 불혹이라고 해선 안 된다.

---

* 기함하다 : 「동사」 「1」기력이 없어서 가라앉다. 「2」갑작스레 몹시 놀라거나 아프거나 하여 소리를 지르면서 넋을 잃다.

묵은지

오래된 김장 김치를 말하는 묵은지 중에서도
숙성 기간이 비교적 짧은 건 찌개로,
오래된 건 쌈이나 찜 요리에 제격이다.

시부저기 가을이 저물 때쯤이면 주당(酒黨)들은 자글자글 끓고 있는 김치찌개, 그중에서도 '곰삭아 깊은 맛이 우러나는' 묵은지김치찌개를 그리워한다.

'묵은지.' 오래된 김장 김치를 말한다. 묵은지 중에서도 숙성 기간이 비교적 짧은 건 찌개로, 오래된 건 쌈이나 찜 요리에 제격이다. 땅속에서 2, 3년 묵은 김치가 그중 최고란다. 그러고 보니 묵은지로 만든 음식만 해도 등갈비찜, 꽁치찜, 삼겹살찜, 고등어조림 등 다양하다.

묵은지는 입맛만 사로잡은 게 아니다. '주택시장 기지개 켜자 건설사들 묵은지 분양.' 신문은 건설사들이 묵혀두었던 알짜 물량을 묵은지로 표현하고 있다. 이처럼 묵은지는 언중의 입에 자주 오르내렸지만 2015년 3월에야 표제어가 됐다.

왜일까. 묵은지에 붙은 '지'를 사투리로 보았기 때문이다. 사전들은 하나같이 '지'를 경북과 전라도 등지에서 쓰는 김치의 사투리라고 규정한다. 오이지, 짠지, 젓국지 등 김치를 뜻하는 '지'가 붙은 낱말들을 모두 표준어로 인정하면서 묵은지만 배척한 것이다. '싱겁다'에서 나온 싱건지 역시 싱건김치와 동의어로, 국물김치의 전라도 사투리라고 하면서도 표제어로 올려놓고 있다. 물김치는 생긴 지 그리 오래된 말도 아닌데 표준어 대접을 받고 있다. 늦긴 했지만 언중의 말 씀씀이를 받아들여 묵은지를 표제어로 삼은 건 잘한 일이다.

세계의 음식으로 발돋움하고 있는 김치는 한자어 침채(沈菜)에서 왔다. '절인 채소' 또는 '채소를 절인 것'을 뜻한다. 침채를 중국에서 만든 한자어로 생각하기 쉬우나 그렇지 않다. 우리나라에서 만든 한자어다.

김치와 관련해 구별해서 써야 할 표현이 있다. '시다'와 '쉬다'가 그렇다. 너무 숙성돼 신맛이 나면 '신 김치'이고, 그 단계를 지나 냄새까지 난다면 '쉰 김치'라고 해야 옳다. 또 하나. '사랑으로 담은 김치'라는 표현을 많이 쓰는데 김치는 '담는' 게 아니라 '담그는' 것이다.

김장 문화는 2013년 유네스코 인류무형문화유산에 등재됐다. 김치가 등재된 것이 아니라 준비하고, 담그고, 나누는 과정, 즉 우리 생활 속에 녹아 있는 김장 문화를 높이 평가한 것이다. 그런 면에서 푹 곰삭은 맛이 일품인 묵은지야말로 문화유산에 걸맞은 김치가 아닐까 싶다.

---

* 걸맞다 : 「형용사」 두 편을 견주어 볼 때 서로 어울릴 만큼 비슷하다. 형용사의 관형사형 어미는 '-은'이므로 '걸맞은'으로 써야 한다. 걸맞는(×)

[']뭐라구요 ?

한국적인 정서를 노래하는 가수 강산에의
'라구요'는 우리말법대로라면 '라고요'가 맞다.
하지만 많은 이가 '~라구' '~하구요'라고 한다.

질문 하나. 북한에서는 우리의 '오징어'를 '낙지'라고 하고, 우리의 '낙지'를 '오징어'라고 한다는데 사실일까? "남한의 오징어를 낙지라고 하는 건 맞다. 하지만 북한에서의 오징어는 낙지가 아닌 '갑오징어'를 지칭한다." 질문 둘. 북한에서는 전구(電球)를 '불알'이라고 한다는데…. "전혀 아니다. 북한이 1960년대 문화어로 바꾼다면서 '불알'이라고 하려 했던 적은 있지만 '전등알'이 문화어다." 북한이탈주민을 위한 〈남북 필수 용어집〉(2013년)에 실린 내용이다. 광복 이후의 남북한 언어 차이를 극명하게 보여주는 실례(實例)들이다.

'눈물로 지새우시던 내 아버지 이렇게 얘기했죠 죽기 전에 / 꼭 한 번만이라도 가봤으면 좋겠구나 라구요~.' 한국적인 정서를 노래하는 가수 강산에의 '라구요'의 한 구절이다. 이 노래 제목도 남북한 언어 차이를 드러낸다. 남한에서 많은 이가 즐겨 쓰는 '~라구' '~하구요'는 중부 방언이고, 표준어는 '~라고' '~하고요'다. 즉, 우리말법대로라면 노래 제목은 '라고요'가 맞지만 말맛에 끌려 '라구요'라고 쓴 것 같다. 북한에서는 둘을 모두 쓴다.

우리는 표준어에 매우 엄격하지만 북한은 복수표준어를 폭넓게 허용하는 편이다. 그러다보니 남한의 비표준어가 북한에서는 문화어인 경우가 많다. '까발기다' '또아리' '수리개' '아지'가 그렇다. 많은 이가 '비밀 따위를 속속들이 들춰내다'라는 뜻으로 '까발기다'를 입에 올린다. 하지만 이 낱말은 표준어 '까발리다'에 밀려 사투리 신세다. '뱀이 또아리를 틀고 있다'거나, 가린다고 가렸으나 가장 요긴한데를 가리지 못했다는 뜻의 '또아리 샅 가린다'는 속담 속의 '또아리'도 마찬가지. '준말이 널리 쓰이고 본말이 잘 쓰이지 않을 때 준말만을 표준어로 삼는다'는 규정에 따라 '똬리'에 표준어 자리를 넘겨주었다. 수리개는 '솔개'의 함경 방언, 아지는 '가지'의 강원 방언에 머물러 있다. 허나 이들 모두 북에서는 당당히 문화어다.

통일에 대비한 언어 단일화 작업에 속도를 내려면 비슷한 쓰임새를 지닌 낱말을 복수표준어로 인정하는 것도 방법일 듯싶다. '뜰'의 북한어로 묶어두었던 '뜨락'이 입에 널리 오르내리자 표준어로 인정한 것처럼.

---

* 뜨락 :「명사」「1」=뜰.「2」앞말이 가리키는 것이 존재하거나 깃들어 있는 추상적 공간을 비유적으로 이르는 말. ¶행복의 뜨락/내 마음의 뜨락에 당신을 향한 소중한 기억이 낙엽처럼 하나둘 떨어져 있다.

‘민낯

‘화장을 하지 않은 얼굴’을 뜻하는 ‘민낯’은
그 의미를 넘어 어떤 사람이나 조직의 진짜 모습을
비유적으로 이르는 말로 널리 쓰인다.

‘부끄럽고 감추고 싶은 민낯의 숫자들, 구태 정치의 민낯….’

‘민낯.’ 요즘 부쩍 많이 쓰는 말이다. 사전적 의미는 ‘화장을 하지 않은 얼굴’이다. 처음엔 ‘화장을 하지 않은 여자의 얼굴’을 가리켰으나 남자도 화장을 하는 시대여서인지 ‘여자’라는 뜻풀이 부분이 빠졌다. 요즘은 그런 의미를 넘어, 어떤 사람이나 조직의 진짜 모습을 비유적으로 이르는 말로 널리 쓰인다.

‘민–’은 ‘꾸미지 않고, 딸린 것이 없거나, 다른 것에는 있는데 없는 것’을 가리키는 접두사다. ‘민얼굴’은 꾸미지 않은 얼굴을, ‘민소매’는 소매가 없는 윗옷을 뜻한다. 민소매를 ‘나시’라고 부르는 이도 많은데, 나시는 일본어 ‘소데나시(そでなし·소매 없음)’에서 온 말이다. 아무 꾸밈이 없는 물건은 ‘민짜’ ‘민패’, 정수리까지 벗어진 대머리는 ‘민머리’다.

‘화장·분장 따위로 꾸미지 않은 본래 그대로의 얼굴’을 뜻하는

'맨얼굴'은 국립국어원 웹사전에 올라있지 않다. 그래서일까. 맨얼굴을 민얼굴, 민낯으로 고쳐야 한다고 주장하는 사람들도 있다. 얼토당토않다. 민낯 못잖게 맨얼굴도 '화장기 없는 맨얼굴' 등으로 입에 자주 오르내린다. 그러니까 맨얼굴은 민낯, 민얼굴과 표준어 다툼을 벌이고 있는 것이다. 한때 신세대가 즐겨 썼던 '생얼' '쌩얼'은 급격히 세력을 잃어가고 있다.

얼굴을 가리키는 낱말도 많다. 신관, 낯, 낯짝, 광대, 쪽이 대표적이다. 신관과 낯이 얼굴을 점잖게 가리킨다면 낯짝과 광대는 속되게 이르는 말이다. 이 중 '쪽팔린다'고 할 때의 쪽이 가장 속된 표현 같다. '쪽을 못 쓰다'는 기가 눌려 꼼짝 못하는 걸 말한다.

'표정 관리'와 '낯빛'이라는 낱말도 재미있다. 표정은 원래 감정이나 기분이 얼굴에 나타난 것이지만 그 말 속에는 '관리된 얼굴'이라는 뜻이 들어있다. 고객 만족을 위해 자신의 감정을 업무에 예속시키는 감정노동자의 표정이 그렇다. 이어령 선생은 낯빛은 감추고 숨기려 해도 어쩔 수 없이 배어 나오는 '내면의 표정'이라고 했다. 한자말로는 안색(顔色), 즉 얼굴빛이다. 흥미로운 건, 언중은 안색을 기분보다는 '(안색이) 좋다, 창백하다' 등 건강 상태를 말할 때 주로 쓴다는 사실이다.

---

* 벗어지다 : 「동사」 「1」머리카락이나 몸의 털 따위가 빠지다. 머리가 벗겨졌다(×)
* 벗겨지다 : 「동사」 「1」덮이거나 씌워진 물건이 외부의 힘에 의하여 떼어지거나 떨어지다. 「2」사실이 밝혀져 죄나 누명 따위에서 벗어나다.

눈의 세계엔 재미난 표현이
수북하다. '눈꽃'은 나뭇가지에
꽃이 핀 것처럼 얹힌 눈이다.
'상고대'는 서리가 나무나 풀에
내려 눈같이 된 걸 말한다.

‘바 치
라 다
지 꺼
와 리

'바라지'는 음식이나 옷을 대어주는 일을 말한다.
바라지가 내켜서 하는 것이라면,
'치다꺼리'는 싫은 내색이 약간 배어있다.

할아버지의 재력, 엄마의 정보력, 아빠의 무관심이 '자녀가 공부 잘하는 3요소'라는 우스갯소리가 있다. 허나 부모의 헌신적인 '뒷바라지'야말로 단언컨대, 으뜸이다.

'바라지'는 옥바라지나 해산바라지처럼 음식이나 옷을 대어주는 일을 말한다. 그중에서도 남모르게 하는 게 뒷바라지다. 비슷한 말로는 뒤치다꺼리가 있다. 바라지가 내켜서 하는 것이라면, 치다꺼리는 싫은 내색이 약간 배어있다.

뒤치다꺼리를 '뒤치닥거리'와 '뒷치닥거리'로 잘못 아는 이들도 있다. 잘못을 피할 수 있는 방법은 없을까. 우선 치다꺼리가 거센소리인 'ㅊ'으로 시작하므로 그 앞에 사이시옷을 넣을 필요가 없다. 뒤치닥거리가 안 되는 이유는? '뒤치닥'이라는 명사가 없어 '뒤치닥＋거리'의 구조가 될 수 없다. 한글맞춤법은 어원이 불분명하면 그 원형을 밝히지 않고 소리 나는 대로 적고 있다. '뒤치다꺼리'를 표준어로 삼은 이유다.

예외 없는 원칙은 없다고 했던가. 이 원칙을 거스르는 표제어가 있다. '푸닥거리'다. 무당이 하는 굿의 하나로, 간단하게 음식을 차려 놓고 부정 따위를 푸는 것을 말한다. 이 말이 바른말이 되려면 '푸닥'이라는 명사가 있어야 한다. 그래야 '푸닥＋거리'의 구조를 갖춘다. 한데 우리 사전 어디에도 명사 '푸닥'을 찾을 길이 없다. '새나 물고기가 날개와 꼬리를 힘차게 치는 소리'를 뜻하는 부사로 올라있을 뿐이다. 그마저 북한어이다. 표제어 뒤치다꺼리의 예에 따르자면 '푸다꺼리'로 적어야 옳다. 그런데 어찌된 일인지 사전들은 하나같이 푸닥거리를 표제어로 삼았다.

푸닥거리에 붙은 '거리'도 붙었다 떨어졌다 하며 언중을 헷갈리게 한다. '거리'는 어미 '-을' 뒤에 쓰여 재료(일할 거리, 마실 거리)를 뜻하거나, 제시한 수가 처리할 만한 것(한 입 거리, 한 주먹 거리)을 가리킬 땐 의존명사로 띄어 쓴다. 단, 고민거리, 걱정거리, 이야깃거리처럼 하나의 단어로 굳어진 것은 붙여 쓴다. 2011년 8월 31일 먹을거리와 함께 복수표준어가 된 '먹거리'도 많은 사람이 사용해 굳어진 말로 본 것이다.

* 입치다꺼리 : 「명사」 먹는 일을 뒷바라지하는 것을 속되게 이르는 말.
* 구듭 : 「명사」 (주로 '치다'와 함께 쓰여) 귀찮고 힘든 남의 뒤치다꺼리.

바람피우다

'바람피우다'가 한 낱말로 사전에 올라있는 걸 어떻게 봐야 할까. '바람을 피우는' 사람들의 역사가 꽤나 오래됐음을 보여주는 증거 아닐까.

바람은 참 이름이 많다. 방향에 따라 부르는 이름만도 수두룩하다. 샛바람(동풍), 갈바람(서풍), 마파람(남풍), 된바람(북풍), 된새바람(동북풍), 된하늬(서북풍), 된마파람(동남풍) 등등. 그런데 이 바람들은 뱃사람들의 입에서 나왔다. 바람이야말로 그들의 삶을 쥐락펴락하는, 고맙고도 두려운 존재였으니 어쩌면 당연해 보인다.

불어오는 장소에 따라서도 이름이 여럿이다. 뒤쪽에서 불어오는 꽁무니바람, 문구멍으로 황소바람이 들어온다고 할 때의 문바람, 바둑에서 상대방의 대마를 쫓으며 내는 손바람, 바깥세상의 기운이나 흐름을 뜻하는 바깥바람이 그렇다.

바람의 세계에도 멋진 낱말이 많다. 바람꽃은 큰 바람이 일 때 먼 산에 구름같이 끼는 뽀얀 기운을 일컫는다. 바람기는 바람이 불어올 듯한 기운인데, 이성과 함부로 사귀거나 관계를 맺는 걸 뜻한다. 바람씨는 바람이 불어오는 모양을 말한다. 또 있다. 비는 내리지 않고 심하게 부는 바람은 강바람, 살을 에는 듯 매섭게 부는 바람은 고추바람, 방향이 없이 이리저리 마구 부는 바람은 왜바람이다.

'마파람에 게 눈 감추듯'이란 표현도 재미있다. 게는 남풍이 불면 재빨리 눈을 감았던 것 같은데, 여기에 빗대 음식을 매우 빨리 먹는 걸 이른다.

고약한 바람도 있다. '내가 하면 로맨스, 남이 하면 불륜'이라 우기는 바람 말이다. 근데 이 바람은 피는 걸까, 피우는 걸까.

먼저 '피다'를 보자. '꽃이 피다'는 자연스럽지만 '꽃을 피다'는 말이 되지 않는다. 피다는 동작이나 작용이 주어에만 미치는 자동사로, 목적어를 취할 수 없다. 그럼, 타동사 '피우다'는 어떤가. '소란을 피우다' '거드름을 피우다'에서 보듯 자연스럽다. 즉 '피우다' 앞에는 목적어가 있어야 하니 '바람을 피우는' 것이 올바른 표현이다. "담배 한 대 피고 올게"처럼 쓰는 이도 많은데, 이 역시 "피우고 올게"라고 해야 한다.

자, 각설하고 '바람피우다'가 한 낱말로 사전에 올라있는 걸 어떻게 봐야 할까. '바람을 피우는' 사람들의 역사가 꽤나 오래됐음을 보여주는 증거 아닐까.

* 건들바람 : 「명사」 초가을에 선들선들 부는 바람.
* 건들마 : 「명사」 남쪽에서 불어오는 초가을의 선들선들한 바람.

'바램

어떤 일이 이루어지길 기다리는 마음이 바람이니
노래 제목도, 노랫말도 바람이어야 옳다. 허나
언중은 줄기차게 바램이라고 한다. '푸르른'처럼.

'나는 사막을 걷는다 해도 꽃길이라 생각할 겁니다.' 가수 노사연
씨가 부른 '바램'의 한 구절이다. 호소력 있는 음색과 좋은 가사로 인
기를 모으고 있다. 하지만 필자는 노래를 들을 때마다 심경이 복잡
하다. '바램'이라는 노래 제목 때문이다. 노 씨는 자신의 히트곡 '만
남'이란 노래에서도 줄곧 '우리 만남은 우연이 아니야. 그것은 우리
의 '바램'이었어'라고 했다.

우리말법에 따르면 바램은 틀린다. '바람'이 맞다. 어떤 일이 이루
어지길 기다리는 마음이 바람이니 노래 제목도, 노랫말도 바람이어
야 옳다. 바람은 동사 '바라다'에서 왔다. 그래서 '바라, 바라고, 바라
며, 바랐고' 등으로 적는다. 문제는 언중이 다른 입말을 즐겨 쓴다는
것이다. 특히 '바라'라는 말은 '네가 잘되길 바라' '뭘 더 바라?'로 써
야 맞지만 '네가 잘되길 바래' '뭘 더 바래?'라고 말하는 이가 훨씬 많
다. 바램도 그렇다.

바램이란 단어가 없는 것은 아니다. '바래다'에서 왔다고 보면 된다. 그런데 뜻이 전혀 다르다. 바래다는 '볕이나 습기를 받아 색이 변하다' '가는 사람을 일정한 곳까지 배웅하다'는 뜻이다.

일부에서는 바램을 두고 '바람 풍(風)'의 '바람'과 구별하기 위해 의식적으로 쓴 결과라거나, 사투리가 서서히 세력을 얻은 것으로 보기도 한다. 옳고 그름을 떠나 말맛을 앞세운 바램이 말법의 바람에 도전하고 있는 건 분명하다.

말맛이 말법을 누른 예가 없진 않다. 민중가요 '솔아 솔아 푸르른 솔아'와 '상록수'의 첫 구절 '저 들에 푸르른 솔잎을 보라', 서정주 시인의 '푸르른 날'에 등장하는 '푸르른'이 그렇다. 말맛이 좋고 리듬감이 있어선지 많은 이가 '푸르른'이라고 쓴다. 마침내 국립국어원은 언중의 말 씀씀이를 받아들여 '푸르르다'를 '푸르다'를 강조하여 이르는 말로 인정했다.

재미있는 사실 하나. 우리말에는 '러불규칙 형용사'가 딱 2개밖에 없다. '푸르다'와 '누르다'이다. 그런데 '누르른' '누르름'이라고 쓰는 이는 없다. 언중의 말 씀씀이에 언어의 생명력이 달려 있음을 잘 보여주는 예다. 바램도 '푸르른'처럼 생명력을 이어갈 수 있을지 궁금하다.

---

* 씀씀이 : 「명사」 돈이나 물건 혹은 마음 따위를 쓰는 형편. 또는 그런 정도나 수량. ¶씀씀이가 헤프다/씀씀이가 크다.

발
감
개

버선과 양말 대신 사용된 것이 '발감개'다.
주로 좁고 긴 무명천으로 만들어 발에 감았다.
먼 길을 걸으려면 반드시 필요한 생활용품이었다.

양말이 한자에서 온 말이라는 걸 아는 이는 많지 않다. 친숙한 물건인 데다 말맛이 좋아 순우리말 같은 느낌을 주기 때문이다. 하지만 이는 서양을 뜻하는 한자어 '양(洋)'과 버선을 가리키는 '말(襪)'이 합해진 것이다. 한자 뜻 그대로 '서양 버선'이다.

서양에서 들어왔다고 해서 '양(洋)'을 붙여 만든 단어들이 꽤 있다. 양동이, 양복, 양잿물, 양주, 양회 등등. 물 긷는 데 쓰이는 질그릇의 하나가 '동이'인데, 서양에서 이 동이와 비슷한 것이 들어오니까 '양동이'라고 했다. 양잿물은 '서양에서 받아들인 잿물'을, 양회(洋灰)는 '서양에서 들어온 회'를 뜻했다(《살아있는 우리말의 역사》·홍윤표). 이 중 양회는 '시멘트'에 입말로서의 위치를 거의 내준 처지다.

버선과 양말 대신 사용된 것이 '발감개'다. 주로 좁고 긴 무명천으로 만들어 발에 감았다. 먼 길을 걸으려면 반드시 필요한 생활용품이었는데, '감발'이라고도 한다.

발과 떼려야 뗄 수 없는 '신발'이 '감발'과 '짚신'에서 나온 것이라는 주장도 있다. '짚신을 신고 발감개로 발을 감다'라는 뜻의 '신발하다'란 낱말이 있는 걸 보면 꽤 그럴듯하다. 그런가 하면 신발을 단순히 '신'과 '발'이 결합한 형태로 보는 주장도 만만찮다.

'발싸개'도 있다. 버선을 신을 때 버선이 잘 들어가게 하기 위해 발을 싸는 종이 또는 버선을 대신해 발을 싸는 헝겊을 말한다. 한데 언중이 욕으로 하는 '거지발싸개'와는 쓰임새가 멀어 보인다. 거지발싸개는 '몹시 더럽고 보잘것없는 물건이나 사람을 낮잡아 이르는 말'이다.

발의 세계에도 예쁜 낱말이 많다. '발허리'가 그중 하나인데, 발 중간의 조금 잘록한 부분을 말한다. 발허리가 없는 발은 흔히 평발이라고 하는 편평발이다. '발부리'는 발끝의 뾰족한 부분을, '발샅'은 발가락과 발가락의 사이를 가리킨다.

발의 생김새에 따른 이름도 있다. 볼이 넓은 발은 마당발 또는 납작발, 반대로 볼이 좁고 길쭉하여 맵시 있게 생긴 발은 '채발'이다. 왜 있잖은가. 시인 조지훈이 '승무'에서 '돌아설 듯 날아가며 사뿐히 접어 올린 외씨버선이여'라고 노래한, 외씨버선을 신은 발이 채발일 성싶다. 마당발은 요즘 들어 '인간관계가 넓어서 폭넓게 활동하는 사람'을 가리키는 비유적 의미로 널리 쓰인다.

* 채발 : 「명사」 볼이 좁고 길쭉하여 맵시 있게 생긴 사람의 발.

벽창호

'벽창호'는 고집이 세며, 말이 통하지 않는 무뚝뚝한 사람을 뜻한다. 마치 벽에다 대고 말하는 것 같은 사람을 말한다.

얼마 전에 '답정너'라는 말이 유행했다. '답은 정해져 있고 너는 대답만 하면 돼'라는 뜻의 신조어다. 일방통행식 행위나 그런 행위를 하는 사람을 비꼴 때 쓰는 말이다.

신조어가 아니라도 우리말에는 일방통행을 비꼬는 낱말이 적지 않다. 벽창호, 고집불통, 독불장군, 막무가내, 목곧이 등이다.

'벽창호'는 고집이 세며, 말이 통하지 않는 무뚝뚝한 사람을 뜻한다. 마치 벽에다 대고 말하는 것 같은 사람을 말한다. 벽창호를 혹여 벽에 붙이는 창호지쯤으로 알고 있는 사람은 없는지. 벽창호는 평안북도 '벽동(碧潼)군과 창성(昌城)군 지방에서 나는 크고 억센 소'를 가리키는 '벽창우(碧昌牛)'에서 왔다. 함경북도 '명천에서 나는 태(太)'를 '명태'라 하고, 경남 '통영에서 나는 갓'을 '통영갓'이라 하듯 벽창우는 지명과 특산물이 합쳐진 이름이다.

명태와 통영갓은 아직까지도 무슨 뜻인지 알 수 있는데, 벽창우는 벽창호로 변하면서 뜻까지 바뀌어버렸다. 그것도 부정적으로. 즉 고집이 세고 무뚝뚝한 사람을 '벽창호다' '벽창호 같다'고 한다. 사람들이 '벽에 창문 모양을 내고 벽을 친 것'이라는 의미의 '벽창호(壁窓戶)'와 혼동해서일 것이다.

벽창우처럼 뜻이 나쁘게 바뀐 낱말이 또 있다. 진흙탕에서 싸우는 개라는 뜻의 '이전투구(泥田鬪狗)'다. 이 말, 원래 억척스러우며 강인한 성격의 함경도 사람을 가리켰는데, 지금은 자기 이익을 위해 비열하게 다투는 것을 비유할 때 쓴다.

'독불장군(獨不將軍)'은 어떤가. 이 낱말의 사전 뜻풀이 또한 복잡하고 모호하다. '무슨 일이든 자기 생각대로 혼자서 처리하는 사람' '혼자서는 장군이 될 수 없다는 뜻으로, 남과 의논하고 협조해야 함을 이르는 말'이라고 돼 있다. 앞의 설명은 부정적인데, 뒤의 설명은 긍정적이다.

뜻과는 상관없이 많은 이가 사용하는 '독불장군 없다'는 잘못된 표현이다. '독불장군 없다고 우리 힘을 합해 잘해보자'처럼 써선 안 된다. '독불장군이라고…'처럼 고쳐 써야 옳다. 독불장군이란 말 속에 '불(不)'이란 부정어가 들어있으므로 '없다'를 다시 붙일 이유가 없다.

---

* 목곧이 : 「명사」 억지가 세어서 남에게 호락호락 굽히지 않는 사람을 놀림조로 이르는 말.

'군색한 변명' '궁색한 변명' 둘 다 쓸 수 있다.
국립국어원은 '궁색'에 '말이나 태도, 행동의
근거 따위가 부족하다'는 뜻풀이를 더했다.

　전날의 술기운을 풀기 위해 해장국이나 북엇국 등을 먹는 것을
흔히 '해장한다'고 한다. 그렇다면 '해장'의 한자는 무엇일까. 많은 사
람이 '장을 푼다'고 생각해 解臟이나 解腸으로 알고 있지만 아니다.
해장이라는 말은 원래 없고, 원말은 '해정(解酲)'이다. '정(酲)'은 '숙
취'를 뜻한다. 그러니 해정은 '숙취를 푼다'는 뜻으로, 요즘 쓰는 해
장과 뜻이 똑같다.

　어떻게 해서 해정이 해장으로 바뀌었을까. 정(酲)은 잘 쓰지 않는
어려운 한자다. 언중이 그 뜻을 정확히 알기 힘들다. 그래서 '해장'
이라고 잘못 발음했고 그게 굳어진 것이다. 해장국도 자연스레 원말
해정국을 밀어냈다.

　세월이 흐르면서 한글 표기가 바뀐 한자어도 많다. 금슬(琴瑟)은
'금실'로, 초생(初生)은 '초승'으로 바뀌었다. 기침을 달리 부르는 해소
역시 원말은 '해수(咳嗽)'다. 그러나 '병(病)'이 되면 달라진다. '기침

을 심하게 하는 병'은 '해수병(咳嗽病)'이라 하지 '해소병'이라고는 하지 않는다. 해소는 사람들이 많이 써 어쩔 수 없이 표제어로 인정했지만 전문용어인 병명까지 '기침할 수(嗽)'를 '소'로 틀리게 읽을 수는 없었기 때문이다.

많은 이들이 스스럼없이 사용하는 '궁색한 변명'도 비슷한 사례다. 그동안 우리말 관련 책 중 상당수가 '궁색한 변명'은 틀리고 '군색한 변명'이 맞다고 주장해 왔다. 사전 뜻풀이를 보면 이해 못할 바도 아니다.

'군색(窘塞)'은 '필요한 것이 없거나 모자라서 딱하고 옹색하다' '자연스럽거나 떳떳하지 못하고 거북하다' 등으로 풀이돼 있다. '궁색(窮塞)'은 '아주 가난하다'는 의미밖에 없다. 그러니 한 번이라도 사전을 들춰본 사람이라면 '변명'과 어울리는 낱말로 '군색'을 택해야 맞다.

하지만 언중의 선택은 사전과 달랐다. '군색한 변명' 대신 '궁색한 변명'을 꾸준히 사용했다. '해정'과 마찬가지로 '군색'이라는 말이 낯설고 어려웠기 때문이다. 마침내 국립국어원 웹사전은 궁색에 '말이나 태도, 행동의 이유나 근거 따위가 부족하다'는 뜻풀이를 더해 언중의 입말을 반영했다.

변명을 궁색하게 하든, 군색하게 하든 그건 언중의 몫이다. 중요한 것은 변명거리를 애당초 만들지 않으려는 마음가짐이다.

---

* 애당초 : 「명사」 일의 맨 처음이라는 뜻으로, '당초'를 강조하여 이르는 말. '애당초'나 '애초' 대신 '애시당초'라고 하는 사람도 많다. '애'는 '맨 처음'을 나타내는 접두사로 명사와 결합한다. 우리말에는 '시당초'라는 명사가 없어 '애시당초'는 틀린 말이다.

본보기집

'본보기집'은 집을 사고자 하는 사람에게 미리
보여주기 위해 실제와 똑같게 지어 놓은 임시집이다.
이 말, 말맛이 좋아서인지 비교적 빨리 정착했다.

주택시장 기사에서 만나면 기분 좋은 낱말이 있다. '본보기집'이
다. 사전에 오른 외래어 '모델하우스'를 제치고 입말로 자리 잡아가
고 있다.

'본보기집.' 집을 사고자 하는 사람에게 미리 보여주기 위해 실제
모습과 똑같게 지어 놓은 임시집이다. 알기 쉽고 말맛이 좋아서인지
비교적 빨리 정착했다. 이와 달리 '하우스푸어(house poor)'의 순화어
인 '내집빈곤층'은 다소 고전하고 있다. 국립국어원이 2012년 12월
순화어로 삼았지만 '하우스푸어'를 고집하는 언중 역시 만만찮기 때
문. 요즘 들어 '내집빈곤층(하우스푸어)'처럼 병기하는 경우가 늘고 있
는 것은 고무적이다.

손님을 대접하는 일을 '손겪이'라고 한다. 손치레, 손님치레도 뜻
이 같다. 대표적인 손겪이가 '집들이'다. 집들이는 이사한 후에 이웃
과 친지를 불러 집 구경을 시키고 음식을 대접하는 일이다. 집들이

와 관련해 잘못 알고 있는 게 있다. 흔히 "오늘 친구 집에 집들이 간다"고 하는데, 이는 잘못된 표현이다. '집알이 간다'고 해야 옳다. '집알이'는 새로 집을 지었거나 이사한 집에 구경 겸 인사로 찾아보는 일을 말한다. 즉 집주인이 하는 건 집들이고, 손님이 하는 건 집알이다. 아무래도 집알이라는 말을 잘 모르니, 집들이를 두 경우에 모두 쓰게 된 것 같다. 뜻은 그렇다 치고, 살림살이가 각박해지면서 요즘에는 집들이를 자청하는 사람도 많이 줄어든 듯하다.

좋은 일이 있을 때 남에게 음식을 대접하는 것을 '턱'이라고 한다. 집들이처럼 새집에 들었을 때 내는 턱은 '들턱'이다. 큰소리만 치고 실제로는 보잘것없는 턱도 있다. '헛턱'이다. 요즘 젊은이들은 턱 대신에 '쏜다'라는 말을 즐겨 쓴다. 언어는 생물이라는 말을 실감한다.

외래어를 순화한 말이 사느냐, 죽느냐를 가르는 요인은 무엇일까. 뜻이 정확하고, 알기 쉽고, 말하기 쉬워야 할 것 같다. 꾸준히, 자주 사용하는 것도 중요하다. '네티즌'을 '누리꾼'으로 순화했을 때 어색했던 것이 사실이다. 그러나 신문 방송 등에서 의지를 갖고 꾸준히 사용함으로써 지금은 뿌리를 내렸다. 리플을 댓글로, 블랙아웃을 대정전으로, 지리를 맑은탕으로 고친 것도 성공작이다. 앞으로도 외래어를 잘 고친 모델, 아니 본보기가 많이 나왔으면 좋겠다.

* 도르리 : 「명사」 여러 사람이 음식을 차례로 돌려 가며 내어 함께 먹음. 또는 그런 일.

불편한 개의 전성시대

예전부터 '개-'는 보잘것없다는 뜻으로 쓰였지만 젊은이들의 언어문화에선 긍정을 강조하기도 한다. '개미남'은 미남 중의 미남을 가리킨다.

'개막장' '개미남', 몇 년 전 드라마에서 등장했다. 둘 다 부정적 이미지의 접두사 '개-'가 붙어있지만 의미는 영 딴판이다.

막장이 나쁜 뜻으로 널리 쓰이자 2009년 3월 당시 조관일 석탄공사 사장은 "막장은 30도를 오르내리는 고온을 잊은 채 땀 흘려 일하는 삶의 터전"이라고 했던 그곳이다. 그러나 요즘 언중은 '갈 데까지 갔다'는 부정적 의미로 주로 쓴다. 막장 드라마, 막장 집회, 막장 가족 등등…. 이런 '막장'에 '개'가 붙었으니 그 의미는 분명하다. 예전에 죄인의 목을 베는 '망나니'에 '개'를 붙여 '개망나니'로 부른 것처럼 부정에 부정의 의미를 더한 것이다.

문제는 '개미남'이다. 잘생긴 사람을 가리키는 미남에 개를 붙였다. 잘생긴 사람과 못생긴 사람 중 어느 쪽을 가리키는지 아리송하다. 열쇠는 젊은이들의 언어문화에 있다. 여기에서 '개'는 긍정을 강조한다. 즉 개미남은 미남 중의 미남을 가리킨다. '개이득(큰 이득을 봄)' '개맛(아주 맛있다)'처럼 좋은 의미를 더욱 강조하는 쓰임새와 같다. 그렇지만 생소하고, 거부감이 든다.

예전부터 '개–'는 진짜나 좋은 것이 아니라는, 보잘것없다는 뜻으로 쓰였다. 개떡, 개살구처럼 '야생 상태'이거나 '질이 떨어지는' 것을 나타낸다. 혹시 개떡을 '개가 먹는 떡'으로 아는 분은 없으신지. 개떡은 떡 중에서도 질이 나쁜 떡을 말한다. 오죽 맛이 없으면 떡에다 '개'를 붙였을까. '개떡 같다' 역시 '형편없다, 보잘것없다'는 비유적 의미로 사용한다. 개떡과 달리 '찰떡'은 대접을 받는다. 많은 이들이 '정(情), 믿음, 관계 따위가 매우 긴밀하다'는 뜻으로 '찰떡같다'를 즐겨 쓴다. 이 표현은 어느새 한 단어로 굳어져 붙여 써야 한다.

개는 또 개꿈, 개죽음처럼 '헛됨' '쓸데없음'을 나타내기도 한다. 그럼 개의 반대는? '참'이다. 참사랑, 참뜻 등에는 '진실하고 올바르다'는 뜻이, 참기름, 참나물, 참조기 등에는 진짜배기라는 뜻이 담겨 있다. 참기름에도 가짜가 많다 보니 '순(純) 100% 진짜 참기름'이라는 웃지 못할 장문이 탄생하기도 한다.

끊임없이 변화하고 생성되는 게 언어라지만 젊은이들의 '의미 뒤집기'가 드라마까지 점령해버린 현실을 어떻게 봐야 할까.

---

* 개꿈 : 「명사」 특별한 내용도 없이 어수선하게 꾸는 꿈.

비누

비누 하면 떠오르는 이미지 중 하나가 '미끌거리다'다.
한데 우리 사전은 '미끈거리다'만을 고집한다.
엄연히 다른 두 낱말의 쓰임새를 무시한 처사다.

메르스(MERS · 중동호흡기증후군)가 한때 우리 사회를 얼어붙게
했다. 예방법은 단순했다. 비누로 손만 잘 씻어도 바이러스의 99%
가 죽는단다.

그런데 비누의 어원은 뭘까. 일부에서는 한자어 '비루(飛陋)'로 보
고 '더러움을 날린다'로 해석하기도 하지만 근거가 없다. 조항범 충
북대 교수는 "비누는 16세기 '순천김씨 묘출토간찰'에 '비노'라고 처
음 보이는데, 여기서는 '조두'를 가리키는 것으로 보인다"고 했다. 사
전에 비누의 옛말로 비노가 올라있고, 녹두나 팥 따위를 갈아서 만
든 가루비누를 조두(澡豆)라고 소개하고 있다.

요즘 것과 비슷한 비누가 우리나라에 처음 들어온 것은 1653년
제주도에 표류한 네덜란드인 하멜에 의해서라고 한다. 17세기 중반
이다. 그렇다면 하멜이 가져온 물건을 보고, 그전부터 우리가 쓰던
'비노'와 쓰임새가 비슷해서 '비노'라고 이름 붙였는데, 이것이 나중

에 비누가 된 것으로 추정할 수 있다.

비누 하면 떠오르는 이미지는 '미끌미끌하다' '미끌거리다'가 아닐까 싶다. 둘은 닮은꼴이지만 처지는 천양지차다. 우리 사전은 '미끌미끌'과 '미끌미끌하다'는 인정하면서도 '미끌거리다'는 북한에서 쓰는 말이라고 제쳐뒀다. 그 대신 '미끈거리다'를 쓰라고 한다.

물론 미끈거리다를 쓰는 이도 있지만 많은 사람들은 '미끈한 몸매' '미끌거리는 다시마'처럼 '미끈'과 '미끌'을 구별해 쓰고 있다. 미끈은 '흠이나 거친 데가 없이 부드럽고 번드럽다' '생김새가 멀쑥하고 훤칠하다'는 뜻으로, 미끌은 '미끄럽고 번드러워서 자꾸 밀리어 나가다'라는 의미로 받아들인다.

사전에 올라있는 다른 예를 보더라도 미끌거리다를 인정하지 않는 걸 납득하기 힘들다.

'출렁출렁하다' '출렁거리다', '하늘하늘하다' '하늘거리다', '한들한들하다' '한들거리다' 등은 모두 표준어로 인정하고 있지 않은가. 미끌거리다만 표준어로 인정하지 않고 있는 것은 언중의 말 씀씀이와 동떨어진 처사다.

---

* 비눗갑 : 「명사」 비누를 담아 두고 쓰는 조그만 갑. '비누곽' '비눗곽'이라는 사람들이 있지만 '비눗갑'이 옳다. '갑(匣)'은 '물건을 담는 작은 상자'를 뜻한다. 성냥갑, 담뱃갑도 마찬가지다.

'빈대떡

녹두를 맷돌에 갈아 돼지고기 등을 넣고 번철에 지진 '빈대떡'. 한때는 '빈자떡'이 표준이였고 '빈대떡'은 사투리였다. 빈대떡과 녹두지짐은 같은 말이다.

엎어진 솥뚜껑 위에서 노릇하게 익어가는 빈대떡의 고소한 냄새. 비 내리는 어슬한 저녁, 술꾼들은 막걸리 한 사발 들이켜고, 빈대떡 한 점을 목으로 넘기며 행복을 느낀다.

'빈대떡.' 녹두를 맷돌에 갈아 돼지고기 등을 넣고 번철(燔鐵·무쇠 그릇)에 지진 떡이다. 한때는 '빈자떡'이 표준이였고 '빈대떡'이 사투리였지만, 지금은 처지가 뒤바뀌었다. 빈대떡과 녹두지짐을 같은 말로 보는 우리와 달리, 북한은 녹두지짐만을 문화어로 삼고 있다.

'빈대떡'이라는 말의 유래는? 진갑곤 선생은 조선 숙종 3년(1677년)에 간행한 《박통사언해(朴通事諺解)》에 보이는 '빙져'에서 나왔다고 본다. 빙져 → 빙쟈 → 빈쟈 + 떡 → 빈자떡으로 변화를 보이다가 1938년에 나온 《조선어사전》에 '빈대떡'으로 정착됐다는 것(《언어 속으로》·장영준).

조항범 충북대 교수는 '빈자떡'이 '빈대떡'으로 바뀐 것에 대해 재미있는 견해를 내놓는다. 빈대떡의 빈대는 납작한 해충 '빈대'에 이끌려 새롭게 연상된 단어로 봐야 한다는 것. '납작하게 생긴 밤'을 '빈대밤', '납작한 코'를 '빈대코'라 하듯 '납작한 떡' 모양에 이끌려 '빈대떡'으로 부르다 굳어졌다는 주장이다. 그런가 하면 '손님 접대용 음식'이란 뜻의 '빈대(賓待)떡'이라는 설도 있다.

당장 주머니에 돈이 없어도 술을 마실 수 있는 방법은 있었다. 지금은 거의 사라진 '외상'이다. 오죽했으면 '외상이면 소도 잡아먹는다'는 속담이 생기고, '외상술'이 표제어에 올랐을까. 한데 이상하다. 왜 '외상을 긋는다'고 할까.

예전에는 글을 모르는 술집 주인이 많아 외상 내용을 장부에 제대로 적을 수가 없었다. 그래서 생각해낸 것이 벽에다 마신 술잔 수만큼 작대기를 긋는 것이었다. '긋다'라는 동사에 '물건값이나 술값 따위를 바로 내지 않고 외상으로 처리하다'는 뜻이 들어가게 된 연유다.

"아주머니, 오늘 술값은 달아두세요." 안면을 무기 삼아 주인에게 호기롭게 던지는 '달다'란 말에는 '장부에 적다'는 뜻도 있다.

가만, 요즘 대세인 카드 결제도 따지고 보면 외상 아닌가. 그나저나 결제 방법이 바뀌면 그걸 표현하는 '동사(動詞)'도 바뀐다. 예전에는 외상을 그었으나, 요즘은 카드를 긁는다.

---

* 빈대 붙다 : 「관용구」 (속되게) 남에게 빌붙어서 득을 보다. ¶ 그는 서울에 올라와서 친구에게 빈대 붙어 살고 있다.

빌리다

남에게서 돈을 가져왔을 때도, 남에게 돈을 주었을 때도 '빌리다'이다. 빚쟁이도 그렇다.
돈을 빌려준 사람이나 빌린 사람 모두를 낮잡아 이른다.

'(돈 등을) 빌리다.' 이 말, 언중의 말 씀씀이가 낱말의 쓰임새를 바꿔버린 경우다.

예전엔 '빌다'는 남의 물건을 돌려주기로 하고 가져다 쓰는 것이고, '빌리다'는 내 물건을 돌려받기로 하고 남에게 내어준다는 뜻이었다. 사람들이 둘의 쓰임새를 구분하지 못하자 1988년 표준어 규정은 두 단어의 의미를 모두 담은 말로 '빌리다'만을 표준어로 삼았다. 그러니 나중에 청산할 것을 전제로 남에게서 돈을 가져왔을 때도, 남에게 돈을 주었을 때도 '빌리다'가 맞다.

'빚쟁이'도 그렇다. 남에게 돈을 빌려준 사람이나 빚진 사람 모두를 낮잡아 이르는 말이다. 말글살이가 편리해지는 건 좋은데 혼동하기 쉬운 것도 사실이다.

'빌다'에는 물론 다른 뜻도 들어있다. 잘못을 용서해 달라거나 소원을 청할 때, 남의 물건을 공짜로 달라고 할 때도 쓴다. '빌어먹다'

는 남에게 구걸해 거저 얻어먹는 걸 말한다.

그러고 보니 '빌리다'를 써야 할 자리에 '빌다'를 잘못 쓰기도 한다. 연말 각종 시상식에서 수상자들이 꼬박꼬박 챙기는 인사말 가운데, '이 자리를 빌어 감사의 말씀을 드립니다'는 '이 자리를 빌려…'라고 해야 한다. 자리는 빌리는 것이므로.

임대(賃貸)와 임차(賃借)의 쓰임새를 헷갈려하는 이도 많다. 임대는 '돈을 받고 자기의 물건을 남에게 빌려주는 것'이고, 임차는 '돈을 내고 남의 물건을 빌려 쓰는 것'이다. 집주인은 임대를 하고 임대료를 받고, 세입자는 임차를 하고 임차료를 낸다. 그러니 도심의 신축 빌딩 등에서 흔히 볼 수 있는 '임대 문의'는 '임차 문의'가 옳다. 돈을 내고 이 사무실을 빌려 쓰고 싶으면 문의하라는 얘기다.

한자말에 이끌려 잘못 쓰는 말도 있다. 월세, 월세방이란 뜻의 삭월세(朔月貰)가 그러한데, 사글세가 표준어다. 상추(←상치), 강낭콩(←강남콩)처럼 '어원에서 멀어진 형태로 굳어져 널리 쓰이는 것은 그것을 표준어로 삼는다'는 말법에 따른 것이다.

아 참, '돈 따위를 나중에 받기로 하고 빌려주다'를 뜻하는 말은 '꾸어주다'다. 많은 이가 '꿔주다'를 입에 올리지만 이는 사전에 없다. '꾸어준 돈' '꿔 간 돈'이 바른 표기다.

---

* 비럭질 : 「명사」 남에게 구걸하는 짓을 낮잡아 이르는 말.

빽과 쫄다를 許하라

'백'과 '빽'은 표준어와 말맛 간 괴리가 큰 낱말이다. '뒤에서 받쳐주는 세력이나 사람을 속되게 이르는 말'로 표준어인 '백'보다 '빽'을 훨씬 많이 쓴다.

젊은이들 사이에 '썸타다'라는 말이 유행하고 있다. 영어 섬싱(something)의 첫음절 된소리 '썸'과 우리말의 '타다'라는 동사가 합쳐진 신조어다. 정식으로 사귀기 전에 호감을 갖고 있는 상대방과의 미묘한 관계를 가리킨다.

tvN 〈코미디빅리그〉의 '썸&쌈', 걸그룹 씨스타 소유와 힙합 보컬 정기고의 듀엣곡 '썸' 등 그야말로 요즘 대세는 '썸'이다. 그런데 왜 외래어표기법에 따라 '섬'이라고 쓰지 않고 굳이 '썸'이라고 했을까. 만약 '섬타다'라고 쓴다면 의미를 제대로 전달할 수 있을까.

이어령 씨는 《뜻으로 읽는 한국어사전》에서 "세상이 각박해진 탓인지 된소리로 변해가는 말이 많다"며 '끼'라는 말도 '과(科)'를 '꽈'로 발음하는 젊은이들의 기류에 힘입어 굳어진 말이라고 보았다. 표준국어대사전은 '어떠한 기운'을 나타내는 '기(氣)'와 연예에 대한 재능이나 소질을 속되게 이르는 말로 '끼'를 함께 올려놓고 있다.

그런데 기와 끼처럼 뿌리가 같으면서도 풍기는 말맛은 사뭇 다른 것이 많다. 2007년 한 전직 대통령이 사용해 화제가 됐던 "깜도 안 된다"는 말이 대표적이다. 처음에는 일부 신문들이 "감도 안 된다"라고 썼지만 말맛에 밀려 '깜'으로 쓰지 않을 수 없었다.

'백'과 '빽', '졸다'와 '쫄다' 등도 표준어와 말맛 간 괴리가 큰 낱말이다. 언중은 '뒤에서 받쳐주는 세력이나 사람을 속되게 이르는 말'로 표제어인 '백'보다 '빽'을 훨씬 많이 쓴다. '위협적이거나 압도하는 대상 앞에서 겁을 먹거나 기를 펴지 못할 때'는 '쫄았다'라고 한다. 표준어보다 입말을 많이 쓰는 현상은 말맛과 글맛을 중히 여기는 칼럼 등에서 특히 두드러진다.

된소리를 즐겨 쓰는 이 같은 현상을 풀 방법은 없을까.

굳이 된소리로 낼 까닭이 없는데도 습관적으로 쓰는 것과 말맛을 살려야 하는 것을 구분해서 대접하면 된다. 족두리를 쪽두리로, 족집게를 쪽집게로 세게 발음해봤자 별로 달라질 게 없다. 그렇지만 '빽'과 '쫄다' 등은 다르다. 말맛과 의미에서 원말과는 차이가 있다. 그런 말은 표제어로 올려줄 필요가 있다. 말은 언중의 필요에 의해 생성되고 확산된다.

---

* 강술 : 「명사」 안주 없이 마시는 술. 언중은 열이면 열, '깡술'이라 하지만 우리 사전은 강술을 규범 표기로 삼고 있다. '깡술'도 말맛을 인정해 표제어로 삼아야 옳다.

˶사달나다

'어떤 일이나 사건의 첫머리'를 뜻하는 '사단'을
'사고나 탈'을 뜻하는 순우리말인 '사달'과 혼동해
'사단이 났다'고 하지만 '사달이 났다'고 해야 옳다.

'실마리.' 감겨 있거나 헝클어진 실의 첫머리, 또는 어떤 일이나 사건의 첫머리를 뜻한다. 비슷한 말로 사단(事端)이 있다. 그런데 사단을 '사달'과 혼동해서 쓰는 경우가 많다. 사달은 '사고나 탈'을 뜻하는 순우리말이니 두 단어는 비슷하지도 않다.

예를 들어 '개성공단 전면 중단이라는 큰 사단이 났다'처럼 쓰면 안 된다. '사달이 났다'고 해야 맞다. 두 단어를 혼동하는 이유는 사단의 '단(端)'을 '시작'이 아닌 '끝'으로 이해해 '일이 잘못됐다'는 뜻으로 쓰기 때문. 사단은 발단과 사촌이니 잘 찾아야 하고, 사달은 나지 않도록 조심해야 하는 것이다.

'일사불란(一絲不亂)'도 '일사분란'으로 아는 이가 많다. 일사불란은 '한 오리 실도 엉키지 않을 만큼 조금도 흐트러짐이 없다'는 뜻이다. 그런데 어수선하고 소란스러움을 뜻하는 분란(紛亂)에 이끌려 실수하는 경우가 많다. 일사분란이란 낱말은 아예 없다.

실마리, 일사불란이라는 단어를 만든 실의 세계에도 재미난 낱말이 많다. 실을 세는 단위만도 타래, 꾸리, 토리, 올 등 다양하다. '실낱같은 목숨'이라고 할 때 실낱은 바로 실의 올이다. 가늘어서 위태롭다는 뜻이다. 실타래는 실을 쉽게 풀어 쓸 수 있도록 한데 뭉치거나 감아놓은 것을 말한다. '토리'는 실몽당이를 세는 단위인데 실꾸리나 실반대라고도 한다.

'감고, 뽑고, 꿰는' 실의 세계에서 서러움을 겪던 '실뭉치(실을 한데 뭉치거나 감은 덩이)'가 실몽당이(실을 풀기 좋게 공 모양으로 감은 뭉치)와 쓰임새 자체가 다름을 인정받아 2016년 1월 별도의 표준어가 됐다. 하긴 실뭉치는 표준어인 '실'과 '뭉치'가 합쳐진 낱말로 입말에서는 실몽당이에 결코 뒤지지 않았다.

어떤 일의 시작이 잘되고 못됐는지를 비유할 때 '첫 단추를 잘 꿨다'거나 '잘못 꿨다'고 하는 이들이 있다. 하지만 단추는 잘 '끼웠다'라고 해야 옳다. 단추는 풀고, 끼우는 것이며 실은 바늘에 '꿰는' 것이다.

---

* 깜찌기실 : 「명사」 아주 가늘고도 질긴 실. =깜찌기

‘사바
바
사
바

사바사바는 '뒷거래를 통하여
떳떳하지 못하게 은밀히 일을 조작하는 것'을
속되게 이르는 말이다. 구린내 나는 이 낱말이
사전에 오른 걸 어떻게 봐야 할까?

10년 전쯤 누리꾼들이 가장 궁금해하는 우리말 어원이 무엇인지를 인터넷 설문 조사한 결과 '사바사바'가 1위를 차지했다고 한다(《정말 궁금한 우리말 100가지》·조항범).

새삼 이 단어를 떠올린 것은 2014년에 일어난 세월호 참사 때문이다. '사바사바'는 '뒷거래를 통하여 떳떳하지 못하게 은밀히 일을 조작하는 것'을 속되게 이르는 말이다. 잇속에 눈이 먼 해운회사와 그런 회사를 감싸온 감독기관의 '사바사바'도 세월호 참사의 원인 중 하나임에 틀림없다.

'사바사바'는 속어이긴 하지만 1999년 표준국어대사전에 올랐다. 그즈음에 더 이상 무시하기 어려울 정도로 많이 쓰였기 때문일 것이다. 요즘은 비슷한 의미의 글말 '짬짜미'도 꽤 쓰고 있지만 입말에서는 '사바사바'도 적잖이 오르내린다.

그런데 구린내가 나는 이 단어, 어디서 왔을까. 먼저 '고등어 설'

이다. 일본말 '사바'는 고등어(鯖)를 뜻한다. 고등어가 지금은 흔하지만 일제강점기엔 꽤 비싼 생선이었다. 청탁할 때 유용했다. 고등어한 손을 들고 일본인 순사를 찾아가면 "아! 사바사바" 하고 반기며일을 처리해주었다고 한다. 일본어에는 '고등어를 세다(사바/오/요무)'라는 말도 있다. 고등어를 셀 때 잘 속였기 때문에 이 말은 '수량을 속여 이익을 탐하다'는 뜻의 숙어다. 우리가 쓰는 '사바사바'와 관련이 있을 듯도 하다. 여기서 주의. 일본어에 우리의 '사바사바'와 발음이 똑같은 '사바사바'라는 말도 있는데 '후련히' '상쾌하게'라는 뜻의 부사다. 우리의 '사바사바'와는 관련이 없다.

다음 설은 속세를 뜻하는 불교 용어 '사바(娑婆)'에서 왔다는 주장이다. 사바세계의 무질서와 추태, 옳지 못한 수단과 방법을 '사바사바'로 표현했다는 것이다. 또 있다. 우리의 고수레처럼 밥을 먹기 전에 아귀(餓鬼)에게 한술 떠주는 밥, 즉 뒤탈을 없애기 위한 밥을 가리키는 일본어 사바(散飯·生飯)에서 왔다는 주장도 있다.

'사바사바'가 어디서 왔든 무슨 상관이랴. 문제는 '사바사바'는 없어져야 하는 검은 관행이라는 것이다.

---

* 고수레 : 「명사」『민속』 산이나 들에서 음식을 먹을 때나 무당이 굿을 할 때, 귀신에게 먼저 바친다는 뜻으로 음식을 조금 떼어 던지는 일.

`사십구재

재(齋)와 제(祭)를 잘 구분해 쓰는 방법?
'제'는 일반적인 제사를, '재'는 명복을
비는 불공이다. 제는 '나를 위해서도' 지내지만,
재는 '남을 위해서' 지낸다.

　불교에서는 사람이 죽은 지 49일 되는 날에 재를 지낸다. 바로 사십구재(四十九齋)다. 칠칠재(七七齋)라고도 한다. 사람이 죽으면 7일째 되는 날부터 7일마다 한 번씩 심판을 받는데 특히 49일째는 '지하의 왕' 염라대왕이 직접 심판한다고 한다. 이날 극락에 가기를 바라는 의식을 치르는데 이게 사십구재다. 천도재(薦度齋) 가운데 하나다.

　사십구재와 천도재. 입말로는 많이 쓰면서도 의미와 용도를 잘못 아는 사람들이 많다. 신문 글에서도 잘못 쓰는 경우가 있으니 언중을 탓할 일이 아니다. 여기에 제사를 뜻하는 '제(祭)'까지 등장하면 뭐가 뭔지 헷갈린다. 재(齋)와 제(祭)를 잘 구분해서 쓸 수 있는 방법은 없을까. 제와 재의 의미와 목적을 알면 의외로 쉽다.

　'제'는 일반적인 제사를 뜻한다. 반면에 '재'는 명복을 비는 불공이다. 제는 '나를 위해서도' 지내지만, 재는 '오로지 남을 위해서' 지낸다.

　용왕제와 천도재를 보자. 용왕제(龍王祭)는 음력 정월 14일에 배의 주인을 제주(祭主)로 해서 뱃사공들이 지내는 제사다. 목적은 당연히 자신과 배의 안전, 그리고 풍어다. 그러나 천도재는 구천을 떠도는 원혼을 달래 극락으로 가도록 기원하는 불사(佛事)다. 즉, 자신의 복을 비는 것이 아니어서 '천도제'라고 쓰면 틀린다.

맡은 일에는 정성을 들이지 않으면서 잇속에만 마음을 두는 경우를 뭐라고 하나. 염불보다 잿밥인가, 염불보다 젯밥인가. 잘 모르니 발음도 대충 한다. 불공을 드리며 부처 앞에 올리는 밥이니 '잿밥'이 맞다. 하지만 제사 음식을 비벼 먹는 안동의 전통음식은 제사와 관련이 있으므로 '헛잿밥'이 아니라 '헛젯밥'으로 쓰는 게 옳다.

또 있다. 장사 지낸 후 세 번째 지내는 제사는 삼오제, 삼오재, 삼우제, 삼우재 중 무엇이 맞을까. 제사이므로 '재'는 제외한다. 첫 번째 제사를 초우(初虞), 두 번째를 재우(再虞), 세 번째 제사를 삼우(三虞)라고 한다는 걸 알면 자연스레 '삼우제'가 옳다는 걸 알 수 있다.

* 우제(虞祭) : 「명사」 초우(初虞), 재우(再虞), 삼우(三虞)를 통틀어 이르는 말.

사약

사약은 '임금이 내린 약'이라는 뜻이다.
사극에서 사약을 받은 사람은 임금이 계신 곳을
향해 두 번 절한 뒤 기꺼이 약사발을 들이켠다.

사극 열풍이 영화와 안방극장을 점령했다. 영화 〈명량〉(2014년)에
이어 TV에서는 시청률 20%에 이른 〈정도전〉(2014년), 〈군주―가면의
주인〉(2017년) 등이 꾸준히 사랑을 받았다.

이들 영화나 드라마에는 어김없이 남장을 한 처녀가 등장해 궁금
증을 불러일으킨다. 이름하여 '각시도령'이다. 그럼, 여장을 한 총각은
뭐라 부를까. 도령각시라고 하면 될 듯한데 사전에는 없다.

사극은 말할 것도 없고 언중이 잘못 쓰는 표현 중 하나가 '선친(先
親)'이다. '그대 선친의 성함은 무엇인가?' '선친께서는 참 훌륭하셨지'
처럼 쓰는데 얼토당토않다. 선친은 '남에게 돌아가신 자기 아버지를
이를 때'만 써야 한다. '살아계신 분'과 남의 아버지에게는 쓸 수 없다.
위 문장에서는 부친(父親)이라고 해야 옳다.

"사약을 앞에 두고 상소문을 쓰는 심정." 어느 정치인이 한 말인데
한동안 신문 지면을 장식했다. 독자 한 분이 사약의 한자가 무엇인지

알고 싶다며 메일을 보내왔다. '사약(死藥)'이 '독약(毒藥)'이면 말은 되지만, 상소문으로 보아 사약(賜藥)일 듯싶은데 이 경우는 잘 어울리지 않는다고 했다.

많은 사람들이 드라마에 등장하는 사약을 '死藥'으로 잘못 알고 있다. 그 약을 먹으면 다들 죽으니까 그렇게 생각할 만도 하다. 허나 사약의 바른 한자어는 '賜藥'이다. '임금이 내린 약'이라는 뜻이다. 사극에서 사약을 받은 사람은 임금이 계신 곳을 향해 두 번 절한 뒤 기꺼이 약사발을 들이켠다. 그러고 보니 사약을 바로 마시지 않고 상소문을 쓴다는 게 이상하긴 하다.

성은(聖恩)과 승은(承恩)을 헷갈려 하는 이도 많은데, 한자어를 알면 쉽게 구별할 수 있다. 성은은 '임금의 큰 은혜'를 일컫는다. 문무백관이 머리 조아려 '성은이 망극하옵니다'라고 외치는 장면을 보았을 것이다. 이때 망(罔)은 '없다', 극(極)은 '끝'을 말하므로 망극은 '끝이 없다'이다. 즉 임금의 은혜가 갚을 길이 없을 정도로 크다는 뜻이다. 승은에도 '임금의 은혜를 받다'는 뜻이 있긴 하나, 보통은 궁녀가 임금의 총애를 받아 밤에 임금을 모신다는 뜻으로 더 많이 쓰인다.

* 선대인(先大人) :「명사」돌아가신 남의 아버지를 높여 이르는 말. =선고장(先考丈)

사즉생 死則生

'죽고자 하면 살고, 살고자 하면
죽는다(必死則生 必生則死).' 이순신 장군이 전투를
앞두고 장병들에게 한 이 말 중 '즉'의 한자어는 則이다.
'만일 …이라면, 혹은 …한다면'의 뜻이다.

대한민국은 2014년 이순신앓이에 빠졌다. 1597년 정유재란 때 명량대첩을 다룬 영화 〈명량〉이 관객 1700만 명을 넘으면서 이순신 관련 문화 콘텐츠도 불티나게 팔렸다.

명량(鳴梁)해협. 전남 해남과 진도 사이에 있는 좁은 물길이다. 울돌목이라고도 부른다. 물길이 암초에 부딪쳐 나는 소리가 매우 커 바다가 우는 것 같다고 해서 붙은 이름이다. 말 그대로 물결이 세차게 흐르는 된여울이다. 이곳에서 12척의 배로 일본 함대 133척을 물리치고 바람 앞의 등불 같은 조국을 구했으니 누가 열광하지 않으랴.

영화에는 박진감 넘치는 전투 장면은 물론이고 명대사도 많이 나온다. 그중 언제 들어도 가슴 뭉클한 대사가 '죽고자 하면 살고, 살고자 하면 죽는다(必死則生 必生則死 · 필사즉생 필생즉사)'는 것이다.

장군이 전투를 앞두고 장병들에게 한 이 말은 역사가 길다. 《오자병법(吳子兵法)》 '치병편(治兵篇)'에 나오는 '필사즉생 행생즉사(必死則

生 幸生則死)'와 맥이 닿아 있다. 오자(吳子)는 중국 전국시대(戰國時代)의 오기(吳起)를 말한다.

여기에 나오는 '즉(則)'을 '즉(卽)'으로 잘못 아는 사람들이 많다. 둘 다 '이제 곧'이란 뜻을 지닌 데다 '삶이 죽음이고 죽음이 삶(生卽死 死卽生)'이란 불교 표현에 익숙한 탓이다. 그렇다면 왜 則으로 써야만 할까. '죽고자 하면 살고, 살고자 하면 죽는다'는 뜻풀이에 주목하자. 여기선 '곧 즉'의 의미가 아니라 '만일 …이라면, 혹은 …한다면'의 뜻으로 쓰였다. 則은 '곧 즉' 외에 '만일 …이라면'의 뜻도 담고 있다. 그러니 則이 맞다.

신문과 방송 역시 '卽'으로 잘못 쓰는 경우가 많다. 드라마 〈불멸의 이순신〉(2004년)은 장군(김명민)이 '必死卽生 必生卽死'라고 쓴 글 앞에서 깊은 시름에 빠져 있는 모습을 방영했다. '死卽生 정신없는 여야' 등 신문에서도 가끔 잘못된 표기가 눈에 띈다.

또 하나. 명량대첩, 행주(幸州)대첩 할 때의 대첩(大捷)도 의미를 살려 써야 할 말이다. 대첩은 글자 그대로 큰 승리, 대승(大勝)을 말한다. 싸우고 난 뒤에나 쓸 수 있는 말이다. 재 · 보선을 앞두고 '여야가 재 · 보선 대첩을 치른다'는 표현을 쓰곤 하는데, 이때는 '재 · 보선 대전(大戰)을 치른다'고 해야 옳다. 결과를 모르는데 어찌 '대첩'이라 할 수 있겠는가.

---

* 된여울 : 「명사」 물결이 세차게 흐르는 여울.

삼천포

'삼천포로 빠진다'는 말이 '길을 잘못 들다'라는 뜻 외에 '이야기가 곁길로 새다'라는 의미로까지 사용돼 삼천포 사람들을 불편하게 한다.

tvN 〈응답하라 1994〉에서 "니나 하지 마라 돌이킬 수 없는 실수" "산다는 건 늘 선택이다" 등의 명대사를 펑펑 쏟아내던 촌놈, 삼천포(김성균). 투박한 사투리로 20대 청춘의 여린 감성을 감칠맛 나게 표현했던 그의 이름에서 아름다운 항구도시, '삼천포'를 떠올린다. 삼천포도 '응사앓이'에 일조했음에 틀림없다.

삼천포, 1995년 5월 행정구역 개편 때 사천군과 합쳐져 사천시로 바뀌면서 이름을 잃었다. 그렇지만 유래조차 정확하지 않은 '잘 나가다 삼천포로 빠진다'라는 표현은 버젓이 살아남아 아직도 삼천포 사람들을 불편하게 한다. '삼천포로 빠진다'는 말이 '길을 잘못 들다'라는 뜻으로 쓰이는 것도 그런데, '이야기가 곁길로 새다'라는 의미로까지 넓혀져 사용돼서다.

이 말은 어디서 왔을까. 정설은 없다. 옛날에 진주로 가려다 길을 잘못 들어 진주 밑의 작은 항구였던 삼천포로 가는 바람에 낭패를 당했다는 뜻으로 쓴 것이 굳어졌을 가능성이 높다. 말이란 그렇게 무섭다. 처음엔 누군가가 아무 뜻 없이 썼을 텐데….

삼천포시가 없어지기 얼마 전에도 소동이 있었다. 1995년 1월 김상현 당시 민주당 고문이 이기택 민주당 대표의 말 바꾸기를 지적하며 "삼천포로 빠졌다"고 비난했던 게 사달이 났다. 삼천포 시의회는 즉각 "김 고문의 발언은 삼천포가 사람 살 곳이 못 되고, 잘못되는 일의 상징적 표현으로 받아들여질 우려가 있다"며 사과를 요구했다. 시의회의 주장은 이 말을 써서는 안 되는 이유를 적확하게 지적하고 있다(동아일보 1995년 1월 6일자 휴지통).

신문과 방송에서 이 말을 '잘 나가다 샛길로 빠진다' 등으로 바꾸어 표현하는 것은 늦었지만 잘한 일이다. 삼천포는 "오밀조밀한 항구의 아름다운 모습에 반해서 한 번 가본 사람은 다시 가고 또 가는 곳이다"(《신정일의 새로 쓰는 택리지》). 고향 이름을 잃으면 다시 찾으려고 애쓰는 사람들도 많은데 삼천포 사람들은 그렇지도 않다. 착해서라고 한다. 자, 이쯤 되면 아예 삼천포에 빠져보는 것은 어떨지.

* 유래 : 「명사」 사물이나 일이 생겨남. 또는 그 사물이나 일이 생겨난 바.
* 유례 : 「명사」 (주로 없거나 적다는 뜻의 서술어와 함께 쓰여) 「1」같거나 비슷한 예. 「2」＝전례.
* 유례없다 : 「형용사」 「1」같거나 비슷한 예가 없다. 「2」전례가 없다. 유래없다(×)

생사여탈권

사전은 생사여탈과 생살여탈 둘 다 표제어로 삼았다.
그래놓고선 입말에서 멀어진 생살여탈권만 표준이라고
고집한다. 생사여탈권도 인정해야 하지 않을까.

숨 막히는 권력 암투가 묘미인 사극을 볼 때면 떠오르는 말이 있
다. '생사여탈권'이다. 한데 이 낱말, 사전에는 없다.

생사여탈권은 '생사＋여탈＋권'으로 이뤄진 말이다. 생사(生死)는
'삶과 죽음', 여탈(與奪)은 '주는 일과 빼앗는 일'이다. 그러니 생사여
탈권은 '사느냐 죽느냐, 주느냐 빼앗느냐의 권리'다. 그런데 권리는
'주느냐 빼앗느냐'와는 어울리지만 '사느냐 죽느냐'와는 어색하다. 살
고 죽는 것은 누구의 권리가 아니라, 본인 스스로의 선택이니.

이 권리와 어울리는 건 '살리느냐 죽이느냐', 즉 '생살(生殺)'이다.
죽이고 살릴 사람의 이름을 적어둔 명부를 '살생부(殺生簿)' '생살부
(生殺簿)'라 하지 않는가. 우리 사전이 '생살여탈권(生殺與奪權)'만을
표준어로 삼은 까닭이다.

그런데 사전은 생사여탈과 생살여탈은 둘 다 표제어로 올려놓고
있다. 생사여탈이라고 하는 이가 많다 보니 '생사여탈'에 '생살여탈'

의 의미도 있다고 본 것. 그래놓고 '권(權)'자가 붙은 생사여탈권은 인정하지 않고 입말에서 멀어진 생살여탈권만 표준어라 고집한다. 생사여탈권을 표준어로 인정하든지, 아니면 생사여탈을 표제어에서 빼야 한다.

사극 하면 상소 장면을 빼놓을 수 없다. 조신(朝臣)이나 유생이 대궐 문 앞에 엎드려 자신의 뜻을 임금께 올리는 게 '복합(伏閤) 상소'다. 상소를 받아들이지 않으려면 머리를 쳐달라는 뜻으로 도끼를 메고 올리는 무시무시한 상소가 '지부(持斧) 상소'다.

'웃전'이라는 말도 기억하자. 이 말은 '임금이 거처하는 궁전'이나 '임금을 높여 부르는 말'이다. '윗전'이라고 하면 안 된다.

참, 연극이나 소설 등에서 마지막 장면을 '대단원(大團圓)'이라고 한다. 이를 멋스럽게 표현하느라 '대단원의 막이 오르다'로 쓰는 이도 있지만, 대단원의 막은 오르지 못한다. 대단원과 비슷한 말이 대미(大尾)라고 생각하면 혼동을 막을 수 있다. 일의 시작이나 발단을 뜻하는 말은 '서막(序幕)'이니, 그런 때는 서막을 열거나 올리면 된다.

* 옹주(翁主) : 『명사』 빈(嬪)이나 귀인(貴人) 등 후궁의 딸. 공주는 정실 왕비가 낳은 딸.

선량의 꿈을 좇다

'좇다'와 '쫓다'를 쉽게 구분하는 방법?
목표를 추구하거나 남의 뜻을 따를 땐 '좇다'를,
발을 옮겨 이동하거나 따라갈 때는 '쫓다'를 쓴다.

국회의원을 선량(選良)이라고 하는 까닭은? 국민을 대표해 법률을 제정하고 국정을 심의하는 등 막중한 일을 하기에 '가려 뽑은 뛰어난 인물'이라는 뜻이다.

자, 그렇다면 입후보자들은 선량의 꿈을 '좇는' 걸까, '쫓는' 걸까. 그러고 보니 많은 이가 '좇다'와 '쫓다'의 쓰임새를 헷갈려한다. 두 단어의 차이를 보여주는 재미있는 표현이 있다. '정력 좇다 건강 쫓아버리죠.' 즉 목표나 이상, 행복 따위를 추구하거나 남의 뜻을 따를 땐 '좇다'를, 발을 옮겨 이동하거나 급히 따라갈 때는 '쫓다'를 쓰면 된다. 그래서 선량의 꿈은 '좇는' 것이다.

다만, 많은 이가 '좇다'를 써야 할 때 말맛이 강한 '쫓다'를 쓰고 있으니, 세월이 흘러 두 단어의 의미가 어떻게 바뀔지는 아무도 모를 일이다.

선거철이면 내 고장 국회의원이 누가 될지 알아맞히는 재미도 쏠쏠하다. 누구나 자신이 투표한 사람이 당선되기를 원할 테니. 한데 '맞히다'와 '맞추다'의 쓰임새도 꽤나 까다롭다. '맞히다'에는 '적중하다' '정답을 골라내다'라는 의미가 있다. 반면 '맞추다'는 일정한 대상을 서로 비교해 살핀다는 뜻. 그러니 수수께끼나 퀴즈는 정답을 맞혀야 하고, 퍼즐과 답안지는 다른 조각이나 정답과 맞춰야 한다.

어떤 일을 세차게 밀고 나갈 때 쓰는 '팔을 걷어붙이다'란 표현도 재미있다. 가만, 팔을 어떻게 걷어붙일 수 있나. '소매를 걷어붙이다'라고 해야 하는 것 아닌가. 하지만 어쩌랴. 많은 이가 '팔을 걷어붙인다'고 하니. 그래서 우리 사전은 '팔을 걷어붙이다'를 관용구로 삼고 있다. "그 사람은 참 발이 넓다"라는 표현도 그렇다. 언중 누구나 발 자체가 넓다는 뜻이 아니라 '아는 사람이 많아 폭넓게 활동하는 사람', 즉 마당발을 지칭하는 뜻으로 쓰고 있다. '방문 닫고 들어와'도 '들어온 뒤에 방문을 닫으라'는 뜻으로 아는 것처럼.

* 밀어붙이다 : 「동사」 「1」한쪽으로 세게 밀다. 「2」여유를 주지 아니하고 계속 몰아붙이다.
* 쏘아붙이다 : 「동사」 날카로운 말투로 상대를 몰아붙이듯이 공격하다.
* 벗어부치다 : 「동사」 힘차게 대들 기세로 벗다.

'설

까치설날의 까치는 작다는 뜻의 고어가 변한 것이다. 까치설날은 '작은 설날', 즉 음력으로 한 해의 마지막 날인 섣달그믐을 뜻한다.

'까치 까치 설날은 어저께고요, 우리 우리 설날은 오늘이래요~.'

윤극영 작사 작곡(1927년)의 '설날'이라는 동요다. 여기 나오는 '까치'를 칠월칠석(七月七夕)에 견우와 직녀의 상봉을 돕는 까마귀와 까치 다리(오작교)의 까치로 잘못 알고 있는 사람이 의외로 많다.

까치설날의 까치는 새가 아니다. 작다는 뜻의 고어 '아츤'이 아츠 →아치→까치로 음이 변한 것이다. 까치설날은 '작은 설날', 즉 음력으로 한 해의 마지막 날인 섣달그믐을 뜻한다.

예전엔 까치설날에 문중 어른들께 세배를 드리는 풍습이 있었다. 이 세배를 '묵은세배'라고 한다. 한 해의 마지막 날에 하는 것이니 묵은세배임에 틀림없으나 새해 전날 밤에 드리니 '이른 세배'의 성격도 있지 않았을까.

새 옷을 설날에 입으면 '설빔', 추석 때 입으면 '추석빔'이다. '빔'은 새 옷을 뜻하는 순우리말. 까치저고리와 까치두루마기는 설빔 중 하나다. 이때의 까치는 작다는 뜻이 아니라 '색동'이나 '오색'을 의미한다. 요즘은 돌잔치 때도 까치두루마기 등을 입지만 '돌빔'이란 말은 없다.

설날의 또 다른 주인공은 역시 '세뱃돈'이다. 할아버지 할머니가 괴춤 속에 꼬깃꼬깃 넣어뒀던 돈을 꺼내줄 때 아이들은 한껏 달떴다. 이때 건네는 말이 덕담이다. 원래 어른이 자손에게 하는 말을 뜻했지만 요즘은 친지와 이웃끼리 주고받는 좋은 말까지로 쓰임새가 넓어졌다.

설이란 말은 어디서 왔을까. 한 해를 보내니 '서럽다'는 뜻의 '설'에서 왔다는 비탄설(조선 중기 때 학자 이수광), 몸과 마음을 조심한다는 '사리다'의 '살'에서 왔다는 근신설(육당 최남선), 설과 나이를 세는 '살'은 뜻이 같고 말뿌리는 '솔'이라는 음운변화설, 퉁구스어 유래설 등이 있다('설'에 관한 말과 유래 · 정재도).

설의 운명은 기구했다. 구한말의 개화 물결과 일제의 양력 강요로 '신정'이 아닌 '구정'으로 불리다 1985년 '민속의 날'이 됐고, 1989년 '설날'로 바뀌어 자리 잡았다.

---

* 달뜨다 : 「동사」「1」마음이 가라앉지 아니하고 조금 흥분되다. 「2」열기가 올라서 진정하지 못하다. ¶열에 달뜬 눈.

소낙눈

눈의 세계엔 재미난 표현이 수북하다.
'눈꽃'은 나뭇가지에 꽃이 핀 것처럼 얹힌 눈이다.
'상고대'는 서리가 나무나 풀에 내려 눈같이 된 걸 말한다.

동서고금의 숱한 시인, 문장가들이 눈을 노래했다. 대부분은 환희, 신비, 순수, 사랑 등의 감정으로 눈을 표현했다. 그러나 폭설이 되면 얘기는 달라진다. 폭설은 갑자기 많이 내리는 눈이다. 우리말로는 소나기눈, 또는 소낙눈이라고 한다.

그렇지만 소낙눈과 폭설은 차이가 있다. 소낙눈은 갑자기 세차게 쏟아지다가 곧 그치기에 생활에 큰 불편을 주진 않는다. 그러나 폭설은 며칠씩 내리기도 해 하늘길과 뱃길을 막아버리기도 한다.

눈은 모양과 내리는 모습에 따라 종류가 많다. 함박눈은 굵고 탐스러우며, 가루눈은 기온이 낮고 수증기가 적을 때 내리는 가루 모양의 눈이다. 싸라기눈은 쌀알 같은 눈이며, 진눈깨비는 비가 섞여 내리는 눈이다. 눈의 종류가 너무 많은 것 같다고? 눈과 더불어 살아가는 에스키모인들은 눈의 종류를 52가지로 나눠 부른다고 한다.

눈의 세계엔 재미난 표현도 수북하다. 아무도 밟지 않은 눈길은

'숫눈길'이다. 그 길을 처음 밟아본 희열을 기억하는 분도 많으리라. 송창식이 불렀던 '밤눈'의 노랫말처럼 '한밤중에 소리도 없이 내리는 눈'이 밤눈이다. 아침에 일어났을 때 탄성을 터뜨리게 만드는 눈은 '도둑눈' 또는 '도적눈'이다. '자국눈'은 겨우 발자국이 날 만큼 적게 내린 눈, '길눈'은 한 길 높이가 될 만큼 많이 쌓인 눈이다. 초겨울에 들어서 조금 내린 눈은 '풋눈'이다. 북한에서는 복을 가져다줄 눈이라는 뜻으로 겨울에 많이 내리는 눈을 '복(福)눈'이라고 한다.

'눈꽃'은 나뭇가지에 꽃이 핀 것처럼 얹힌 눈이다. 말 그대로 설화(雪花)다. '서리꽃'은 유리창에 서린 김이 얼어붙어 생긴 꽃 같은 무늬이고, '상고대'는 서리가 나무나 풀에 내려 눈같이 된 것을 말한다.

아 참, 순백의 골목을 걸으며 남긴 건 발자욱일까, 발자국일까. 시어(詩語)로 '발자욱'을 쓰기도 하지만 표준어는 '발자국'이다. 혹시 '눈석임한다'는 표현을 아시는지. 이는 쌓인 눈이 속으로 녹는 것을 말한다. 그러니 눈석잇길은 질척질척해진 길이다. 이런 길에는 발자국을 남겨도 그리 즐겁지 않다.

'어느 머언 곳의 그리운 소식이기에/이 한밤 소리 없이 흩날리느뇨….' 김광균 시인의 '설야(雪夜)'를 다시 읽고 아직도 누군가가 그립거나 마음속에 등불을 켜고 싶어진다면 당신은 여전히 청춘이다.

---

* 도둑눈 : 「명사」 밤사이에 사람들이 모르게 내린 눈. =도적눈

속앓이

속앓이는 한동안 '속병의 잘못'으로 묶여있었다.
국립국어원이 언중의 말 씀씀이를 인정해
속앓이를 별도 표준어로 삼은 건 잘한 일이다.

요즘 누군가를, 아니면 뭔가를 '앓는' 사람들이 많다. 엑소앓이, 수지앓이에 별그대앓이도 있다. ○○앓이라 하면 ○○를 좋아해서 거기에 푹 빠진다는 뜻이다. 많이 쓰긴 하지만 그리 오래된 말은 아니다. 예전부터 쓰던 '~앓이'는 어떨까.

'…살다 남은 시간을 쪼개고／찬 손을 비비고／싱크대 속에 갇혀 몇 년째 속앓이 한 냄비를 닦고／예리한 어둠에 그을린 낯선 도시를 헹구며…'('가을, 낯선 도시를 헹구다' · 김지희)

'정부가 쌀 개방 문제를 놓고 국내 농민과 국제적 압력 사이에서 속앓이를 하고 있다.'

속앓이를 예로 들어봤다. 앞의 것은 부엌의 노동에 가족애가 담겨 있음을 오래된 냄비를 통해 표현한 시다. 뒤의 것은 남모르게 고민하고 있다는 뜻을 담고 있다. 그런데 이 속앓이, 써서는 안 되는 비표준어라는 사실을 아는 사람은 많지 않다. 표준어는 '속병'이다.

하지만 위 두 문장의 속앓이를 속병으로 고친다면 말맛은커녕 얼토당토않은 문장이 되고 만다. '가슴앓이' '배앓이' '이앓이'는 표제어인데, 속앓이가 비표준어인 것은 납득하기 어렵다. 속병의 사전적 의미는 몸속의 모든 병, 위장병, 화가 나거나 속이 상하여 생긴 마음의 심한 아픔 등을 뜻하는데 속앓이의 뜻이나 용도와는 거리가 멀다. 속앓이를 속병으로 고치라는 것은 '마실'은 사투리이니 '마을'로 바꾸라는 것과 같다. 이웃 간의 훈훈하고 정겨운 교류를 뜻하는 마실을 어찌 마을이 대신할 수 있겠는가.

두 낱말은 표준어와 비표준어의 대립으로 볼 게 아니다. 비슷하지만 쓰임새와 말맛이 전혀 다르니 둘 다 표제어로 하면 될 일이다. '눈꼬리'와 '눈초리', '냄새'와 '내음'을 복수표준어로 만든 것도 바로 언중이다.

우리가 '자장면'이 아니라 '짜장면'이라고 마음껏 말하고 쓸 수 있게 된 날을 기억하시는지. 2011년 8월 31일, 국립국어원은 경직된 어문규범에 대한 저항의 상징이었던 '짜장면'을 비롯해 먹거리(먹을거리), 손주(손자) 등 39개 단어를 새롭게 표준어로 인정했다. 표준어를 쓰는 것도 언중이고, 표준어를 만드는 것도 결국은 언중이다. 딱딱한 사전이 언중의 '속앓이'를 외면해선 안 될 것이다.

* 편집자 주 : 저자가 이 글에서 지적한 대로 '속앓이'와 '마실'은 표준어가 됐습니다.

'손모아장갑

장애에 관한 말을 순화하려는 노력은 계속돼야 한다. 빙어리장갑 대신 '손모아장갑'을 꾸준히 써보자.

'나란히 어깨를 기댄 네 손가락이 말했지 / 우린 함께 있어서 따뜻하단다… 따로 오똑 선 엄지손가락이 대답했지 / 혼자 있어도 난 외롭지 않아….'('벙어리장갑'·신형건)

벙어리장갑이 주는 따스하고 포근한 느낌을 맛깔스럽게 그린 시다. 벙어리장갑. 모양도 예쁘고 짜기도 쉬워 매서운 추위가 계속될 때면 연인들의 선물로 인기 만점이다.

허나 이 낱말, 사전에 표제어로 올라있긴 하지만 써선 안 된다는 주장이 부쩍 늘고 있다. 언어장애인을 낮잡아 이르는 말(벙어리)이 들어있어서다.

'벙어리'란 단어는 어디에서 왔을까. 홍윤표 선생은 '막다, 막히다'란 뜻의 '벙을다'에서 왔다고 본다. 어간 '벙을-'에 명사형 접미사 '-이'가 붙은 '벙을이'가 변형됐다는 것이다.

몇 해 전 '엔젤스헤이븐'이라는 단체가 우리네의 불편함을 풀어줄

대안을 제시했다. 벙어리장갑의 순화어로 '손모아장갑'을 내놓은 것. 시민들을 대상으로 공모해서인지 알기 쉽고 어감도 좋다. 말을 바꾸면 처음에는 거부감이 들게 마련이다. 기세등등하던 '네티즌'이라는 말을 '누리꾼'으로 바꾸자고 했을 때도 사정은 비슷했다. 그러나 우리는 요즘 '누리꾼'이라는 말을 자연스럽게 쓰고 있다.

언론은 정신분열증이라는 말 대신 '조현병(調絃病)'이라는 새 용어를 쓰고 있다. 현악기의 줄을 조율해 맑은 소리를 내듯 정신의 부조화를 치유하겠다는 희망을 담고 있다. 일본에서는 치매(癡呆)라는 말을 버리고 '인지증(認知症)'이라는 말을 쓴 지 오래다. '어리석은 병'이 아니라 '인지기능에 이상이 생겼다'는 의학적, 객관적 시각을 담은 것이다.

그런데 '벙어리'란 표현은 절대로 써선 안 되는 걸까. 그건 아닐 것이다. '벙어리 냉가슴 앓듯' '꿀 먹은 벙어리' 등의 속담은 버릴 수 없다. 비유적으로 사용함으로써 말맛과 글맛을 더할 때는 쓸 수 있다고 본다.

장애나 질병에 관한 말을 순화하려는 노력은 앞으로도 계속돼야 한다. '손모아장갑'이 모양만이 아니라 '두 손 모아' 누군가를 돕겠다는 마음까지 담는 그런 장갑이었으면 좋겠다.

* 허나 : 「부사」 '하나'를 구어체에서 좀 예스럽게 이르는 말.

손이 시려요

'손이 시려워 꽁, 발이 시려워 꽁.'
노랫말 속의 '시려워'는 바른말이 아니다.
우리말에는 '시렵다'란 낱말이 없어서다.

'손이 시려워 꽁, 발이 시려워 꽁.' 동장군(冬將軍)의 기세가 매서운 한추위 때쯤이면 떠오르는 동요 '겨울바람'의 한 구절이다. '꽁, 꽁, 꽁'이 주는 리듬감이 멋스럽다. 한데 노랫말 속의 '(손이) 시려워'는 바른말이 아니다. '시려워'는 '가렵다→가려워, 두렵다→두려워, 어렵다→어려워'처럼 '시렵다'를 활용한 것인데, 정작 우리말에는 '시렵다'란 낱말이 없다.

표준어는 '시리다'이다. '몸의 한 부분이 찬 기운으로 인해 추위를 느낄 정도로 차다' 또는 '찬 것 따위가 닿아 통증이 있다'는 뜻이다. 이 '시리다'를 활용하면 '시려'가 된다. '(손이) 시려워요, 시려우면'도 '(손이) 시려요, 시리면'으로 써야 옳다.

'시다'란 표현도 있는데, 이는 '관절 따위가 삐었을 때처럼 거북하게 저리다'를 뜻한다. '일을 많이 했더니 손목이 시다'처럼 쓴다. 재미있는 건, 차가운 콘크리트 바닥에서 일을 열심히 해 무릎에 통증이 왔다면 '(무릎이) 시리다'처럼 쓸 수 있다는 사실이다. '시리다'는 '차갑거나 찬 기운'과 관련 있기 때문이다.

'잠을 못 이뤘더니 낮에도 졸립다'고 할 때의 '졸립다'도 '시렵다'와 닮은꼴이다. 많은 이가 이 낱말을 쓰지만 우리말엔 없다. 표준어는 '졸리다'다. 따라서 '졸립고'와 '졸립지'가 아닌 '졸리고'와 '졸리지'가 올바른 표현이다.

뜬금없는 질문 하나. 손을 낮잡아 이르는 말은 뭘까. 모르긴 몰라도 '손모가지'나 '손목쟁이'를 떠올리는 이가 많을 줄 안다. 그런데 이 중 '손목쟁이'는 사전에 없는 표현이다.

사전은 '발'을 속되게 이르는 말이 '발모가지'이고, '발모가지'와 '발목쟁이'는 같은 말이라고 본다. 그렇다면 '손'을 속되게 이르는 말로 '손모가지'를 쓸 수 있고, 손모가지와 손목쟁이도 동의어가 돼야 한다. 온라인 국어사전인 우리말샘에는 손목쟁이가 손모가지의 강원 지역 사투리로 올라있다.

* 한추위 : 「명사」 한창 심한 추위. 한추위에 쓰인 '한'은 어떤 방면에서 뛰어난 활동을 할 때 쓰는, '한가락 한다'고 할 때의 '한'이다.

숙맥은 '숙맥불변(菽麥不辨)'에서 나왔다.
콩인지 보리인지를 구별하지 못한다는 뜻.
요즘은 '모자라고 어리석은 사람'을 가리킬 때 쓴다.

오로라를 보겠다며 아이슬란드로 배낭여행을 떠난 20, 30대 네 남자를 지켜보는 재미가 쏠쏠했다. tvN 예능 프로그램 〈꽃보다 청춘〉(2016년)엔 젊은이의 향기가 넘쳤다. 손짓 발짓으로 여행을 이어가는 이들은 영락없이 '여행 숙맥'이다.

숙맥(菽麥). 글자 그대로는 콩과 보리다. 중국 문헌 '좌전(左傳)'의 '숙맥불변(菽麥不辨)'에서 나왔다. 콩인지 보리인지를 구별하지 못한다는 뜻. 요즘은 의미가 확장돼 '모자라고 어리석은 사람'이나 '세상 물정에 어두운 사람'을 가리킬 때 쓴다.

그런데 숙맥을 '쑥맥'으로 알고 있는 이가 의외로 많다. 숙맥이 한 자어라는 사실을 모르고 습관적으로 된소리를 쓰면서 굳어져 버린 탓이다. 경북에서는 숙매기, 황해도에서는 숭맥이라고 한다.

일부를 생략하고도 원래 의미를 갖는 말은 많다. '태두(泰斗)'도 그렇다. 태두는 '태산북두(泰山北斗)'에서 '산(山)'과 '북(北)'을 생략한 말.

그렇지만 '높고 큰 산과 북두칠성'이라는 뜻을 그대로 담고 있고, 지금은 '사람들로부터 존경받는 사람' '권위자'로 의미가 바뀌었다.

'복불복(福不福)'은 〈1박2일〉이라는 여행 프로그램의 덕을 톡톡히 본 낱말이다. 언중은 이 낱말을 입에 올리면서도 정확한 뜻을 모른채 쓰는 경우가 많았다. 그래서 '복굴복' '복골복' '복걸복' 심지어 '복질복'이라고도 했다. 물론 이 단어들은 사전 어디에도 없다.

복불복은 복이 있음(유복)과 복이 없음(무복), 즉 사람의 운수를 이르는 말이다. '복불복 야외취침' 등을 본 사람이라면 복불복의 의미를 쉬이 알 것이다. 가위바위보에서 진 팀은 어김없이 엄동설한에 벌벌 떨면서 노숙을 해야 하니.

삼수갑산(三水甲山)도 숙맥과 닮은꼴이다. 사람들은 물(水)과 산(山)에 끌려 경치가 수려한 곳쯤으로 지레짐작해 산수갑산으로 발음하기도 한다. 허나 정반대다. 삼수와 갑산은 조선시대에 험하고 추운 귀양지의 대명사였다. '삼수'는 함경남도 북서쪽 압록강 지류에 접해 있고, '갑산'은 양강도 개마고원의 중심부에 있다. 두 곳이 얼마나 험한 곳이었으면 "삼수갑산에 가는 한이 있어도…"란 말까지 나왔을까. 삼수갑산도 요즘은 '어려운 지경이나 상황'을 뜻하는 말로 자리 잡았다.

---

* 흉측하다 : 「형용사」 ＝흉악망측하다. 흉칙하다라고 쓰는 사람이 많은데, '흉악망측'의 준말이 흉측임을 기억하자. 흉칙(×)

숟가락과 젓가락

젓가락은 한자어 저(箸)에 순우리말 '가락'이 더해진 말이다. 숟가락은 '술 +가락' 구조인데 사람들이 숟가락으로 발음하면서 굳어진 것이다.

온 가족이 모처럼 저녁 밥상머리에 둘러앉았다. '혼자 먹는 밥은 쓸쓸하다'(송수권 시인)라고 했던가. 그날따라 함께 먹는 뚝배기 된장찌개 맛은 기막혔다. 아들 녀석이 불쑥 묻는다. "아빠, 젓가락은 ㅅ받침인데 숟가락에는 왜 ㄷ받침을 쓰나요?"

그러고 보니 인터넷 등에 '숫가락'으로 잘못 쓴 글이 의외로 많다. 숟가락과 젓가락을 아울러 이르는 말이 수저이고, 젓가락 한 쌍을 세는 단위가 '매'임을 아는 사람들조차 헷갈려한다.

젓가락은 한자어 저(箸)에 순우리말 '가락'이 더해진 말이다. '저 +ㅅ+가락' 구조다. 소리가 '저까락/젇까락'으로 나기에 사이시옷을 붙인 것이다. 그렇다면 숟가락은? '수'에 '가락'이 붙어 '숟까락'으로 소리가 나니 젓가락처럼 '숫가락'으로 쓰는 게 맞을 성싶기도 하다.

열쇠는 '수'의 원말이 '수'가 아니라 '술'이라는 사실이다. '한 술 뜨라'고 할 때의 그 '술' 말이다. 밥술과 밥숟가락이 동의어인 데서 알 수 있듯 술은 숟가락을 뜻한다. 숟가락은 '술＋가락' 구조인데 사람들이 술가락보다 숟가락으로 발음하면서 숟가락으로 굳어진 것이다.

한글맞춤법 제29항은 "끝소리가 'ㄹ'인 말과 딴 말이 어울릴 적에 'ㄹ' 소리가 'ㄷ' 소리로 나는 것은 'ㄷ'으로 적는다"고 규정하고 있다. '설＋달→섣달' '이틀＋날→이튿날' '사흘＋날→사흗날' '삼질＋날→삼짇날' '풀＋소→푿소'가 대표적이다.

술가락이 숟가락이 되었다는 주장에 이의를 제기하는 사람도 있다. 숟가락은 쇠(鐵)의 옛말인 '솓'이 '숟'으로 변한 후 손가락이란 의미의 '가락'과 결합했다는 것이다. 즉 '숟'이 먼저고 그것이 나중에 '술'로 바뀌었다는 주장이다(《언어 속으로》·장영준).

---

* 푿소 : 「명사」 여름에 생풀만 먹고 사는 소. 힘을 잘 쓰지 못하여 부리기에 부적당하다. (풀＋ㅅ＋소)

술

맛도 잘 모르면서 무턱대고 마시는 벌술,
입에만 댔다 하면 흰없이 먹는 소나기술,
처음으로 술을 배울 때 마시는 배움술도 있다.

백약지장(百藥之長). 좋은 약 중에서도 으뜸이라는 뜻으로 '술'을 달리 이르는 말이다. 중국 당나라의 시인 이태백은 '석 잔 술에 도가 통하고 한 말 술에 자연과 합치된다'고 노래했다.

그러나 동서고금을 막론하고 술의 폐해를 지적한 사람도 많다. '전쟁, 흉년, 전염병, 이 세 가지를 모두 합쳐도 술이 끼치는 손해와 비교할 수 없다(윌리엄 글래드스턴)'고 한 사람까지 있으니. 우리나라에도 고주망태, 모주망태, 곤드레만드레, 술고래 등 술과 관련한 부정적인 단어들이 꽤 많다.

고주망태는 '지금' 술에 몹시 취해 있는 상태나 그런 사람을 뜻한다. 모주망태는 술을 대중없이 많이 마시는 사람, 즉 알코올 의존증 환자를 가리킨다. 곤드레만드레는 술에 몹시 취해 정신을 못 차리는 상태.

고주망태의 '주'를 '술 주(酒)'로 알기 쉽지만 아니다. '고주'는 옛말

'고조'가 변한 말로 '술, 기름 따위를 짜서 받는 틀'을 말한다. 망태는 망태기의 준말. 술을 거르는 망태기는 언제나 술에 절어있기에 '고주 망태'란 말이 나왔다. '억병으로 취했다'고 했을 때 억병이 바로 고주 망태가 된 상태다. 술을 온갖 시름을 잊게 해준다는 뜻에서 망우물 (忘憂物)이라고도 한다.

음주 세계에서 부러움의 대상은 단연 부줏술이다. 집안 대대로 술을 잘 먹는 것을 뜻한다. 밀밭만 지나가도 크게 취하는(過麥田大醉·과맥전대취) 사람들은 꿈도 못 꿀 경지다. 볏술도 재미있다. 돈은 없는데 술이 마시고 싶어 가을에 벼로 갚기로 하고 먹는 외상술이다. 요즘으로 치면 '카드술'이라고나 할까. 맛도 잘 모르면서 무턱대고 마시는 벌술, 보통 때는 안 먹다가도 입에만 댔다 하면 한없이 먹는 소나기술, 흥정을 도와준 대가로 대접하는 성애술, 처음으로 술을 배울 때 마시는 배움술이라는 것도 있다.

술과 관련해 잘못 쓰는 표현으로는 '댓병' 소주가 있다. 많은 이가 '큰 병'으로 알고 '댓병'이라고 쓰지만 '한 되가 들어가는 병'이므로 '됫병'이 맞다.

* 말술 : 「명사」 한 말 정도의 술 또는 많이 마시는 술. 두주불사(斗酒不辭)의 두주(斗酒)가 그것.
* 술추렴 : 「명사」 「1」술값을 여러 사람이 분담하고 술을 마심. 「2」차례로 돌아가며 내는 술. 또는 그 술을 마심.

승부하다

우리말법은 '승부'에 접사 '-하다'를 붙인 꼴을 인정하지 않는다. 하지만 많은 이가 '정책으로 승부해야' 식으로 쓰고 있다.

'승부(勝負).' 이김과 짐을 뜻한다. 한때 승부의 일본어 발음인 '쇼부'라고 하는 이도 많았다. 하지만 요즘엔 쇼부를 입에 올리는 이는 드물다. '승부' '흥정' '결판' 등에 밀려났기 때문이다.

'승부하다'라는 말이 재미있다. 우리말법은 '승부'에 접사 '-하다'를 붙인 꼴을 인정하지 않는다. 승리와 패배를 아울러 이르는 '승패(勝敗)'도 마찬가지. '승부가 나다' '승부를 내다' '승부를 걸다' '승패를 가르다' 등의 형태로 써야 한다. 근데 많은 이가 '정책으로 승부해야' '참신한 인물로 승부하는' 식으로 쓴다. '승패하다'와 달리 '승부하다'는 어느새 입말로 자리 잡은 것. 그리고 보니 승부하다를 인정 못할 이유도 없어 보인다. '근거하다' '기초하다' '토대하다' 등 언중의 말씀씀이에 힘입어 사전에 오른 예도 있다.

승부 하면 떠오르는 낱말이 있다. '진검승부(眞劍勝負)'다. 진검은 나무로 된 칼이 아닌 '진짜 검'이다. 진짜 검으로 하는, 그래서 목숨을 걸어야 하는 승부가 진검승부다. 일본어 '신켄쇼부'에서 왔다. 국어원은 1997년 진검승부를 '생사겨루기(정면대결, 최종대결)'로 다듬었다. 결과는? 생사겨루기는 잘 쓰이지 않는다. 그 대신 정면승부, 정면대결, 한판 승부, 한판 대결, 맞대결 등이 상황에 맞게 쓰인다. 요즘 들어 '사생결단식 적대 정치' '사생결단식 싸움' 등 사생결단(死生決斷)이 세력을 넓혀가고 있다.

진검승부라는 말도 진검이 풍기는 섬뜩함과 말맛이 강해서인지 여전히 많이 쓰이고 있다. 일부에서는 진검승부는 외래어를 우리 음으로 바꿔 사용하는 것이므로 문제가 없다는 주장을 하기도 한다.

* 사생결단(死生決斷) :「명사」죽고 사는 것을 돌보지 않고 끝장을 내려고 함.

‘식혜와 식해

우리는 음료 ‘식혜’와 음식 ‘식해’를 구별해 쓴다.
둘 다 밥이 들어가고 숙성시켜 만든 점에서는
비슷하지만 내용물에 따라 맛은 달라진다.

하얀 잣알 몇 개를 동동 띄운 차가운 식혜 한 사발. 생각만 해도
후덥지근한 날씨를 일순 잊게 해주는 여름 별미다. 한데 혀끝에 감기
는 시원한 감칠맛과는 달리 식혜는 남북한의 언어 차이를 극명하게
보여준다.

우리는 음료 ‘식혜(食醯)’와 음식 ‘식해(食醢)’를 구별해 쓴다. 사전
은 식해를 ‘생선젓’과 비슷한 말로 보고 ‘생선에 약간의 소금과 밥을
섞어 숙성시킨 식품’이라고 한다. 반면 우리와 달리 북한은 둘 다 ‘식
혜’라고 한다. ‘생선을 토막 쳐서 얼간했다가 채친 무와 함께 밥을 섞
어 고춧가루를 넣고 양념해 버무려서 삭힌 반찬’이 식혜라는 것. 그러
니 시인 백석이 유난히 좋아했다는 함경도의 향토음식인 가자미식해
를 두고 남한은 ‘가자미식해’, 북한은 ‘가재미식혜’라 한다.

북한 《조선말대사전》에 ‘식혜 먹은 괴(고양이)상’이라는 표현이 있
다. 식혜를 먹고 오만상을 찌푸리고 있는 고양이의 얼굴이라는 뜻인

데, 뭔가 이상하다. 달짝지근한 식혜를 마시고 얼굴을 찌푸리다니. 이 때의 식혜는 아무래도 매콤새콤하고 비릿한 냄새가 들어있는 식해일 성싶다.

발음이 비슷해선지 식혜와 식해를 헷갈려 하는 이도 많다. 한자어에서 보듯 둘 다 밥이 들어가고 숙성시켜 만든 음식이란 점에서는 비슷하다. 하지만 내용물에 따라 그 맛은 달라진다.

경북 안동 지방에서는 식혜에다 무, 배, 생강, 마늘, 밤 등을 썰어넣고 고춧가루도 넣어 얼큰하고 시원하게 만들어 먹는다. 경주에서는 멥쌀로 만든 것은 '단술', 찹쌀로 만든 것은 '점주'라고 해 안동의 식혜와는 차이가 있다. 식해 역시 함경도 도루묵식해, 강원도 북어식해, 경상도 마른고기식해 등 지방에 따라 다양하다.

납작한 몸에 두 눈이 오른쪽에 몰려 있는 '가자미' 역시 남북한 말법의 차이를 보여준다. 북한은 '가재미'라고도 한다. '이(ㅣ)모음 역행동화' 때문이다. 이는 뒷소리에 있는 '이(ㅣ)모음'이 앞소리에 영향을 미쳐 앞소리가 뒷소리와 비슷해지거나 같아지는 현상. 아기가 애기로, 아비가 애비로 소리 나는 게 그렇다. 하지만 우리는 '이(ㅣ)모음 역행동화'를 원칙적으로 인정하지 않는다. 그래서 아기, 아비, 가자미만을 표준어로 삼고 있다.

---

* 후덥지근하다 : 「형용사」 열기가 차서 조금 답답할 정도로 더운 느낌이 있다. '후덥지근하다'는 한동안 '후텁지근하다'의 잘못으로 묶여 있었지만 지금은 둘 다 표준어이다.

싸가지와 싹수

'싹수없는 놈이 싸가지까지 없다'라는 말은 성립할까? 물론이다. 그렇다면 싹수와 싸가지는 각기 존재할 수 있다는 얘기 아닌가. 싸가지를 별도 표준어로 삼아야 한다.

'이런 싸가지 없는 놈이….' 호탕한 웃음이 매력적인 배우 윤문식의 단골 대사다.

'싸가지.' 버릇이 없거나 예의범절을 차리지 않는 사람을 가리킨다. 언중은 '왕싸가지' '내 사랑 싸가지'라는 표현으로도 쓴다. '싸가지'는 어린잎이나 줄기를 가리키는 '싹'에 '-아지'가 붙은 말이다. '-아지'는 망아지, 송아지처럼 '작은 것'을 나타내기도 하고 꼬라지(꼴+아지), 모가지(목+아지)처럼 비하(卑下)하는 의미를 더하기도 한다. '-아지'와 비슷한 역할을 하는 말이 '-머리'다. 인정머리, 주변머리, 주책머리가 그렇다.

그런데 이 '싸가지'라는 말, 표준어가 아니다. 입말로 확실히 자리를 잡았는데도 '싹수'의 강원·전남 사투리에 머물러 있다. 조정래의 《태백산맥》과 《아리랑》 등에 나오는 전남 지방의 '느자구'나 충청 지방에서 쓰는 '느저지', 경북 문경과 상주 지방의 '양통머리'도 '싹수'의 사투리이다. '느자구' '느저지' '양통머리'는 몰라도 '싸가지'는 거의 모든 언중이 알고 있다. 그런데도 싸잡아서 사투리 취급을 하는 것은 납득하기 어렵다.

표준어인 싹수는 '어떤 일이나 사람이 앞으로 잘될 것 같은 낌새나 징조'를 뜻한다. '싹수가 있다(없다), 싹수가 보인다(안 보인다), 싹수가 노랗다'처럼 쓴다. 이 가운데 '없다'와 결합한 싹수는 주격조사 '-가'가 탈락해 '싹수없다'로 굳어졌다. 그러므로 '장래성이 없다'는 뜻의 '싹수없다'는 반드시 붙여 써야 한다.

싸가지와 싹수는 모두 '싹'에서 나온 말이고, 두 말 모두 긍정적으로도 부정적으로도 쓸 수 있다. 그걸 보면 싸가지는 처음 나왔을 때 싹수와 뜻이 같았던 것 같다. 그래서 싹수의 사투리라고 했을 것이다. 지금은 척 봐도 두 말의 의미와 쓰임새가 다름을 알 수 있다. 그런데도 싸가지를 싹수의 사투리로 묶어놓고 있는 것은 억지스럽다.

'싹수없는 놈이 싸가지까지 없다'라는 말은 성립하는가. 충분히 성립한다. 그렇다면 싹수와 싸가지는 각기 존재할 수 있다는 뜻이 된다. 단어의 의미와 쓰임은 끊임없이 변한다. '싸가지'는 이제 별도 표준어로 삼는 게 옳다.

---

* 싹수머리 : 「명사」 '싹수'를 속되게 이르는 말. ¶될 것은 떡잎 때부터 알아본다고, 어릴 때부터 하는 짓들이 도시 싹수머리가 없었다. 《오유권, 대지의 학대》

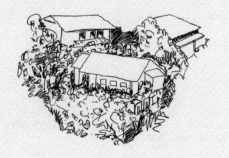

'염병'은 전염병이라는 뜻 외에
'장티푸스'를 속되게 이르는 말로
예전에 전염병 중 가장 무서운
병이었다. 이 병이 돌았다 하면
마을 전체가 쑥대밭이 되곤 했다.

아구찜과 아귀찜

소중한 낱말이 표준어 둥지 밖에서 서성이다 사라지는 일이 많다. 우리의 어문 정책이 표준어를 '교양인'이 두루 쓰는 '현대 서울말'로 묶어버린 까닭이다.

"아나운서 준비한다는 사람이 서울 사투리가 심하네." 몇 해 전 코미디 프로그램 〈웃음을 찾는 사람들〉에서 인기를 모았던 '부산특별시' 코너의 한 장면이다. '부산 표준어'를 구사하는 심사위원이 '서울 사투리'를 쓰는 지원자에게 한 말이다. 사투리와 표준어의 처지를 뒤바꾼 역발상이 웃음을 선사한다.

사실 소중한 낱말이 표준어 둥지 밖에서 서성이다 소리 소문 없이 사라지는 경우가 많다. 우리의 어문 정책이 표준어를 '교양인'이 두루 쓰는 '현대 서울말'로 묶어버린 까닭이다. 그래서일까. 사투리는 표준어에 비해 열등한 '시골말'로 받아들이는 경향이 있다.

'아구찜과 아구탕'의 처지가 그렇다. 아직도 사투리의 신세를 면치 못하고 있다. '아귀'가 표준어이므로 '아구'는 절대로 써선 안 된다고 한다. 이렇게 수십 년이 흘렀다. 근데 뭐? 열이면 열, '아구찜과 아구탕'이라고 한다. 표준어인 아귀찜과 아귀탕은 음식점 차림표에서도 가물에 콩 나듯 보일 뿐이다. 아귀찜, 아귀탕이 표준어라고 그렇게 부르짖어도 언중의 입말은 요지부동이다.

아귀는 '쓸데없이 입만 커서 온몸이 주둥이인' 고기다(복효근 시인). 지역마다 부르는 이름도 다르다. 마산은 '아구', 경남은 '물꿩', 인천은 '물텀벙'이다. 너무 못생겨 잡자마자 물에 '텀벙' 버린다는 뜻이다. 한자로는 안강(鮟鱇)이다. 안강망은 아귀를 잡는 그물, 안강망 어선은 아귀를 잡는 배다. 불교에서 말하는 탐욕의 귀신 아귀(餓鬼)와는 관계가 없다.

거시기, 시방(時方·지금), 식겁하다(질겁하다), 참말로, 걸쩍지근하다(말 따위가 거리낌이 없고 푸지다) 등이 표준어에 오를 때도 말들이 많았다. 일부에서는 사투리의 냄새가 짙다며 표준어로 삼는 것을 마뜩잖아 했다. 그런데 지금 무슨 문제가 있나. 이 낱말들은 토속적인 억양과 버무려져 굳건히 표준어로 자리 잡았다.

아삭아삭한 콩나물에 향긋한 미나리가 섞인 아구찜과 아귀찜, 이젠 말맛대로 주문할 수 있어야 하지 않을까. 음식을 먹을 때마다 언제까지 "아귀찜(탕)이 맞는데"라고 꺼림칙하게 생각해야 할까. 아구찜과 아구탕, 언중의 입말을 존중해 복수표준어로 삼는 걸 검토할 때가 됐다.

---

* 꺼림칙하다: 「형용사」 매우 꺼림하다. =께름칙하다. 꺼림직하다(×) 꺼림찍하다(×)

'아리까리하다

우리 사전은 글꼴이 주는 이미지 때문인지
'아리까리하다'를 '알쏭달쏭하다'의 잘못으로 설명한다.
일본에서 온 말로 오해하는 사람도 더러 있다.

'긴가민가하다, 아리까리하다, 아리송하다, 알쏭달쏭하다, 애매
모호하다.'

이것인지 저것인지 분간하기가 어렵고 헷갈릴 때 쓰는 표현이다.
의미 영역이 다를 뿐 쓰임새는 거의 비슷하다. 그런데 이 중 하나만
표준어가 아니다. 입말로도 결코 밀리지 않는 '아리까리하다'가 그
것. 글꼴이 주는 이미지 때문인지 우리 사전은 아리까리하다를 '알쏭
달쏭하다' '아리송하다'의 잘못으로 설명하고 있다. 그래서일까, 아
리까리하다를 일본에서 온 말로 오해하는 사람도 더러 있다.

우리와 달리 북에서는 아리까리하다를 문화어로 삼았다. 북한
《조선말대사전》은 '이것인지 저것인지 분간하기 어렵게 몹시 희미하
고 아리송하다'는 뜻으로 올려두고 있다.

언중의 말 씀씀이는 쉼 없이 변화한다. 아리송하다는 '긴가민가하
다'의 뜻 말고도 '기억이나 생각 따위가 떠오를 듯하면서도 떠오르지

않다'란 의미로도 쓴다. 젊은이들은 아리까리하다에서 '아리'를 떼어 낸 '까리하다'는 말도 하는데, 뜻은 아리까리하다와 전혀 다르다. 어떤 물건이나 사물 등이 유별나고 멋있어 보일 때 쓴다.

부사 '긴가민가'도 한때 우리 사전의 속 좁음을 보여주는 사례였다. 우리 사전은 긴가민가의 본말인 '기연가미연가(其然－未然－)'와 이의 준말 '기연미연'만 부사로 인정하고 '긴가민가'는 '긴가민가하다의 어근'으로 풀이했다. 그 바람에 긴가민가는 부사로서의 구실을 못하고 접미사 '－하다'와 결합해야만 단어가 될 수 있었다. 많은 이가 "그가 하는 말은 도대체 긴가민가 믿을 수 없다"라고 하는데도 신문 방송은 '긴가민가해서' 식으로 '－하다'를 붙여 써야 했다.

"도대체 기다 아니다 무슨 말이 있어야 할 것 아닌가"라고 할 때의 '기다' 역시 한동안 '그것이다'가 줄어든 말이라는 뜻풀이와 함께 '그렇다'의 전남 방언으로도 올라있었다. 지금은 방언 부분은 삭제했으며, '아니다'와 대비적으로 써서 어떤 사실에 대한 긍정이나 수긍을 나타낸다고 풀이하고 있다.

긴가민가를 부사로 인정하고, 기다의 쓰임새를 바로잡은 것은 사람들의 말 씀씀이를 존중해서일 것이다. 입말 '아리까리하다'도 표준어로 삼아야 할 때가 됐다. 그렇게 하고 있지 않은 어문정책이 아리까리하다.

* 까리까리 : 「부사」「북한어」꼭 짚어 말하기 어렵게 몹시 희미하고 어렴풋한 모양.

‘아양 떨다

귀여움을 받으려고 알랑거린다는 뜻의 ‘아양 떨다’는 우리의 방한용 머리쓰개인 ‘액엄(額掩)’에서 온 말이다. 액엄이 ‘아얌’으로, 다시 ‘아양’으로 변한 것이다.

설 연휴 등에 한복을 곱게 차려입고 한껏 맵시를 뽐내는 사람들을 심심찮게 볼 수 있다. 색동옷을 입은 아이들의 흥겨운 윷놀이 모습을 보고 있으면 덩달아 즐거움이 밀려든다.

귀여움을 받으려고 알랑거린다는 뜻의 ‘아양 떨다’가 우리의 옷차림에서 나온 말임을 아시는지. ‘아양’은 ‘액엄(額掩)’에서 온 말이다. 방한용 머리쓰개인 액엄이 ‘아얌’으로, 이것이 다시 ‘아양’으로 변한 것이다. ‘아얌을 떨다’ 역시 ‘아양을 떨다’로 바뀐 뒤 굳어졌다. 한복을 격식 있게 차려입을 때 쓰는 ‘아얌드림’의 ‘드림’은 댕기처럼 길게 늘어뜨린 비단이다.

어여쁜 여인이 ‘아얌드림’을 쓰고 사뿐사뿐 걸을 때 떨리는 수술 장식과 비단댕기는 보는 이의 가슴을 설레게 한다. 그래서 ‘아양 떨다’는 남자에게는 어울리지 않는 표현이다. 남자가 알랑거리면 ‘아첨’이다.

"오지랖이 넓다"거나 "오지랖 떨지 마"라고 할 때 '오지랖'도 한복과 관련이 있다. 오지랖은 원래 '웃옷이나 윗도리에 덧입는 겉옷의 앞자락'을 말한다. 하지만 요즘엔 그런 뜻으로는 거의 쓰지 않는다. 주로 쓸데없이 아무 일에나 참견하거나 염치없이 행동하는 사람을 비꼴 때 쓴다. 겉옷의 앞자락이 시도 때도 없이 펄럭거리는 모습에서 그런 뜻이 나온 것으로 보인다.

인기를 모았던 tvN 〈코미디빅리그〉의 '오지라퍼'는 오지랖에 사람을 뜻하는 영어 접사 '-er'를 붙여 만든 말이다. '오지랖이 넓은 사람'이라는 뜻이다. 알맞은 우리말을 찾지 못해 신조어를 만들었겠지만 '참견쟁이'로 했으면 어땠을까.

'매무새'와 '매무시'도 헷갈리는 이가 많다. 매무새는 옷을 입은 모양새를 말하고, 매무시는 옷 입은 데가 잘못되지 않았는지 살펴보는 것이다. 그러니 매무새가 곱지 않으면 매무시를 다시 해야 한다.

* 옷거리 : 「명사」 옷을 입은 모양새. ¶옷거리가 좋은 사람은 아무 옷이나 입어도 잘 어울린다.
* 옷걸이 : 「명사」 옷을 걸어 두도록 만든 물건.

'아
재

'아재'는 부모와 항렬이 같은 남자를 이른다.
결혼하지 않은, 아버지의 남동생을 일컫기도 하고,
남남끼리 나이 든 상대방 남자를 부를 때도 쓴다.

소통에 취약한 '꼰대'를 떠올리게 하던 '아재'가 변신 중이다. 기성 세대의 행동이나 인식을 희화화(戲畫化)한 '아재 개그'가 인기를 얻는 등 세대 간 공감을 불러일으키는 낱말로 쓰이기 시작했다.

'아재'는 부모와 항렬이 같은 남자를 이른다. '아재비'와 한뜻이다. 결혼하지 않은, 아버지의 남동생을 일컫기도 하고, 남남끼리 나이 든 상대방 남자를 편하게 부를 때도 쓴다. 이처럼 쓰임새가 다양하지만 우리 사전에서는 그저 '아저씨의 낮춤말'이다. 부르는 사람은 편해도 듣는 이는 거북해할 수 있다는 뜻이다.

'아줌마'와 '아주머니'도 아재와 닮았다. 부모와 항렬이 같은 여자를 뜻한다. 본래 둘 다 '고모'나 '이모' 등 친족을 뜻했으나 '나이 든 일반 여성'을 이르는 의미로 넓어졌다. 이 중 아줌마는 비칭(卑稱)에 가깝다. 낯선 여성에게 '아줌마'라고 했다가는 봉변을 당할 수도 있다. 결혼한 여자를 높여 이르거나 사회적으로 이름 있는 여성을 이르는 말로는 '여사' '여사님'이 널리 쓰인다. 그러나 여사라고 불릴 만한 사람이 아닌데도 여사라고 부르면 오히려 놀림이 되니 주의해야 한다.

나이 든 사람을 지칭하는 '노인'도 그렇다. '늙은이'를 대신해 입에 오르던 이 낱말도 100세 시대를 맞아 '어르신'에게 점차 자리를 내주고 있다. 언론에서는 가치중립적으로 노인을 쓰고 있지만 언중은 '어르신(어르신네)'을 선호한다. 65세 이상을 노인이라고 부르는 데 따른 거부감에다 노인이 주는 부정적인 말맛 때문인 듯하다. 그리고 보니 어르신이란 낱말은 자신을 지칭할 때는 쓸 수 없다는 한계가 있다.

황혼의 배낭여행을 다룬 예능 프로그램 〈꽃보다 할배〉를 기억하시는지. 여기에 등장하는 할배는 누가 뭐래도 '할아버지를 정겹게 부르는' 말이다. 강원·경남 지역에서 쓰는 '할아버지'의 사투리라는 사전적 의미를 훌쩍 뛰어넘는다. 그렇다면 아재도 마찬가지 아닌가. 아저씨의 낮춤말로 묶어두지 말고 '아저씨를 친근하게 이르는 말'이라는 뜻풀이를 덧붙이면 될 일이다. 요즘 아재는 '멋진 아저씨'란 뜻으로도 쓰이니.

---

* '아버지'도 처음에는 존칭의 뜻으로 사용되었으나 세월이 흐르면서 '아버님'이란 새로운 존칭어가 생겨났다. 그 결과 '아버지'는 평어 수준으로 낮아지고, '아버님'이 높임말로 자리 잡게 되었다(《언어 속으로》·장영준).

안
전
문
과
사
갈

스크린도어를 순화한 '안전문'은 아직 표제어에
오르지 못했다. 등산객이라면 친숙한 아이젠은
우리말 '사갈'을 사전에 박제화한 주범이다.

'안전문이 열립니다.'

한 해 마지막 날, 잊고 살던 산을 찾아가던 중 전철 안에서 들려
온 안내방송이다. '스크린도어가 열립니다'와 같은 국적 불명의 안내
방송에 거북해하던 터라 귀가 번쩍 뜨였다.

'안전문.' 승강장과 전동차가 다니는 선로 사이를 차단하는 문이
다. 평상시에는 닫혀 있어 승객이 선로에 떨어지는 사고를 막아준
다. 이 낱말, 국립국어원이 2004년 스크린도어를 순화한 것이다. 뜻
이 분명하고 친근감을 줘서인지 요즘 들어 입에 부쩍 오르내린다.
허나 아직까지 표제어에 오르진 못했다.

눈 덮인 겨울 산을 걷는 재미가 쏠쏠했다. 얼음에 미끄러지지 않
도록 '아이젠'을 등산화 밑에 덧신었다. 등산객이라면 누구나 알 만
큼 친숙한 용구인 아이젠은 실은 우리말 '사갈'을 사전 속에 박제화
한 주범이다. 그래서일까. 독일어 아이젠(eisen)을 우리말로 그대로

읽은 이 낱말을 대할 때면 스크린도어와 입말 경쟁 중인 안전문이 떠오른다.

사갈이라고 하면 흔히 뱀과 전갈을 아울러 이르는 사갈(蛇蝎)을 떠올릴 것이다. 남을 해치거나 심한 혐오감을 주는 사람을 비유할 때 쓰는 표현 말이다. '사갈시하다'도 그렇다. 어떤 대상을 몹시 싫어하는 걸 말한다.

하지만 순우리말 사갈은 뜻이 전혀 다르다. '산을 오를 때나 눈길을 걸을 때 미끄러지지 않도록 굽에 못을 박은 나막신' 또는 '눈이나 얼음 위에서 미끄러지지 않도록 굵은 철사 같은 것으로 뾰족하게 만들어 끝이 땅에 박히도록 만든 것'이다.

사갈의 뜻풀이를 보고 설피(雪皮)를 떠올리는 분도 있을 것이다. 설피는 산간 지대에서 눈에 빠지지 않도록 신 바닥에 대는 넓적한 덧신을 말한다. 칡이나 새끼 따위로 얽어서 만든다.

당장 아이젠 대신 사갈을 쓰자고 주장하는 건 물론 아니다. 말이라는 건 언중에게 한번 잊히면 되살리기가 쉽지 않음을 알기 때문이다.

---

* 재리 : 「명사」 얼음이나 눈 위에서 미끄러지지 아니하도록 신 바닥에 박는 뾰족한 징.

알아야 면장을 하지?

면장은 담장(牆)에 얼굴(面)을 대고 있는 상황을 벗어난다(免)는 면면장을 줄여 쓴 말로 공부에 힘써야 사람다운 행동을 할 수 있다는 의미다.

상대가 말귀를 잘 알아듣지 못하거나 일 따위를 전혀 엉뚱하게 처리해 답답할 때 사람들은 '알아야 면장을(이라도) 하지'라고 한다. 본인이 부족할 때의 답답함을 말할 때도 쓴다. 한데 이때의 면장을 면(面) 행정의 책임자인 면장(面長)으로 아는 사람이 많다. 아마도 면장은 누구보다 면 사정에 훤한 사람이라는 생각에서일 것이다. 하지만 절대로 그렇지 않다. 면장은 공자가 아들 리(鯉)에게 수신제가(修身齊家)에 힘쓰길 강조하는 대목의 면면장(免面牆)에서 유래했다. 《논어》 '양화편(陽貨篇)'에 나온다.

면장은 담장(牆)에 얼굴(面)을 대고 있는 상황을 벗어난다(免)는 의미의 면면장을 줄여 쓴 말이다. 커다란 담벼락이 눈앞에 있을 때의 갑갑함이란…. 공부에 힘써야 이처럼 앞이 내다보이지 않는 상황을 벗어나 사람다운 행동을 할 수 있다는 의미다. 단어의 뜻을 정확히 모른 채 면(免)자를 떼어버리고 면장으로 쓰면서 우리에게 익숙한 면장(面長)으로 잘못 받아들인 것이다.

또 있다. 많은 사람이 '좋은 것과 나쁜 것을 구분하다'라는 뜻으로 쓰는 '옥석구분'도 사자성어(四字成語)처럼 붙여 쓰면 안 된다. '옥석을 구분하다'처럼 써야지, '옥석구분을 잘해야 한다'는 식으로 쓰면 뜻이 이상해지기 때문이다. 원래 옥석구분(玉石俱焚)은 '옥이나 돌이 모두 불에 탄다'는 뜻으로, '옳은 사람이나 그른 사람이나 모두 재앙을 당한다'는 말이다. 옥석구분(玉石區分)으로 알고 있는 사람도 있지만 이 표현은 사전에 올라있지 않다.

이와 달리 '어떤 일에 온 힘을 기울이다'는 뜻의 전력투구(全力投球)는 '전력'과 '투구'로 이뤄진 합성어이므로 '전력으로 투구하다'로 써야 옳다. '전력을 투구하다'로 쓰면 '온 힘을 공을 던짐'이 돼 목적어가 둘이나 되는 이상한 문장이 된다.

---

* 담벼락 : 「명사」「1」담이나 벽의 표면. 「2」담이나 벽 따위를 통틀어 이르는 말. 「3」아주 미련하여 어떤 사물에 대하여 전혀 이해하지 못하는 사람을 비유적으로 이르는 말. 담벼락은 '담'과 '벼락'이 합쳐진 말이다. 한데 벼락은 '벼랑'의 사투리다. 즉 표준어와 사투리가 만나 표준어가 된 낱말이다.

‘애 끊는 일이

왜 끊이지 않나’

‘애’는 ‘창자’를 뜻하는 순우리말로 ‘애끊다’는 ‘단장(斷腸)’과 의미가 꼭 같다. ‘애끓다’는 ‘몹시 안타까워 속이 부글부글 끓는 상태’를 말한다.

‘십년이 가고 백년이 가도/살아만 돌아오소/울고 넘던 이 고개여/한 많은 미아리 고개.’

반야월 작사 이재호 작곡(1956년)의 ‘단장(斷腸)의 미아리 고개’다.

‘단장’은 몹시 슬퍼서 창자가 끊어지는 듯한 고통을 말한다. 6·25전쟁이 몰고 온 이별과 이산의 고통은 70년이 다 돼 가는 지금도 현재진행형이다. 남북이산가족 상봉이 그 결정판이다. 이산가족들은 ‘애끊는’ 슬픔 속에 재회를 기약한다.

‘애’는 ‘창자’를 뜻하는 순우리말. 그래서 ‘애끊다’는 ‘단장’과 의미가 꼭 같다. 이순신 장군의 ‘한산섬 달 밝은 밤에’로 시작하는 한시도 마무리가 ‘어디서 일성호가는 남의 애를 끊나니’였다.

비슷하지만 속뜻 차이가 큰 것으로 ‘애끓다’가 있다. ‘애가 끓는다’는 것은 ‘몹시 답답하거나 안타까워 속이 부글부글 끓는 상태’를 말한다. ‘애간장을 태우다’와 뜻이 통한다. 대학수학능력시험 때면 등

장하는 '애끓는 모정(母情)'이란 표현은 적확하다. '애끓다'가 고통을
수반한다면 '애끓다'는 초조와 불안에 가깝다고나 할까.

사람의 '애'는 '창자'인데 생선에서는 '간'을 뜻하기도 한다. 톡 쏘
는 독특한 맛과 암모니아 썩는 듯한 냄새로 유명한 홍어애탕이 대표
적이다. 어린 돼지, 또는 태(胎) 중의 새끼돼지를 뜻하는 애저의 '애'
는 장기(臟器)와는 관계가 없다.

우리 몸에는 오장육부가 있는데 이를 '오장육보'로 잘못 알고 있는
사람도 있다. 〈흥부전〉에서 문학적 표현으로 '심술보'와 말꼴을 맞추
기 위해 일부러 오장육보로 쓴 것을 사실로 받아들인 때문인 듯하다.
오장육부 중 하나인 폐장(허파)을 다른 말로 '부아'라고 한다. 이 역시
'화가 나다' '화가 치밀다' 따위의 '화(火)'를 떠올려 '부화'로 잘못 쓰기
도 한다. '부아가 나다' '부아가 치밀다' '부아가 끓다'로 써야 맞다.

참사(慘事)로 생때같은 자식을 잃은 부모의 울부짖음은 '애끓는'
게 아니라 '애끊는' 것이다.

---

* 생때같다 : 「형용사」 (주로 '생때같은' 꼴로 쓰여) 「1」아무 탈 없이 멀쩡하다. 「2」공을 많이 들여
매우 소중하다.

야단법석

'야단법석(野壇法席)'은 '야외에 단을 쌓아놓고 크게 베푸는 설법 자리'의 뜻이지만 '야단법석(惹端--)'으로 쓰면 소란스럽고 무질서한 난장판을 가리킨다.

부처님오신날이면 떠오르는 불교 설화 속 인물이 있다. '바리공주'다. 속칭 '바리데기'라고 하는데 '부모로부터 버림받은 천덕꾸러기'라는 뜻이다. 버림받은 공주란 뜻의 '사희공주(捨姬公主)'라고도 한다.

'옛날 오구대왕이 계속해서 여섯 공주를 낳았다. 대왕은 아들을 얻기 위해 온갖 치성을 드렸으나 또 딸이었다. 노한 대왕은 일곱째인 바리공주를 버린다. 그러나 바리공주는 병든 아버지를 살리려 저승까지 가 생명수를 구해온다. 바리공주는 후에 죽은 이의 죄를 씻어 극락으로 인도하는 신이 된다.' 굽은 나무가 선산을 지킨다는 한국 속담을 떠올리게 하는 설화다.

바리데기에 붙은 '-데기'는 부엌데기, 소박데기처럼 '그와 관련된 일을 하거나 그런 성질을 가진 사람'을 낮잡아 부를 때 붙이는 접미사다. 많은 사람이 -데기와 '-때기'를 헷갈려한다. '-때기'는 귀, 볼 등 신체 부위를 나타내는 명사 뒤에 붙어 '비하'의 뜻을 나타낸다. 귀때기, 볼때기처럼 쓰는데 역시 고상한 말은 아니다.

불교와 관련이 있는 '우담바라'는 3000년에 한 번, 전륜성왕이 나타날 때에 그 복덕으로 핀다는 상상의 꽃이다. 문제는 우리 사전에 우담바라는 올라있지 않고 '우담발라(優曇跋羅)' '우담화(優曇華)'만 올라있다는 것. 입말과 규범의 괴리를 보여주는 사례다. 나무아미타불(南無阿彌陀佛), 초파일(初八日), 도량(道場), 보리수(菩提樹)처럼 불교용어 중 상당수는 한자음이 아니라 입말을 표준어로 삼는데 왜 '우담바라'만 한자음대로 읽어야 하는지 의문이다.

'야단법석'도 불교에서 온 말이다. '법석'은 원래 설법 독경 따위를 행하는 조용하고 엄숙한 법회를 뜻한다. 그런데 '야단'이 앞에 붙으면 뜻이 갈린다. '야단법석(野壇法席)'은 '야외에 단을 쌓아놓고 크게 베푸는 설법 자리'라는 뜻으로 원래의 의미를 유지하고 있다. 그런데 '야단법석(惹端--)'으로 쓰면 소란스럽고 무질서한 난장판을 가리킨다. 이때의 '惹端'은 어떤 일의 발단을 지칭하는 야기사단(惹起事端)에서 왔다. 그러다 보니 '야단스럽다' '법석거리다'도 시끄러움을 뜻하는 말이 됐다. 요즘 언중은 후자의 의미로 많이 쓰고 있다.

---

* 나락(奈落) : 「명사」 「1」『불교』＝지옥. 「2」벗어나기 어려운 절망적인 상황을 비유적으로 이르는 말.

‘야코죽지마라

‘야코죽다’ ‘야코죽이다’에 쓰이는 ‘야코’는 엄연히 말맛을 지닌 우리말이다. ‘야코’는 서양 사람을 낮잡아 부르는 ‘양코배기’에서 나왔다.

　‘야코죽다’ ‘야코죽이다’에 쓰이는 ‘야코’를 일본말로 아는 이가 적지 않다. 천부당만부당하다. 품위 있는 말이라고는 할 수 없지만 엄연히 말맛을 지닌 우리말이다. 그런데도 일본말로 잘못 알아서인지 신문과 방송에서도 대부분 ‘기죽다’ ‘기죽이다’로 바꿔 사용하고 있다.

　‘야코’는 서양 사람을 낮잡아 부르는 ‘양코배기(물론 사용해서는 안 될 말이다)’에서 나왔다. 서양인이 동양인에 비해 대체로 코가 크다 보니 ‘양코’라는 말이 만들어졌다. 이후 ‘양’에서 ‘ㅇ’이 떨어져 나간 게 ‘야코’다. 야코는 우쭐하고 거만한 태도를 이르는 말이 됐다. 따라서 ‘야코죽다’를 ‘기죽다’로, ‘야코죽이다’를 ‘기죽이다’로 바꿔 써도 문제는 없다. 다만, 우리말인 ‘야코’를 일본말로 잘못 아는 바람에 ‘기를 쓰고’ 버리려 해서는 안 된다는 것이다. 모든 말에는 누구도 함부로 할 수 없는 세월의 이끼가 덮여 있기 때문이다.

　‘야코’와 비슷한 신세가 ‘라면사리’ ‘국수사리’에 쓰는 ‘사리’다. ‘사리'는 국수나 새끼, 실 등을 동그랗게 포개어 감은 뭉치를 뜻하는 고유어이다. 그런데도 접시를 뜻하는 일본어 '사라'와 비슷한 탓에 일본어라 생각하는 이들이 있다.

다시 '코'로 돌아가자면 코는 비유적으로 '어떤 기세'를 나타낸다. 근심과 고통으로 맥이 빠지면 '코가 쉰댓 자나 빠졌다', 누군가에게 끼치는 영향력이 크면 '콧김이 세다', 자존심과 자기주장이 강하면 '콧대가 세다', 다 된 일을 망쳐버리면 '코 빠트린다'고 하는데, 이런 용례가 모두 '기세'와 관련이 있다.

---

* 큰코다치다 : 「동사」 '크게 봉변을 당하거나 무안을 당하다'는 뜻으로, 관용어가 단일어로 변한 말이다. 큰 코 다치다(×)
* 삭은코 : 「명사」 코를 몹시 다쳐서 골병이 들어 조금만 다쳐도 코피가 잘 나는 코. '삭은니'처럼 코가 삭았다는 말이다.

어름사니

어름은 줄타기 재주로, 얼음 위를 걷듯이
조심스럽다고 해서 붙여진 이름이다.
어름을 타는 이가 줄타기 고수, 즉 '어름사니'다.

"얼쑤~ 잘한다!" 2~3m 높이의 외줄에 올라선 어름사니가 춤추
듯 걸어서 줄 위를 오간다. 앉아서 가랑이로 줄을 타는가 싶더니 허
공을 박차고 올라 한 바퀴 돈 뒤 사뿐히 내려앉는다. 놀이판은 관객
들의 환호성으로 뒤덮인다. 남사당놀이의 한 장면이다.

남사당은 조선 팔도 장터와 마을을 떠돌며 소리와 춤을 팔던 유
랑 예인집단. 남사당패의 우두머리는 꼭두쇠라 한다. 남사당패 하면
떠오르는 바우덕이는 안성남사당을 이끌었던 꼭두쇠 여인의 별명이
다. 여자가 꼭두쇠가 된 것은 예전에 없던 일로 그만큼 재주가 출중
했다는 뜻이다. 그래서 안성의 대표 축제 이름이 바우덕이축제다. 이
들이 보여주는 재주는 풍물, 버나, 살판, 어름, 덧보기, 덜미 등이다.

하지만 전통 예능의 이름은 점차 우리 곁에서 멀어져간다. 몇 해
전 한 방송사 퀴즈 프로그램에서 어름을 묻는 질문에 답하지 못한
사람도 여럿 있었다. 어름은 줄타기 재주로, 얼음 위를 걷듯이 조심

스럽다고 해서 붙여진 이름이다. 어름을 타는 이가 줄타기 고수, 즉 '어름사니'다.

　남사당놀이의 첫째 놀이인 '풍물'은 꽹과리, 태평소, 소고, 북, 장구, 징 따위로 흥을 돋우는 것이다. '버나'는 사발이나 대접을 막대기 따위로 돌리는 묘기이고, '살판'은 몸을 날려 넘는 땅재주를 말한다. '덧보기'는 탈놀음, '덜미'는 꼭두각시놀음이다.

　남사당놀이에서 각 종목의 우두머리를 뜬쇠라고 하는데 버나쇠, 살판쇠 하는 식으로 부른다. 뜬쇠 밑의 초보가 '삐리'다. 판소리에서도 소리보다 아니리에 치중하는 어설픈 광대를 '아니리광대'라 한다. 아니리는 창을 하는 중간중간에 가락을 붙이지 않고 이야기하듯 엮어 나가는 사설(辭說)을 말한다. 요즘 말로는 노래가 아니라 랩이라고나 할까. 허나 누구보다 서글픈 광대는 저승패다. 늙어서 놀이를 제대로 하지 못하고 저승에 갈 날이 가깝다는 뜻이다.

---

* 삐리 : 「명사」「민속」 남사당패에서, 각 재주의 선임자 밑에서 재주를 배우는 초보자. 숙달이 되기 전까지 여장(女裝)을 하였다.

'어리버리(하다)'는 '말이나 행동이 다부지지 못하거나
그러한 사람'을 가리키지만 우리 사전엔 없다.
표준어는 실생활에서 거의 쓰지 않는 '어리보기'다.

몇 해 전 월급쟁이들은 단단히 뿔났다. 내심 '13월의 월급'을 기대
했던 연말정산이 세금폭탄으로 둔갑했기 때문이다. 줬다 뺏으면 어
떤 일이 벌어지는지 정부 당국자들은 똑똑히 알았을 듯싶다.

'어리버리(하다).' 말이나 행동이 다부지지 못하거나 그러한 사람
을 가리킨다. '저 어리버리 왜 왔냐?' '어리버리한 놈'처럼 쓴다. 13월
의 세금폭탄은 월급쟁이를 봉도 모자라 어리버리한 사람으로 취급
해서 벌어진 일이다. 허나 '어리버리(하다)'는 우리 사전에 없다. '어
리바리'가 표제어로 올라있다.

어리바리의 '어리'는 '어리석게'라는 부사다. '바리'는 어원을 구명
하기가 쉽지 않으나 '어리'의 호응어(첩어)로 볼 수 있다. '어리바리'에
'-하다'가 붙은 게 '어리바리하다'이고, '어리바리하다'는 '바'의 'ㅏ'가
'ㅓ'로 변하면서 '어리버리하다'가 됐다(《정말 궁금한 우리말 100가지》·
조항범). 그런데 이상하다. 언중은 어리바리하다와 어리버리하다를

'말과 행동이 얼뜨다'고 비슷한 뜻으로 쓰고 있지만 사전은 그렇지 않다. 어리바리를 '정신이 또렷하지 못하거나 기운이 없어 몸을 제대로 놀리지 못하고 있는 모양'이라고 한다. 실생활에서 쓰는 '어리바리'와 사전적 정의는 많이 다르다.

우리 사전이 입말 어리버리와 비슷한 뜻으로 올려놓은 표제어는 '어리보기'다. 생경하다. 실생활에서는 잘 쓰지 않는 화석어다. 오히려 어리보기의 뜻풀이에 동의어로 올라있는 '머저리'나 '다부지지 못하여 어수룩하고 얼빠진 데가 있다'란 뜻의 얼뜨기, 꺼벙이가 쉽게 와 닿는다.

어리숙하다와 어수룩하다는 복수표준어다. 어리버리(하다)도 많은 사람이 즐겨 쓰는 말이므로 존중해야 옳다. 입말과 사전적 의미가 동떨어진 '어리바리하다'의 뜻풀이에 '말과 행동이 얼뜨다'는 풀이도 덧붙이는 걸 검토할 때가 됐다. 한때 인기를 모았던 tvN 〈코미디빅리그〉 '썸&쌈'의 '어리바리 신입사원 씨'라는 표현에서는 '귀엽다'는 의미도 엿보인다. 말의 변화는 이처럼 빠르다.

---

* 장인(匠人)의 뜻이 있으면 '−장이'로, 없으면 '−쟁이'로 쓴다. 양복장이는 양복 만드는 일을 직업으로 하는 사람, 양복쟁이는 양복 입은 사람을 낮잡아 이르는 말이다.

어처구니없다

너무 뜻밖이어서 기가 막힐 때 '어처구니없다'
혹은 '어이없다'고 한다. '어이'는 어처구니와
같은 뜻으로 어처구니처럼 '~없다'와 함께 쓴다.

   너무 뜻밖이어서 기가 막힐 때 '어처구니없다' 혹은 '어이없다'고
한다. '어처구니'와 '어이'는 무슨 뜻일까. 사전은 어처구니를 '상상
밖으로 엄청나게 큰 사람이나 사물'이라고 설명한다. 그러나 '바윗돌
을 부수는 농기계의 쇠로 된 머리 부분' 또는 '궁궐이나 성문 등의 기
와지붕에 얹는 사람이나 동물 모양의 토우(土偶·흙으로 만든 인형)'라
는 이도 있다.

   '어이'는 어처구니와 같은 뜻으로 어처구니처럼 '~없다'와 함께
쓴다. 2015년 영화 관객이 1위로 꼽은 명대사는 관객 1300만 명을
기록한 〈베테랑〉의 "어이가 없네"였다.

   〈베테랑〉에서 재벌 2세 조태오가 맷돌에 달린 나무 손잡이를 어
이라고 한 것을 두고 어처구니가 옳다고 지적한 글도 있었는데 이는
어처구니의 뜻을 둘러싼 여러 설(說)에서 비롯된 것이다.

   조항범 충북대 교수는 어처구니의 어원은 모호하지만 지역에 따

라 '얼척(경상·전남 방언)'이나 '얼처구니(경남)'로 쓰이는 것을 보면 본래 어형은 '얼척'에 가까웠을 것이라고 본다. '얼척'에 접미사 '-우니'가 붙어 '얼처구니'가 되고 'ㅊ' 앞에서 'ㄹ'이 탈락해 어처구니가 됐으리라는 추정이다.

전혀 근거가 없어 허황하다는 뜻의 '터무니없다'도 재미있다. '터무니'는 본래 '터를 잡은 자취'란 뜻이었는데 '정당한 근거나 이유'라는 의미로 확장됐다. '터무니없는 거짓말' '터무니없는 생각'처럼 터무니도 거의 '~없다'와 결합해서 쓴다.

'터무니없다'와 비슷한 말이 '턱없다'이다. '턱없다'의 '턱'은 '마땅히 그리하여야 할 까닭이나 이치'를 말한다. 그래서 '말도 안 돼' '그럴 리 없어' '이치에 맞지 않아'라는 뜻으로 많이 쓰인다. 그런데 요즘 '턱도 없다' 대신에 '택도 없다'라고 쓰는 사람이 많다. 당연히 틀린 말이다. 허나 '택도 없다'가 훨씬 의미가 강하다는 점에서 말맛의 차이는 크다. 현대말이 점점 거칠어지고 있다는 좋은 예가 될 듯도 하다.

---

* 얼토당토아니하다 : 「형용사」 「1」전혀 합당하지 아니하다. 「2」(…과) 전혀 관계가 없다. '얼토당토' 자체로는 쓰임새가 없어 항상 부정어 '않다'가 붙어 한 단어로 쓰인다. 따라서 "얼토당토하다"라고 하는 것은 불완전한 표현이다.

'얻다 대고' 반말짓거리야

시시비비를 가릴 때 흔히 내뱉는 "어따 대고…"는 "얻다 대고…"가 올바른 표현이다. 이때 '얻다'는 '어디에다'의 준말이다.

"네가 나한테 대들어? 얻다 대고 말대꾸야." 한동안 우리 사회를 들끓게 했던 '땅콩 회항' 때 나온 '갑질' 멘트다. 여기에 등장한 '얻다 대고'란 표현은 몇 년 전 '100명 중 99명이 틀리는 맞춤법' 게시물에 올랐던 말이다.

한 누리꾼이 국립국어원에 "'어따 대고'와 '엇다 대고' 중 무엇이 맞느냐"고 묻자, "둘 다 틀리고 '얻다 대고'가 맞다"는 답변이 돌아왔다. 질문자는 둘 중 하나는 틀림없이 맞다고 생각했던 것 같은데 사실은 모두 틀렸다는 것이다. 지금도 사정은 달라지지 않았다. '얻다'가 '어디에다'의 준말임을 모른 채 '어따 대고'와 '엇다 대고'를 쓰는 사람들을 쉽게 볼 수 있다.

'얻다 대고' 못지않게 자주 틀리는 말이 '반말짓거리'가 아닐까 싶다. 흔히들 '반말을 하는 일'을 '반말하는 짓'으로 생각하고 '반말짓'에 '−거리'를 붙여 반말짓거리로 쓴다. 센 어감 때문에 필자 역시 무의

식중에 쓰기도 한다. 하지만 틀렸다. 이 말은 '반말'에 '-지거리'가 붙은 것이다. 그러니 '반말지거리'가 옳다. '욕'에 '-지거리'가 붙어 '욕지거리'가 되는 것과 같은 이치다.

그에 앞서 '반말하는 짓'을 뜻하는 말은 '반말짓'이 아니라 '반말질'이다. 여기에 쓰인 '-질'은 일부 명사에 붙어 주로 좋지 않은 행위라는 뜻을 더해준다. 주먹질, 싸움질, 갑질 등을 들 수 있다. 그러고 보니 '갑질'은 요즘 들어 입말로서뿐 아니라 신문 방송에도 자주 등장한다. 권력의 우위에 있는 갑이 약자인 을에게 하는 부당행위를 통칭하기 시작했다. 요즘 추세라면 표제어로 삼는 걸 검토할 만도 하다. 하지만 우리 사회의 부조리를 상징하는 낱말이어서 마음은 불편하다. 아 참, "그 따위 짓거리 당장 그만두라"고 할 때는 '짓거리'가 옳다. '짓'을 낮잡아 이르는 말이다.

세상살이가 각박해지면서 욕설이 넘쳐난다. 욕을 언어의 윤활유로 보는 이도 있지만 욕이 일상화되는 사회는 결코 건강하지 않다. 욕을 없애는 방법? 욕먹을 짓을 하지 않으면 욕을 하는 사람도 없다.

* 욕지거리 : 「명사」 '욕설'을 속되게 이르는 말.
* 욕지기 : 「명사」 토할 듯 메스꺼운 느낌. 즉 구역질이 나다.

얼레리꼴레리

아이들이 남을 놀릴 때 하는 말로 사전에
올라있는 건 화석 같은 알나리깔나리이다.
우리네 삶과 닿아 있는 얼레리꼴레리는 어디에도 없다.

'누구는 누구를 ○○했대요. 얼레리꼴레리.' 어렸을 때 친구들을 놀릴 때나, 동네 담벼락에서 흔히 듣거나 보던 표현이다.

얼마 전 TV 자막에서 이 표현을 만났다. 거기엔 생뚱맞게도(?) '알나리깔나리'라고 적혀 있었다. 아이들이 남을 놀릴 때 하는 말로 사전에 올라있는 건 알나리깔나리뿐이니 그럴 만도 하다. 얼레리꼴레리는 놀릴 때만이 아니라 뮤지컬과 마당극 제목으로도 등장할 만큼 즐겨 쓰는 표현이다. 그만큼 우리네 삶과 닿아 있는 말인데 사전들은 하나같이 화석 같은 '알나리깔나리'만을 표준으로 삼고 있다.

어리거나 키가 작은 사람이 벼슬을 했을 때 놀림조로 부르는 말이 '아이 나리'였다. 이게 알나리로 바뀐 것으로 본다. 다른 설도 있다. 조항범 충북대 교수는 '알나리'의 '알'은 '아이'의 준말이 아니라 '알바가지, 알요강, 알항아리' 등에서 쓰는 '알-'처럼 '작은'의 뜻을 더하는 접두사라고 해석한다. 뒤의 '깔나리'는 뭘까. 알나리와 운율을 맞추기 위해 그냥 붙인 말로 본다. 다만, '꼴레리'의 '꼴'은 '꼴좋다'처럼 사람의 모습이나 행태를 낮잡아 부르는 말과 관련이 있을지도 모르겠다.

우리말에는 이런 형태의 말이 꽤 있다. 미주알고주알, 밑두리콧두리, 가시버시, 곤드레만드레 등등. "뭘 그렇게 미주알고주알 캐물어?"라고 할 때 미주알은 '항문을 이루는 창자의 끝부분'을 가리킨다. '밑살'이라고도 한다. 미주알은 남에게 보이고 싶지 않은 곳이다. 그래서 '미주알고주알'은 '밑두리콧두리'처럼 무엇을 꼬치꼬치 캐어묻는 모양을 가리킨다. 고주알은 알나리깔나리의 깔나리, 밑두리콧두리의 콧두리, 가시버시의 버시, 곤드레만드레의 만드레처럼 별 뜻없이 덧붙인 말이다.

다른 건 그렇다손 치더라도 부부(夫婦)를 뜻하는 토박이말 가시버시는 조금 설명이 필요하다. 가시는 아내를 뜻한다. 그렇다면 버시는 남편을 가리키는 말일 듯도 한데 그렇지가 않다. 아무 의미도 없다. 남편이 없어도 가정은 유지된다는 뜻일까. 새삼 남자의 처지가 서글프다.

알나리깔나리는 생활에서 거의 쓰이지 않는 말이다. 이런 말이 아직까지 표준어의 안방을 차지하는 건 언중의 말 씀씀이를 헤아리지 못한 것이다. 얼레리꼴레리를 복수표준어로 인정해 언중이 상황에 맞게 쓸 수 있도록 하는 것이 옳다.

---

* 가리산지리산 : 「부사」 이야기나 일이 질서가 없어 갈피를 잡지 못하는 것을 이르는 말.

얼룩빼기

정지용 시인의 시 '향수'에 나오는 '얼룩백이' 황소. 이의 표준어는 '얼룩빼기'다. 이 시의 영향 때문인지 많은 이가 '얼룩백이'를 입에 올린다.

'…얼룩백이 황소가/해설피 금빛 게으른 울음을 우는 곳….'

정지용 시인이 1927년 〈조선지광〉에 발표한 시 '향수'의 한 구절이다. 이동원과 박인수가 노래로 불러 널리 알려졌다. '지줄대다' '질화로' 같은 향토색 짙은 시어는 언제 들어도 정겹다.

노랫말이나 시, 드라마 등에서 사용하는 낱말 하나하나는 언중의 언어생활에 큰 영향을 미친다. 1988년 한글맞춤법이 발표되기 60여 년 전에 쓴 '향수'의 '얼룩백이' 황소도 그중 하나다. 표준어는 '얼룩빼기'지만 아직도 많은 이가 '얼룩백이'라고 한다.

사실 우리말법으로 보면 얼룩백이는 논쟁거리조차 안 된다. '-배기' '-빼기' '-박이'는 접미사이지만 '-백이'는 다른 데 쓰인 사례가 없기 때문이다. '-배기'와 '-빼기'의 쓰임새를 놓고도 많은 이들이 헷갈려 한다. 쉽게 구분하는 방법이 있다. 소리 나는 대로 적으면 된다. '배기'로 소리 나면 배기로(공짜배기, 진짜배기, 나이배기, 육자배기 등), 빼기로 소리 나면 빼기로 적는다(곱빼기, 억척빼기, 얼룩빼기 등).

다만 이것만은 기억해두자. 한 형태소(形態素) 안에서 'ㄱ'과 'ㅂ' 받침 뒤에서는 '빼기'로 발음되더라도 '배기'로 적는다는 사실 말이다. 형태소는 '뜻을 가진 가장 작은 말의 단위'다. 설렁탕 '뚝배기'를 예로 들어보자. 뚝배기는 '뚝'과 '배기'로 나눠지지 않는다. 즉, 한 형태소로 된 말이다. 그래서 '뚝빼기'로 소리 나더라도 '뚝배기'로 적어야 옳다. 여기서 의문 한 가지. 곱빼기, 억척빼기, 얼룩빼기 역시 'ㄱ'과 'ㅂ' 받침 뒤에서 사용되는데 왜 뚝배기처럼 곱배기, 억척배기, 얼룩배기로 적지 않는 걸까. 곱빼기는 곱＋빼기, 억척빼기는 억척＋빼기, 얼룩빼기는 얼룩＋빼기로 나누어진다. 즉, 한 형태소의 낱말이 아니므로 소리 나는 대로 적어야 한다.

서울 지하철 7호선 '장승배기역'도 재미있다. 이 역의 이름이 우리말법을 거스르고 있다는 사실을 아는 이는 많지 않다. 결론적으로 말해 접미사 '－박이'의 쓰임을 거스르고 있다. 얼굴에 큰 점이 있는 사람은 '점박이', 소의 양지머리뼈의 한복판에 붙은 기름진 고기는 '차돌박이'라 한다. 이쯤 되면 눈치챘을 것이다. '장승이 박혀 있는 곳'은 '장승박이'라고 해야 함을. 그런데도 고치지 않는 건, 장승배기는 이미 지명으로 정착한 낱말로 보기 때문이다. 그 자체를 고유명사로 보는 것이다.

* 구석빼기 : 「명사」 썩 치우쳐 박힌 구석 자리.

엄한 사람, 애먼 사람

드라마에서 등장하는 '엄한 짓' '엄한 애' 등 '엄하다'는 말은 '애먼'이란 고유어를 잘못 알고 쓴 것이다. 한데 어쩌랴. 열에 아홉이 '엄한'을 쓰고 있으니….

"늙은이 욕심이 과했다. 앞으로 너희들 결혼 얘기 안 할 테니 '엄한 짓' 하지 마라."

"'엄한 애' 데려오면 어쩌죠."

알콩달콩 사랑을 키워가는 극 중 서재우와 정다정의 사랑 이야기로 호평을 받았던 주말 드라마 〈기분 좋은 날〉의 한 장면이다.

이 드라마에서 심심찮게 등장하는 '엄한 짓' '엄한 애' 등 '엄하다'는 말이 언중을 헷갈리게 한다. 우리말과 글 좀 안다는 사람일수록 더 그럴 것이다. 왜일까. 극 중에서 사용한 '엄한'은 '엉뚱한'이라는 뜻으로 쓴 게 분명한데, 어떤 사전에서도 근거를 찾을 수 없기 때문이다. 대부분은 '엄(嚴)하다'를 떠올릴 것이다. 그러나 사전은 '엄하다'에 대해 '규율이나 규칙을 적용하거나 예절을 가르치는 것이 철저하다'라고만 설명할 뿐이다.

그렇다면 '엄한'의 정체는 무엇일까. 바로 '애먼'이란 고유어를 잘못 알고 쓴 것이다. '애먼'은 '일의 결과가 다른 데로 돌아가 엉뚱하게 느껴진다'는 순우리말이다. 물론 표제어로도 올라있다. '아무 잘못 없이 꾸중을 듣거나 벌을 받아 억울하다'란 순우리말 '애매하다'에서 나왔다. '애매하다'가 줄어 '앰하다'가 되고, 여기서 관형사 '애먼'이 나온 것이다.

듣다 보니 또 다른 의문이 든다. '애매하다'가 '억울하다'는 뜻이라고? 한자어와 순우리말이 뜻은 다른데 발음이 같다 보니 오는 혼란이다. '희미하여 분명하지 않다'란 한자어 '애매(曖昧)하다'와 '억울하다'는 순우리말 '애매하다'는 구별해서 써야 한다. 하지만 그게 말처럼 쉽지 않다. 독자 한 분이 명쾌한 해답을 줬다. 한자어 '애매하다'와 '애매모호하다'를 '모호하다'로 쓰면 헷갈릴 일이 없다고 했다.

이런 연유로 우리가 흔히 쓰는 '엄한 사람 잡지 마라' '엄한 짓 하지 마라'는 '애먼 사람 잡지 마라' '애먼 짓 하지 마라'가 사전적으로는 바른 표현이다. 하지만 열에 아홉이 '엄한 사람' '엄한 짓'을 바른 표현으로 알고 있는 '엄한 상황'이 벌어지고 있는 것이다. 어원이 분명함에도 입말의 자리를 빼앗긴 '애먼'으로선 억울하기 짝이 없지만 어쩌랴. 말의 시장에서 누굴 죽이고 살리느냐를 결정하는 건 오로지 언중뿐이니….

---

* 알콩달콩 : 「부사」아기자기하고 사이좋게 사는 모양.

에누리와 차별

'에누리'는 원래 '물건을 팔 때 받을 값보다
더 높이 부르는 깃'을 뜻한 일종의 '바가지'였다.
그러나 대부분의 사람들은 그 반대인
'값을 깎는 일'로 쓴다.

'이 세상에 에누리 없는 장사가 어딨어.' 코미디언 서영춘 씨가 부른 '서울구경'의 한 구절이다. 노랫말 속 '시골영감'이 기차 요금을 깎아달라고 고집을 피우는 대목이다. 그러다 기차가 떠나가려 하자 깜짝 놀라 '깎지 않고 다 줄 테니 나 좀 태워줘'라고 매달릴 때는 웃음보가 절로 터진다.

'에누리'는 원래 '물건을 팔 때 받을 값보다 더 많이 부르는 것'을 뜻했다. 일종의 '바가지'였다. 그러나 대부분의 사람들은 그 반대인 '값을 깎는 일'로 쓴다. 이런 현실을 반영해 우리 사전은 두 가지를 모두 표제어로 올려놓고 있다.

그런 에누리마저 요즘은 한자말 '할인(割引)'과 외래어 '세일' '디스카운트'에 밀려 설 자리를 잃어가고 있다. 더욱이 순우리말 에누리를 일본말로 알고 있는 사람까지 있으니….

'차별'이란 낱말도 에누리와 닮았다. 성 차별, 인종 차별 등 차별이 들어가서 좋은 말은 없다. 그러니 사람들이 입길에 올리는 걸 꺼리는 금기어가 됐다. 그런데 요즘 새로운 흐름이 생겼다. '상품의 차별화'니, '자신만의 차별화된 제작 방식' 등에서 보듯 차별을 권장하는 사례가 등장했다. 즉, 마케팅 전략 차원이나 몸값을 올리려면 차별을 해야 한다는 것이다.

'깨소금 맛'과 '고소하다'도 이중적 표현이다. 깨소금은 볶은 참깨를 빻은 데다 소금을 넣은 것으로, 고소한 맛이 일품이다. 그런데 입길에 오르내리는 '깨소금 맛'은 그게 아니다. 남의 불행을 은밀히 즐긴다는 뜻으로 변해버렸다. '고소하다'도 마찬가지. 언중은 볶은 깨나 참기름 따위에서 나는 맛이나 냄새라는 뜻 외에 '미운 사람이 잘못되는 것을 보고 속이 시원하고 재미있다'는 뜻으로도 쓴다. 사람 사는 세상에서 충분히 예상되는 감정이지만, 없어져도 좋을 낱말이다.

'막다른 데 이르러 어찌할 수 없게 된 지경'을 뜻하는 '이판사판'도 마찬가지. 이판(理判)과 사판(事判)은 불교에서 왔다. '이판'은 속세를 떠나 수도에만 전념하는 일을, '사판'은 절의 재물과 사무를 맡아 처리하는 일을 일컫는다. 이판 일을 하는 스님이 이판승, 사판 일을 하는 스님은 사판승이었다. 한데 언중은 이 둘을 합친 이판사판을 전혀 다른 의미로 쓰고 있는 것이다.

---

* 오그랑장사 : 「명사」 이익을 남기지 못하고 밑지는 장사.
* 듣보기장사 : 「명사」 한군데 터를 잡고 하는 장사가 아니라 시세를 듣보아 가며 요행을 바라고 하는 장사. 오늘날 '떴다방'과 같은 투기상(投機商)이다.

'여
리
꾼

물건 등을 팔기 위해 손님을 부르는 호객꾼을 속되게
이르는 '삐끼'를 대신해 우리말 '여리꾼'을 쓰면 어떨까.
뜻도 분명하고 말맛도 좋다.

연극을 보려는 사람들이 즐겨 찾는 서울 종로구 혜화동 대학로의
낯익은 풍경 하나. 일명 '삐끼'로 불리는 전문 호객꾼이 손님을 끄는
광경이다.

'삐끼.' 물건 등을 팔기 위해 손님을 부르는 호객꾼을 속되게 이르
는 말이다. 삐끼는 끌어당긴다는 뜻의 일본어 '히쿠'의 명사형 '히키'
를 강하게 발음하면서 생긴 말로 보인다. 삐끼는 속된 말이니 삐끼
들로선 억울할지도 모르겠다. 손님을 가게에 소개하고 그 대가로 가
족을 부양하는 사람도 많을 테니 말이다.

삐끼를 대신할 말은 없을까. 좋은 우리말이 없는 것도 아니다.
'여리꾼'이다. 여리꾼은 상점 앞에 늘어서서 손님을 기다린다는 뜻의
'열립군(列立軍)'에서 유래했다. 열립이 '여리'로 변하고 거기에 사람
을 뜻하는 접미사 '꾼'이 붙었다. 여리꾼이 손님을 가게 안으로 끌어
들이는 것을 '여립켜다'라고 한다.

조선시대에 육주비전의 상인들은 아들에게 문서를 볼 정도의 글자와 상인들끼리만 통용되는 변말을 배우게 한 다음 열다섯 살 무렵에 다른 가게의 심부름꾼으로 보냈다. 일종의 상인 수업이다. 스무 살 정도에 상인이 될 자질을 보이면 따로 가게를 내어 독립을 시켰지만 그렇지 못하면 '여리꾼'으로 썼다고 한다.

말의 생명력은 언중에게서 나오지만 명심할 게 있다. 상대를 비하하거나 불쾌하게 만드는 말은 생명력이 길지 않다는 것이다. '거짓말'과 '이야기'를 속되게 이르는 '구라'나 자질구레한 심부름을 맡아하는 사람을 가리키는 '따까리'가 순우리말임에도 입에서 멀어진 것도 그런 연유다.

아 참, '흥정을 붙여주고 보수를 받는 것을 직업으로 하는 사람'을 뜻하는 순우리말로 '주릅'이라는 게 있다. 약재 매매를 중개하는 사람은 약주릅, 집 흥정을 붙이는 사람은 집주릅이다. 요즘의 공인중개사가 집주릅인 셈이다. 두 단어 모두 사전에 올라있다. 복덕방에 해당하는 '집주름방'도 사전에 올라있는데 북한에서 쓰는 표현이다. 북한에서는 '주릅'이 '주름'으로 바뀐 듯하다.

여리꾼, 말하는 사람과 듣는 사람 모두 불편한 삐끼 대신에 쓸 말로 손색이 없다. 뜻도 분명하고 말맛도 좋지 않은가.

---

* 쇠살쭈 : 「명사」 장에서 소를 팔고 사는 것을 흥정 붙이는 사람.

'역대급이라고?

'역대급'은 '어떤 것보다 최고 또는 최악'이라는 긍정과 부정, 모두에 쓴다. '너무'를 긍정적인 의미로도 쓴 것과 닮았다.
과연 생명력을 유지할 수 있을까?

'역대급 한파' '역대급 신인'…. 인터넷상에 떠돌던 정체불명의 낱말 '역대급'이 유행하고 있다. 거의 모든 최상급에 가져다 쓸 정도다. 게다가 '어떤 것보다 최고 또는 최악'이라는 긍정과 부정, 모두에 쓴다. 마치 부정적인 서술어에만 쓸 수 있던 '너무'를 긍정적인 의미로도 쓸 수 있게 된 것과 닮았다.

역대(歷代)는 '대대로 이어 내려온 여러 대 또는 그동안'을 뜻한다. 그리고 '급(級)'은 일부 명사 뒤에 붙어 '그에 준하는'의 뜻을 더하는 말이다. 말법대로라면 부장급처럼 써야 하는 '급'을 역대에 붙일 순 없다. '역대 최고급'을 역대급으로 줄인 꼴이니. '역대 최악의 폭염' '역대 최고의 신인'처럼 써야 옳다. 군이 '급'을 붙이고 싶다면 '역대 최고 수준급 경기'처럼 쓰면 된다.

하지만 어쩌랴. 말의 주인은 언중이다. 역대급이라는 낱말이 생명력을 유지한다면 얘기는 달라진다. 온라인 국어사전인 우리말샘엔 역대급이 표제어로 올라있다.

'폄하(貶下)하다'는 역대급과 정반대다. 신문 방송이 일상생활에서 거의 쓰이지 않던 한자말을 의미를 약간 변형시켜 퍼뜨린 경우다. 이 낱말은 본래 '치적이 좋지 못한 수령을 하등으로 깎아내리는 일'을 뜻했다. 즉, 벼슬을 깎는다는 의미였다. 그런데 언론이 줄기차게 이 낱말을 '깎아내린다'는 뜻으로 사용함으로써 언중도 따라 쓰기 시작했다. 마침내 표준국어대사전은 '가치를 깎아내림'이라는 뜻을 덧붙였다.

'폄(貶)'은 '남을 나쁘게 말함'이고, '폄훼(貶毁)'는 '남을 깎아내려 헐뜯음'을 뜻한다. 그러니까 그냥 깎아내리는 것은 '폄하다'로, 깎아내리면서 헐뜯기까지 한다면 '폄훼하다'를 쓰면 된다.

무엇보다 중요한 건, '폄하하다' '폄훼하다' 같은 어려운 한자어 말고 '깎아내리다'처럼 쉬운 말을 쓰는 것이다. '인격이나 권위 따위를 헐뜯어서 떨어지게 하다'라는 뜻이니 딱 들어맞는다.

* 입길 : 「명사」 이러쿵저러쿵 남의 흉을 보는 입의 놀림. ¶신문에 오르내리고, 남의 입길에 오르내리는 것이, 그는 제일 무서웠다. 《현진건, 적도》

염병

'염병(染病)'은 전염병이라는 뜻 외에 '장티푸스'를 속되게 이르는 말로 예전에 전염병 중 가장 무서운 병이었다. 이 병이 돌았다 하면 마을 전체가 쑥대밭이 되곤 했다.

"죽을죄를 지었다"며 사죄하던 모습은 온데간데없다. "여기는 민주주의 특검이 아니다"라며 어깃장을 놓는다. 최순실 씨의 돌변한 행태다. 이를 지켜보던 한 사람이 소리쳤다. "염병하네."

'염병(染病).' 전염병이라는 뜻 외에 '장티푸스'를 속되게 이르는 말이다. 예전에 장티푸스는 천연두, 콜레라 같은 전염병 가운데서도 가장 무서운 병이었다. 이 병이 한 번 돌았다 하면 마을 전체가 쑥대밭이 되곤 했다. 그래서 전염병 하면 장티푸스가 떠올라 염병이 장티푸스를 가리키게 된 것이다.

오늘날 염병은 흔하지도 않고, 또 걸리더라도 쉽게 치료할 수 있다. 그런데도 염병을 이용한 욕이 언중의 입길에 끊임없이 오르내리는 건 왜일까. 염병에 대한 혐오가 그만큼 컸다는 방증일 성싶다.

'염병할' '염병할 ×'이 많이 쓰인다. '염병할'은 그러니까 무서운 병을 이용해 매우 못마땅함을 나타낼 때 하는 욕이다. '염병할 ×'은

'염병을 앓을 ×'이라는 뜻. 더 지독한 욕도 있다. '염병에 땀을 못 낼 놈'이라는 속담이 그것. 땀을 내면 낫는 병으로 알려진 염병을 앓는 사람에게 땀도 못 내고 죽을 사람이라고 퍼붓는 셈이다.

'50일 전 죽을 죄 졌다더니 첫 재판에서 혐의 모두 부인.' 역시 최씨 재판과 관련한 한 신문 제목이다. 한데 여기엔 두 가지 잘못이 보인다. 먼저 '죽을죄'는 붙여 써야 한다. 문장의 각 단어는 띄어 쓰는 게 맞춤법의 원칙이지만 죽을죄는 '죽다'와 '죄'가 만나 '죽어 마땅한 큰 죄'를 가리키는 새로운 단어가 됐기 때문이다. '돌다리도 두들겨 보고 건너라'는 속담 속 돌다리가 돌과 다리가 합쳐져 하나의 낱말이 됐듯이. 그러고 보니 죽다와 관련한 합성어도 많다. '죽을고(더는 어찌할 수 없게 된 어려운 처지나 지경)' '죽을병' '죽을상(거의 죽을 것처럼 괴로워하는 표정)' '죽을힘' 등이 있다.

두 번째는 '죄를 졌다'가 아니라 '죄를 지었다'로 써야 옳다. '죄를 저지르다'는 뜻의 동사 '짓다'는 ㅅ불규칙용언으로 '죽을죄를 지어/ 짓고/지었다'로 활용된다. 즉 '신세나 은혜를 입다'는 뜻의 규칙용언인 '지다'와 달리 '지어'와 '지었다'를 '져'와 '졌다'로 줄여 쓸 수 없다.

---

* 어깃장 : 「명사」 짐짓 어기대는 행동. ¶사람이란 늙으면 대개의 경우 어깃장도 놓고 이기적으로 된다고들 한다. 《박경리, 토지》

‘염치 불고하고

체면을 차릴 줄 알며 부끄러움을 아는
마음이 ‘염치’다. 이 낱말 뒤에 따르는 동사로
‘불구(不拘)하다’를 쓰는 이가 많지만 ‘불고(不顧)하다’가
옳다. ‘염치를 차리지 못하고’란 뜻이다.

요즘 아이들이 한자를 모르다 보니 우리말을 외국어처럼 외운다
는 기사를 본 적 있다. 하긴 자신의 이름조차 한자로 쓸 줄 모르는
아이들이 많으니 그럴 성싶다. 여러 가지 속뜻을 담고 있는 뜻글자
인 한자어는 어른들에게도 어렵긴 마찬가지다. 그래서일까, 한자어
의 뜻을 지레짐작으로 쓰는 경우가 적잖다. 누군가에게 뭔가를 부탁
할 때 쓰는 상투어 ‘염치 불구하고’도 그중 하나다.

체면을 차릴 줄 알며 부끄러움을 아는 마음이 ‘염치(廉恥)’다. 염우
(廉隅)라고도 한다. 언중은 발음하기 쉬워선지 염치 뒤에 따르는 동
사로 ‘불구(不拘)하다’를 즐겨 쓴다. 불구하다는 ‘얽매여 거리끼지 아
니하다’는 뜻이다. 그러니 ‘염치 불구하고’는 ‘염치 따위는 생각지 않
고 제멋대로’란 뜻이 되어 버린다. 의도하는 것과는 정반대의 뜻이
되어버리니 이상하지 않은가.

바른 표현은 ‘염치 불고하다’다. ‘불고(不顧)하다’는 ‘돌아보지 아니

하다'란 의미이니 '염치 불고하고'는 '염치를 차리지 못하고'라는 뜻. '체면 불구하고'란 말 역시 '체면 불고하고'가 옳다.

　'산증인'과 '향년(享年)'도 가려써야 할 말이다. 산증인은 '어떤 분야의 역사 따위를 생생하게 증언할 수 있는 사람'을 일컫는다. 그런데 이 낱말, 반드시 살아있는 사람에게만 써야 한다. 부고(訃告) 기사 등에서 가끔 '언론계의 산증인' 식으로 살아생전 업적을 기리는데 얼토당토않다. 이와 반대로 죽은 사람에게만 쓸 수 있는 표현이 향년이다. 향년은 '한평생 살아 누린 나이'란 뜻이니 산 사람에게 쓰면 그런 실례가 없다.

　누군가 새로운 직위에 오르면 으레 등장하는 낱말이 '역임(歷任)'이다. '여러 직위를 두루 거쳐 지냈다'는 뜻이다. '여러'라는 조건에서 알 수 있듯이 달랑 한 직위를 언급하고는 '역임했다'고 하면 안 된다. '사회부장, 정치부장, 편집국장을 역임했다'로 써야 옳다. 이런 잘못을 애당초 피하는 방법? '거쳤다'나 '지냈다' 등으로 쓰면 된다.

---

* 터울 : 「명사」 한 어머니의 먼저 낳은 아이와 다음에 낳은 아이의 나이 차이. 어머니가 같은 형제자매, 남매 사이에만 쓸 수 있는 말이다. 이복(異腹) 형제자매에게조차 써선 안 된다.

영계백숙

삼계탕만큼이나 많은 이들이 즐겨 먹는 영계백숙은 어린 닭을 통째로 삶아 만든다. 한자말 '연계(軟鷄)'가 변한 것으로 병아리보다 조금 큰 약병아리가 영계다.

초복(初伏)은 삼복(三伏) 가운데 첫 번째 복날이다. 심한 더위를 일컬어 '삼복더위'라 하니 본격적인 무더위가 시작됐다는 뜻이다. 한자 복(伏)은 '사람 인(人)＋개 견(犬)' 형태로 사람이 개처럼 엎드려 있는 모습이다. '엎드릴 복, 굴복할 복'으로 새긴다. 여름의 더운 기운이 가을의 서늘한 기운을 굴복시켰다는 뜻이다.

복날, 한적한 계곡이나 냇가로 나가 개를 잡아 개장국을 끓여 먹는 풍속을 '복달임'이라 한다. 조선시대에는 복달임으로 첫째 민어탕, 둘째 도미탕, 셋째 개장국을 쳤다. 민어나 도미는 구하기 힘들고 비싸니 개장국은 서민의 음식이다. 개고기에 여러 가지 양념과 채소를 넣고 끓인 국이 개장국이다.

홍석모의 《동국세시기(東國歲時記)》에서는 개장국이 허약한 몸에 영양을 보충해준다고 했다. 보신탕(補身湯)이라는 뜻이다. 개고기를 혐오하는 분위기 때문에 요즘은 복날 대표 음식에서 삼계탕에 많이 밀려나 있다. 그래서일까. 언중이 더러 쓰는 '사철탕' '영양탕'은 사전에 올라있지 않다. 일본에서는 장어가 개장국과 삼계탕을 대신한다.

영계백숙(-鷄白熟). 삼계탕만큼이나 많은 이들이 즐겨 먹는 음식이다. 어린 닭을 통째로 삶아 만든다. 그런데 이 음식 이름의 뜻을 정확히 아는 이가 드물다. '영계＝young＋계(鷄)'로 아는 이도 있다. 나이가 어린 남성이나 여성을 속되게 이르는 말로 '영계'가 있으니 그럴 만도 하다. 하지만 영계의 '영'은 'young'과는 눈곱만큼도 관계가 없다. 한자말 '연계(軟鷄)'가 변한 것이다. 한자 그대로 '연한 닭, 무른 닭'이다. 아직 덜 자라 뼈가 단단하지 않다는 뜻이다. 병아리보다 조금 큰 약병아리가 영계다.

'반가워'가 '방가워'로 소리 나는 것처럼 'ㄴ'은 'ㄱ' 앞에서 'ㅇ'으로 소리 난다(자음동화). 이런 현상에 따라 '연계'가 '영계'로 발음됐는데 오랜 세월을 거치며 마치 그것이 원래 그랬던 것처럼 '영계'로 굳어진 것이다. 국립국어원 웹사전도 '연계'를 '영계'의 원말로 밝히고 있다. 우리말에는 이처럼 순우리말처럼 보이지만 한자어에서 온 게 많다.

서양에서도 가장 더운 때를 'dog days'라고 한다. 개장국과는 전혀 관계가 없다. 큰개자리의 시리우스(dog star)가 태양과 함께 뜨고 지는 7, 8월이 가장 덥기 때문에 나온 말이라나, 뭐라나.

---

* 복달임 : 「명사」 복날에 그해의 더위를 물리치는 뜻으로 고기로 국을 끓여 먹음.

올레길, 둘레길

둘레길과 올레길은 우리 사전에 없다.
그렇지만 많은 이가 입에 올리고 있다.
표제어로 삼는 걸 검토할 때도 됐다고 본다.

북한산 '둘레길', 제주도 '올레길', 강릉 '바우길', 제천 '자드락길'. 둔덕길에 선 나무와 오솔길에 핀 야생초가 걷는 이의 마음을 가볍게 해주는 산책길들이다. 이름도 대부분 고유어와 사투리다. 그래서 신선하다.

'둘레'는 '사물의 테두리나 바깥 언저리'를 뜻하고, '자드락'은 '나지막한 산기슭의 비탈진 땅'이다. 둘 다 고유어다. 그런가 하면 '올레'는 '골목'의 제주 사투리고, '바우'는 '바위'의 강원도 사투리다. 이 중 둘레길과 올레길은 많은 이가 거부감 없이 받아들인다. 표제어로 삼는 문제를 검토할 때도 됐다.

고속도로를 가다 보면 도로의 가장자리에 고장 난 차를 세워 두거나 경찰차 등이 다닐 수 있도록 만들어 놓은 길이 있다. '갓길'이다. 오랫동안 써오던 '노견(路肩)'이라는 일본식 한자어를 우리말로 다듬은 것이다. 휴게소를 쉼터로 쓰는 것도 마찬가지.

정재도 선생(전 한글학회 명예이사)은 생전에 노견을 '길섶'과 '길턱' 같은, 기존에 있던 우리말로 고쳤으면 더 좋았을 것이라며 아쉬워했다. 선생은 무엇보다 갓길 때문에 길섶과 길턱이라는 우리말이 입말에서 멀어지지 않을까 염려했다.

길의 세계에도 정겹고 재미난 낱말이 많다. '빨리빨리'와 '느림의 미학'을 연상시키는 지름길과 에움길이 있다. 질러가는 길보다 돌아가는 길에 별명이 많다. 에움길은 우회로인데 돌길, 돌림길, 두름길 등도 같은 뜻이다. '고샅'은 마을의 좁은 골목길을 말한다.

크고 넓은 길보다 좁고 어려운 길에 관한 표현이 더 많은 것도 흥미롭다. 고생길, 뒤안길, 가시밭길 등이 그렇다. 아마도 인생살이가 힘들어서일 듯싶다. '뚝방길'은 입에는 오르내리지만 사전에는 없다. 신문에서 본 '뚝방길에서의 밀어(密語)'를 표준어인 '둑길에서의 밀어'로 고친다면? 말맛과 정겨움이 뚝 떨어진다.

---

* 뒤안길 : 「명사」 「1」늘어선 집들의 뒤쪽으로 나 있는 길. 「2」다른 것에 가려서 관심을 끌지 못하는 쓸쓸한 생활이나 처지.

'옷깃

'옷깃을 여미다'와 추위는 별 관련이 없다. '여미다'는
'옷깃 따위를 바로 합쳐 단정하게 하다'라는 뜻이다.
추울 때는 옷깃을 세워야 한다.

"이번 주는 한파가 예상되니 옷깃을 단단히 여미고…." 칼바람이
불 때쯤이면 신문 방송에서 심심찮게 접하는 표현이다. 하지만 '옷
깃을 여미다'와 추위는 별 관련이 없다. '여미다'는 '옷깃 따위를 바로
합쳐 단정하게 하다'라는 뜻이다. 즉 흐트러진 차림을 반듯하게 매무
시할 때 쓰는 말이다. 추울 때는 옷깃을 세워야 한다.

언중이 즐겨 쓰는 '옷깃만 스쳐도 인연'이라는 말도 재미있다. 옷
자락이나 옷소매는 스치기 쉽지만 옷깃은 일부러 끌어안기 전에는
스칠 수가 없으니 말이다. 그런데도 누구도 이 말에 거부감을 보이
지 않는다. 굳어진 말은 '상징성'을 갖게 되면서 논리를 넘어선다고
나 할까.

'소맷깃'도 잘못 쓰는 낱말 중 하나다. 많은 이들이 옷깃에 이끌려
옷소매에서 손이 나올 수 있게 뚫려 있는 부분을 '소맷깃'이라 한다.
소매와 깃이 합쳐지면서 사이시옷이 들어간 꼴이니 형태로는 문제

가 없다. 하지만 이는 '깃'을 모르고 하는 말이다. 깃은 '옷깃'의 준말이고 옷깃은 '저고리나 두루마기의 목에 둘러대어 앞에서 여밀 수 있도록 한 부분'이나 '양복 윗옷의 목둘레에 길게 덧붙여 있는 부분'을 가리킨다. 즉 옷깃은 윗옷에만 있지 소매 쪽에는 없다. 바른 낱말은 '소맷귀'다. '소매'와 두루마기(또는 저고리)의 섶 끝부분을 뜻하는 '귀'가 합쳐진 말이다.

'깃'에는 다른 뜻도 있다. 외양간, 마구간, 닭둥우리 따위에 깔아주는 짚이나 마른풀도 깃이다. 물고기가 많이 모이도록 물속에 넣어두는, 잎이 무성한 나뭇가지나 풀포기 따위를 '고깃깃'이라 하는데 이를 줄여 깃이라고도 한다. 때가 잘 타는 이불의 위쪽이나 베개의 겉에 덧대는 천을 가리키기도 한다. 옛날에는 보금자리나 소굴(巢窟)이라는 뜻으로도 쓰였다.

호주머니도 묘한 낱말이다. '호(胡) + 주머니' 구조다. 원래 주머니는 물건을 넣고 아가리를 졸라매서 차는 것이었다. 그 후 주머니를 옷에 달아 만들면서 중국식 주머니란 뜻으로 '호주머니'라고 했다. 만주족의 호복(胡服)에는 주머니가 있었지만 우리 한복과 수의(壽衣)에는 지금도 주머니가 없다. '수의에는 주머니가 없다'는 말은 저승에 갈 때는 재산을 갖고 가지 못한다는 뜻이다.

---

* 옷깃차례 : 「명사」 일의 순서가 오른쪽으로 돌아가는 차례. 한복 옷깃의 왼 자락이 오른 자락 위로 가게 입는 데서 유래한다.
* 마구간(馬廐間) : 「명사」 「1」말을 기르는 곳. 발음에 이끌려 마굿간으로 쓰기 쉽지만 마구간은 3음절로 된 한자어다. 한자어는 두 음절로 된 곳간(庫間), 셋방(貰房), 숫자(數字), 찻간(車間), 툇간(退間), 횟수(回數) 외에는 사이시옷을 받치지 않는다.

유명세

유명세(有名稅)는 유명하기 때문에 치르는
곤욕이나 불편을 세금(稅金)에 빗댄 것이다.
그러므로 '유명세를 치르다'는
부정적인 상황에 써야 한다.

'걸그룹 포미닛 현아는 싸이와 함께 찍은 강남스타일 뮤직비디오 덕분에 유명세를 타고 있다.'

세 번째 솔로 앨범 '어 토크(A Talk)'를 낸 가수 현아의 소식을 전하는 기사다. 평이한 내용이지만 이 기사에는 오류가 있다. '유명세를 타다'라는 표현이다. 신문이나 방송은 물론이고 일상 회화에서도 흔히 접할 수 있는 이 표현, 뭐가 잘못된 걸까.

어떤 단어는 태생부터 쓰임이 제한되는 것이 있다. 이걸 '의미 자질(資質)'이라고 한다. '네 탓, 내 탓'의 '탓'의 의미 자질은 부정적이고, '덕, 덕분, 덕택'은 긍정적이다. '까닭, 때문'은 중립적이다.

'유명세'의 의미 자질은 무엇일까. 한자로 어떻게 쓰는지부터 확인해 보자. 많은 이들은 '유명한 정도나 그런 형세'라는 뜻이니 세력 세(勢)를 쓰는 유명세(有名勢)라고 생각한다. '유명세를 타고 있다'는 표현은 여기에 근거한 것이다.

하지만 유명세(有名稅)가 맞다. 세금 세(稅)를 쓴다. 유명하기 때문에 치르는 곤욕이나 불편을 세금(稅金)에 빗댄 것이다. 쉽게 말해 이름값이다. 그러므로 '유명세를 타다' '유명세를 치르다'라는 표현은 부정적인 상황에 써야 옳다. 따라서 위 문장에서 긍정적 의미의 '뮤직비디오 덕분에'와 부정적 의미의 '유명세를 타고 있다'라는 표현을 붙여 쓴 것은 잘못된 만남이다. 이 경우엔 '명성을 얻다, 인기를 얻다, 유명해졌다' 등으로 쓰면 된다. 다만, 요즘 들어 '유명세를 타다'라는 표현을 긍정과 부정, 어느 쪽으로 써도 거부감을 느끼지 않는 사람이 늘어난 것도 사실이다. 의미 자질이 흔들리고 있는 것이다.

'박인비는 골프 여왕에 등극한 뒤 올 들어 한층 높아진 지명도 속에 유명세까지 톡톡히 치르고 있다.' 스포츠 면에 소개된 기사다. 유명세의 의미를 정확히 짚고 있다.

그리고 보니 이 문장에 쓰인 '등극'이란 표현도 잘못 쓰기 쉬운 낱말이다. 몇 년 전 코미디 프로그램에서 '일등만 기억하는 더러운 세상!'이라는 대사가 유행한 적이 있었다. 그렇다. 등극(登極)은 바로 최고의 자리가 아니면 쓸 수 없는 말이다. 그러니 은메달리스트, 준우승에는 등극을 쓸 수가 없다.

* 곤욕 : 「명사」 심한 모욕. 또는 참기 힘든 일. ¶곤욕을 치르다/곤욕을 겪다.
* 곤혹 : 「명사」 곤란한 일을 당하여 어찌할 바를 모름. ¶예기치 못한 질문에 곤혹을 느끼다.

⟨육개장

육개장은 '개고기를 고아 끓인 국'인 개장에
쇠고기를 뜻하는 '육(肉)'이 붙은 것이다.
즉, 모양은 개장이고, 내용물은 쇠고기라는 뜻이다.

초복, 중복, 말복을 합쳐 삼복(三伏) 혹은 삼경(三庚)이라 한다.

복날이면 많은 이들이 더위를 이기고 몸을 보하기 위해 개장(국)
과 삼계탕 등을 찾는다. 그러나 개장국은 사회 분위기 때문에 점점
삼계탕 등에 밀려나고 있다.

'무더운 여름을 어떻게 넘겼냐고 묻는가?/솥에서 슬슬 끓는 육개
장,/이열치열의 염천 보양식 있어….'('육개장'·신중신) 신 시인의 표
현대로 삶아 찢은 쇠고기에 고사리, 토란줄기 입맛 따라 넣어 얼큰
하게 끓인 육개장도 한때 많은 이들이 즐겨 찾는 보양식 중 하나였
다. 먹거리가 많아져서인지 요즘은 상가에서나 맛볼 수 있을 뿐, 보
양식으로는 그다지 인기가 없다. 표기마저 '육계장'으로 잘못 아는
이가 많다. 닭개장 역시 '닭계장'이라고 한다. 이는 개장이란 어원을
모르고 '닭 계(鷄)'라는 글자를 떠올리기 때문일 것이다.

육개장을 먹을 때마다 드는 의문이 있다. 눈 씻고 찾아봐도 개고

기 한 점 들어있지 않은 육개장에 왜 '개장'이란 말이 붙었을까.

육개장은 '육＋개장' 형태다. '개고기를 고아 끓인 국'인 개장에 쇠고기를 뜻하는 '육(肉)'이 붙은 것이다. 즉, 모양은 개장이고, 내용물은 쇠고기라는 뜻이다. 이는 값싼 개장국을 많이 먹다가 나중에 쇠고기를 넣는 일이 늘어난 때문으로 보인다. '닭개장' 역시 마찬가지다. 영양탕과 사철탕, 보신탕은 분명 개장국과 같은 말이다. '개'라는 단어를 숨기기 위해 만든 말이다. 보신탕은 개장국과 동의어가 됐지만 영양탕과 사철탕은 아직 표제어에 오르지 못했다.

삼계탕(蔘鷄湯)과 계삼탕(鷄蔘湯)도 재미있는 표현이다. 사전 설명대로라면 계삼탕은 '삼계탕'을 한방에서 이르는 말이란다. 그렇다면 언중은 왜 닭이 주인공이고 인삼은 맛을 더하기 위한 조연일 뿐인데 삼계탕이란 표현을 즐겨 쓸까. 인삼이 귀한 약재이다 보니 그리된 것 같다고 추정할 뿐이다.

'벼는 농부의 발걸음 소리를 듣고 자란다'는 말이 있다. 농부가 바빠야 농사가 잘된다는 뜻이다. 농부들도 복날에는 바쁜 걸음 잠시 멈추고 삼계탕 한 그릇이라도 들며 몸을 추슬렀으면 싶다.

---

* 여름낳이 : 「명사」 여름에 짠 피륙. 특히 무명을 이른다. 봄낳이는 봄에 짠 피륙을 가리킨다.

‘을씨년스럽다

‘을씨년스럽다’의 을씨년은 1905년 ‘을사년(乙巳年)’의 변형이라는 설이 유력하다. 우리 민족은 마음이 몹시 어수선하거나 날씨가 우중충하면 ‘을사년스럽다’고 했다.

날씨도 그렇고, 사회 분위기도 ‘을씨년스럽다’. 한 해의 끝자락에서 자주 맞닥뜨리는 이 말, 어디서 왔을까. 낱말 구조를 보면 ‘을씨년＋스럽다’이다. ‘을씨년’이라는 명사에 ‘그러한 성질이 있다’는 뜻의 접미사 ‘−스럽다’가 붙은 게 분명하다. 그렇다면 을씨년의 어원이 궁금해진다.

을씨년은 1905년 ‘을사년(乙巳年)’의 변형이라는 설이 꽤 유력하다. 을사년은 일제가 이완용, 박제순, 이지용 등 을사오적을 내세워 강압적으로 을사조약을 맺은 바로 그해다. 일제는 이 조약으로 조선의 외교권을 빼앗고 통감정치를 실시했다. 이후 우리 민족은 마음이 몹시 어수선하거나 날씨가 우중충할 때면 을사년의 통탄스러운 분위기와 비슷하다 해서 ‘을사년스럽다’고 했고, 시간이 흐르면서 ‘을씨년스럽다’로 바뀌었다는 주장이다.

확실한 근거를 찾긴 어렵다. 조항범 충북대 교수는 이해조의 〈빈상설〉(1908년)이라는 소설에서 '을사년시럽다'라는 말을 찾아내 을씨년이 을사년에서 왔다는 충분한 근거로 볼 수 있다고 했다. 이게 사실이라면 명쾌하긴 한데 생긴 지 100년밖에 안 된 말의 변천 과정이 다른 기록에는 남아있지 않다는 게 의문이다.

을사조약은 '을사보호조약'이라고 해선 안 된다. '보호'라는 말은 일본이 자기나라 중심으로 붙인 사탕발림이기 때문이다. '을사늑약'이 맞다.

북한에서는 '소름이 끼칠 정도로 싫거나 매우 지긋지긋한 데가 있다'고 할 때 '을씨년스럽다'고 한다. '을씨년스럽게 스산하다'는 의미로 '을스산하다'라는 말도 있다고 한다.

'-스럽다'를 붙이는 조어법은 요즘도 있다. 2003년경 검사들이 상식에 어긋난 일을 계속하자 '검사스럽다'는 말이 유행했고, 이 말은 그해 국립국어원 신어사전에까지 올랐다.

일체유심조(一切唯心造)라는 불교 용어가 있다. 모든 건 마음먹기에 달렸다는 뜻이다. 을씨년스러운 분위기도 이 계절만의 선물이라고 생각하면 마음이 조금은 따뜻해지지 않을까.

* 늑약(勒約) : 「명사」 억지로 맺은 조약.

이러면 곤란하지 말입니다

국방부는 2016년 '다·나·까 말투 개선 지침'을 배포했다. 한데 〈태양의 후예〉 때문에 어법에 맞지 않아 금지한 '~말입니다'는 오히려 부활했다.

한 치 앞도 모르는 게 세상사라고 했던가. 대박 드라마 〈태양의 후예〉가 몰고 온 언어세계의 변화를 보면 그렇다. 국방부는 2016년 경직된 군 문화의 상징처럼 여겨지던 '다·나·까 말투 개선 지침'을 배포했다. 공식적으로는 '다·나·까'를 쓰되 내무반 등에서는 '~요'를 써도 된다고 했다. 그런데 〈태양의 후예〉 때문에 공염불이 되어 버렸다. 어법에 맞지 않아 금지한 '~말입니다'는 오히려 완전히 부활했다. 군대 언어의 대표주자로.

"지금 작업 거는 겁니까." 극 중 이치훈(온유)의 미소를 오해한 윤명주(김지원)가 꺼낸 말이다. 이 드라마에서는 이처럼 맛깔나는 대사가 시청자를 즐겁게 한다.

'작업 걸다, 작업 중이다, 작업하다'에서 '작업'은 뭘까? 몰라서 묻느냐고 힐난할 독자들이 많을 줄 안다. 맞다. 이때 작업은 '남자가 여자를, 또는 여자가 남자를 꾀는 일'을 말한다. 그런데 우리 사전의 생각은 다르다. '일'만을 고집한다. 2005년 〈작업의 정석〉이라는 영화가 나올 만큼 '작업'은 젊은이들 사이에선 보편적인 단어로 자리잡았다. 지금도 많은 이가 입에 올린다. 이쯤이면 이 말의 생명력을 인정하고 뜻풀이를 추가할 때도 된 듯하다.

'작업'과 비슷한 낱말이 '수작(酬酌)'이다. '수작을 떨다, 수작을 부리다, 수작을 걸다' 식으로 쓴다. 한자에서 보듯 수작은 '술잔을 서로 주고받는 것'이다. 술잔을 주고받다 보면 자연스레 정도 오가게 마련이어서 뜻이 넓어졌다. 허나 '수작'은 왠지 어감이 좋지 않고 작업의 말맛에 밀려 세력을 잃어가고 있다. 참고로 '짐작'과 '참작', '작정'과 '무작정'도 모두 술 문화에서 나온 말이다.

"군인이면 여친 없겠네요. 빡세서" "와, 얄짤없네" 등에 나타난 '빡세다'와 '얄짤없다'도 재미있다. 군 당국은 빡세다를 '힘들다'로 고쳐 쓰도록 했지만 많은 이가 빡세다를 입에 올린다. '(교과목 등이) 알차다'는 뜻으로 '빡세다'를 쓰기도 한다. '얄짤없다'는 봐줄 수 없거나 하는 수 없다는 뜻. 둘 다 국립국어원의 신어자료집에는 올라있다.

〈태양의 후예〉 때문에 '~말입니다'가 많이 쓰이는 현상을 어떻게 볼 것인가. 군대의 특성을 인정하더라도 어법에서 너무 벗어난 말은 순화하는 게 옳다.

---

* 공염불(空念佛) : 「명사」「1」신심(信心)이 없이 입으로만 외는 헛된 염불. 「2」실천이나 내용이 따르지 않는 주장이나 말을 비유적으로 이르는 말.

'일벌레

'일벌레에게 저녁이 있는 삶을.'
일벌레에게 저녁을 돌려준다는 신선한 소식이다.
하지만 '일벌레'는 '워커홀릭(workaholic)'에 밀려
설 자리를 잃어가고 있다.

'일벌레에게 저녁이 있는 삶을.' 요즘 들어 자주 듣게 되는 표현이다. 처음엔, 난데없이 무슨 소린가 했다. 압축성장의 벨트 위에 올라서서 '더 빨리, 더 열심히'를 외쳐온 우리의 모습과 영 어울리지 않아보였다. 어쨌거나 '일중독'에서 벗어나자니, 일벌레에게 저녁을 돌려준다니, 오랜만에 접하는 신선한 소식이다.

그러고 보니 '일벌레'라는 말은 요즘 '워커홀릭(workaholic·일중독자)'에 밀려 설 자리를 잃어가는 신세다. '월화수목금금금은 기본, 하루 3시간 이상 안 자는 워커홀릭' 같은 표현이 심심찮게 신문에 등장한다. '나는 워커홀릭'이라는, 큼지막한 제목으로도 떡하니 나타나기도 한다. 본문에 '일중독자'를 병기한 것에 고마워해야 할 지경이다.

'워커홀릭.' 몇 년 전만 해도 생소했고, 10년 전쯤에는 영어사전에도 없었다. 그러던 것이 지금은 푸드홀릭(foodaholic), 알코홀릭(alcoholic)과 함께 당당히 올라있다. 아예 '−aholic'이 '중독자' '탐닉

자'를 뜻하는 접미사로 자리를 잡았다. 그 바람에 웹홀릭, 비타민홀릭, 댄스홀릭, 커피홀릭 등 얼토당토않은 낱말이 줄줄이 생겨났다. 우리는 이미 제멋대로 말을 만들어내는 '워드홀릭'에 빠져 버렸는지도 모르겠다.

워커홀릭과 달리 언중의 우리말 사랑으로 태어난 대표적 낱말이 '도우미'다. 1993년 대전 엑스포 때 첫선을 보였다. 그 역시 출발은 만만찮았다. 도우미와 지킴이는 낱말의 됨됨이가 똑같은 경우인데 말의 뿌리를 밝혀 쓰는 방법은 다르다. 그래서 '도움이'로 써야 한다는 주장이 한때 세를 얻기도 했다. 1999년 국립국어원 표준국어대사전에 '도우미'가 표제어로 오름으로써 논쟁은 일단락됐다. 이후 청소년 지킴이, 독도 알림이, 아동 돌보미 등 친근한 낱말들이 생겨나 우리말을 풍성하게 만들고 있다. 새로운 낱말은 조어법의 잣대로만 옳고 그름을 판단할 수 없음을 보여주는 사례들이다.

이쯤에서 웃자라버린 워커홀릭에 밀려 비실거리는 '일벌레'에게 제자리를 찾아주는 건 어떨지. 그 시작과 끝은 역시 '우리말 사랑'이다.

---

* 떡하니 : 「부사」 보란 듯이 의젓하거나 여유가 있게.

잎사귀에 이는 바람?

한동안 '잎사귀'의 충청 지역 사투리 신세였던 잎새는 낱말에 배어있는 심상과 맛깔스러움을 인정받아 표준어가 됐다.

서울 광화문 세종문화회관 뒤뜰에 가면 다소곳이 벤치에 앉아 책을 읽는 소녀 청동조각상을 만날 수 있다. 소녀는 오늘도 윤동주 시인의 '서시(序詩)'를 읽고 있다. '죽는 날까지 하늘을 우러러/한 점 부끄럼이 없기를/잎새에 이는 바람에도/나는 괴로워했다…' 암울한 식민지에서 살아가는 시인의 고뇌를 '잎새에 이는 바람'으로 노래한 이 시는 가히 국민 애송시라 할 만하다.

한데 이 시의 이 구절, '잎새에 이는 바람'은 필자의 마음을 무겁게 한다. 언중이 자연스레 쓰는 '잎새'를 우리 사전은 충청 지역에서 쓰는 '잎사귀의 방언'으로 묶어두고 있어서다. 과연 그럴까. 많은 이가 북간도에서 태어나 서울에서 공부한 윤 시인이 왜 충청 방언을 썼을까 의아해한다. 미국 작가 오 헨리의 단편소설 《마지막 잎새》의 번역자도 충청도 출신이었을까. 설령 둘 다 그렇다손 치더라도 잎새와 잎사귀의 말맛 차이는 어쩔 텐가. 이 시를 읽으며 잎새는 방언이므로 잎사귀로 고쳐야 한다고 생각하는 이가 있을까. 잎새를 방언으로 묶어둔 건 우리 사전의 속 좁음을 보여줄 뿐이다.

잎새를 표준어로 삼아도 전혀 이상할 게 없음을 보여주는 실례(實例)가 여럿 있다. 나래와 내음, 뜨락이 바로 그렇다. 이 세 낱말은 말맛이 좋아 문학작품에 널리 쓰였지만 우리 사전은 나래는 날개의 방언, 내음은 냄새의 방언, 뜨락은 뜰의 북한어라며 오랫동안 표준어로 인정하지 않았다. 그러다 2011년 8월 31일 내음과 나래는 문학적 표현으로 쓸 수 있으며, 뜨락 역시 추상적 공간을 비유적으로 이르는 말로 인정하기에 이르렀다.

문학작품, 특히 시는 낱말 하나가 상처를 입으면 시 전체가 파괴될 만큼 말맛을 중히 여긴다. 따라서 방언으로 쓴 시라 하더라도 시어로서의 가치는 폭넓게 인정하는 게 옳다. 잎새에 배어있는 심상과 맛깔스러움을 인정하고 별도 표준어로 삼는 걸 검토할 때가 됐다.

표준어 원칙에 '서울말'이라는 조건이 달려 있어선지 서울말이 아니면 우리는 너무 쉽게 사투리라고 무시해버린다. 말의 지역적 다양성을 인정하고 널리 쓰는 말은 표준어로 삼아야 한다. 잎새에 이는 바람은 가슴을 파고들지만, 잎사귀에 부는 바람은 그저 스쳐 지나갈 뿐이다.

* 편집자 주 : 저자가 이 글에서 지적한 대로 '잎새'는 문학적 표현에 쓸 수 있게 됐습니다.

노랫말로 널리 알려진

'민들레 홀씨 되어'란 표현은

잘못된 것이다.

민들레는 종자식물이어서

홀씨가 '없다'.

전어 뼈째회

생선 이름에 돈 전(錢)자가 붙었다.
전어(錢魚)다. 싸움 전(戰)에도 하나뿐인 창(戈)이
돈에는 두 개나 들어있다. 돈 싸움을 해서라도
먹어야 할 만큼 맛있다는 뜻일까.

전어(錢魚). 집 나간 며느리가 돌아올 만큼 맛이 있다거나, 대가리 엔 참깨가 서 말이라고 할 만큼 고소하다고 소개하는 것은 이제 식 상하다. 그래도 전어 철이 돌아오면 한 번쯤 먹어보고 싶은 생선임 엔 틀림없다.

왜 생선 이름에 돈 전(錢)자가 붙었을까. 싸움 전(戰)에는 창 과 (戈)가 하나만 들어있지만 돈에는 창이 두 개나 들어있다. 돈 싸움은 전쟁보다 더 격렬하다는 뜻인데, 돈 싸움을 해서라도 먹어야 할 만 큼 맛있다는 뜻일까.

'전어 세꼬시(세코시).' 수족관에 전어가 그득한 횟집에 어김없이 붙어있다. 언중도 '세꼬시'를 즐겨 쓴다. 하지만 우리말이 아니다. 일 본말 '세고시(背越し)'를 되게 발음한 것이다. 작은 생선에서 머리, 내 장 등을 빼내고 뼈째 잘게 썰어낸 것을 뜻한다. 뼈꼬시라는 이도 있 다. 뼈째 먹는 데다 고소하다 해서 그럴 것이다. 물론 표준어가 아니

다. 국립국어원은 2013년 3월 '뼈째회'라는 순화어를 내놓았다. 같은 해 5월엔 생선과 채소, 두부 등을 넣어 맑게 끓인 국을 '지리'가 아니라 '맑은탕'으로 쓰자고 했다.

횟집에서는 유독 일본어를 많이 쓴다. '쓰키다시'도 그중 하나. 가벼운 안주, 전채라는 의미의 일본말을 그대로 쓰고 있는 것이다. '곁들이 안주' 정도로 쓰면 좋을 것이다. '아나고(붕장어)' '우니(성게알)' '사바(고등어)' '가이바시라(조개관자)' '와사비(고추냉이)' 등등 손으로 꼽자면 한이 없다.

이쑤시개를 아직 '요지'라고 하는 사람도 있다. 이 역시 일본어. 버드나무 가지로 만들었다고 해서 버드나무 양(楊)에 가지 지(枝)를 더해 양지(楊枝)로 쓰고 '요지'라고 읽는다.

우리말이지만 헷갈리는 표현도 있다. 맨 나중에 나오는 매운탕을 열이면 열, 서더리탕이라고 하는데 표준어가 아니란다. 바른말은 '서덜탕'이다. 생선의 살을 발라내고 남은 부분, 즉 뼈, 대가리, 껍질 따위를 통틀어 이르는 말이다. 문제는 언중의 입말과 동떨어진 '서덜'만이 표준어라는 것. 형태로 보더라도 서덜에 접사 '이'가 붙어 '서덜이'가 됐다가 소리 나는 대로 굳은 말이 '서더리'라고 볼 수 있다.

가을바람을 느껴가며 여럿이 함께 먹는 전어 뼈째회. 돈(錢)이 아깝지 않다.

* 전어사리 : 「명사」 전어의 새끼.
* 새갈치 : 「명사」 전어의 방언(강원).

젓갈

젓갈의 감칠맛과 독특한 풍미는 매력적이다.
명태로는 크게 세 가지 젓갈을 만든다.
창자로 만드는 '창난젓', 알로 만드는 '명란젓',
아가미로 만드는 '아감젓'이다.

가을의 달빛이 유난히 밝은 추석 명절. 모르긴 몰라도 많은 지방에서 차례상에 조기를 올렸을 것이다. 조기 중의 조기는 참조기다. 담백한 맛이 일품이다. 한데 이 참조기로 만든 젓갈의 이름을 제대로 아는 이는 드물다. 대부분 황새기젓 혹은 황세기젓이라고 한다. 바른 표현은 '황석어젓'이다. 조기는 한자어로 석수어(石首魚), 석어(石魚)다. 이 중 참조기는 누런빛을 많이 띤다고 해서 황석어(黃石魚)라고 한다. 이 단어도 자주 쓰는 입말과는 거리가 있다.

우리 음식을 얘기할 때 빼놓을 수 없는 게 젓갈이다. 건강을 위해 짠맛을 기피하면서 찾는 이가 줄고 있다지만, 그 감칠맛과 독특한 풍미는 여전히 매력적이다. 생선의 내장으로 담근 젓을 구제비젓이라고 하는데 대표적인 것이 창난젓이다. 창난은 명태의 창자를 뜻하는 우리말이다. 명태로 만드는 젓갈은 크게 세 가지인데 나머지 두 개는 알로 만드는 '명란(明卵)젓', 아가미로 만드는 '아감젓'이다. 잠깐, 창난젓을 명란젓에 이끌려 '창란젓'으로 쓰면 안 된다.

젓갈의 세계로 더 들어가 보자. 대구 창자로 담근 젓은 대창젓, 숭어 창자로 담근 젓은 또라젓, 조기의 내장만으로 담근 젓은 속젓이다. 어리젓 가운데 유명한 서산 어리굴젓은 굴로 담근 어리젓이라는 뜻. 어리젓은 '얼간'으로 담갔다는 것으로 '얼간'은 소금을 약간 뿌려 간을 맞추는 방법이다. 됨됨이가 변변치 못하고 덜된 사람을 뜻하는 얼간이도 '얼간'에서 나왔다. 어중간하게 간을 맞췄기에 온전하지 못하다는 의미에서 비롯된 것으로 보인다.

아 참, 온갖 못된 짓을 거침없이 하는 잡놈을 일컫는 '오사리잡놈'도 젓갈(오사리젓)과 관련이 있다. 이른 철의 사리 때에 잡은 해산물을 오사리라고 하는데 이때 물고기를 잡으면 온갖 잡고기가 다 섞인다. 그래서 불량배들을 오사리잡놈이라고 했다는 것이다(《우리말은 재미있다》·장승욱). 이때 잡은 새우로 담근 젓이 오사리젓이고, 유월에 잡은 새우로 담근 젓이 품질이 가장 뛰어난 육젓이다. 말과 맛의 관계는 이처럼 오묘하다.

---

* 곯아도 젓국이 좋고, 늙어도 영감이 좋다 : 「속담」 아무리 늙었어도 오래 정붙이고 산 자기 배우자가 좋다는 말.

정종을 조상에게 올릴 수는 없다

우리나라에서 만드는 청주(淸酒)는 정종이 아니다. 하물며 조상에게 올리는 술을 정종이라고 해선 안 된다. 정종은 일본 술의 상품명이다.

명절이면 조상에게 예를 갖춰 술을 올린다. 이때 쓰는 차례주 가운데 대표적인 것이 청주(淸酒)다. 청주는 '맑은술'이라는 뜻으로 막걸리 같은 탁주(濁酒)와 구별하기 위해 붙인 이름이다. 어떤 술이나 좋아한다는 뜻으로 쓰는 '청탁불문(淸濁不問)'의 청탁은 바로 청주와 탁주에서 나온 것이다.

그런데 청주를 정종(正宗)이라고 하는 사람이 꽤 많다. 정종은 국립국어원 웹사전에 표제어로도 올라있다. '일본식으로 빚어 만든 맑은술'이라고 되어있다. 우리나라의 청주와 똑같다. 사전대로라면 청주와 정종은 동의어다.

납득하기 어렵다. 그래서일까. 국립국어원은 정종의 뜻풀이에 '일본 상품명'이라는 말을 덧붙여 놓았다. 정종은 술의 종류를 지칭하는 게 아니라 '특정 상품의 이름'이라는 사실에 주목하자.

정종은 우연하게 탄생한 이름이다. 1717년 고베에서 창업한 한

양조장이 1840년 새 술을 빚어 놓고 이름을 고민했다. 당시 6대째 인 주인장은 잘 아는 교토의 절을 찾아가 주지의 의견을 듣기로 했다. 그런데 마침 주지의 책상 위에 놓여 있던 《임제정종(臨濟正宗)》이라는 경전이 눈에 들어왔다. 그는 '정종'이 '청주'와 '세이슈'로 발음이 같고 한자도 마음에 들어 새 술 이름을 정종으로 정했다. 이 술은 대박을 쳤다. 전국 각지에서 'ㅇ정종' '△△정종'이라는 술이 쏟아져 나왔다. 그런데 '正宗'은 음으로 읽으면 '세이슈'지만 뜻으로 읽으면 '마사무네'가 된다. 시간이 흐르며 마사무네가 세이슈를 압도해 지금은 마사무네로 읽는다.

1883년 후쿠다라는 사람이 부산에 일본식 청주 공장을 세운 이후 조선에도 여러 종류의 일본 청주가 등장했다. 그중에서도 정종이 제일 잘 팔려 부지불식간에 '정종＝일본 청주'라는 등식이 성립된 것이다. 제품명인 라이방을 선글라스로, 바바리를 트렌치코트로, 봉고를 승합차로, 포클레인을 굴착기라는 뜻으로 쓰는 것과 마찬가지다.

따라서 우리나라에서 만드는 청주는 정종이 아니다. 하물며 조상에게 올리는 술을 '정종'이라고 해서는 더더욱 안 된다. 광복 이후 일본말 순화 운동이 많은 성과를 거둔 게 사실이다. 그럼에도 불구하고 일본 술의 상품명인 정종을 표제어로 두고 있는 것을 어떻게 받아들여야 할까.

---

* 부지불식간(不知不識間) : 「명사」 (주로 '부지불식간에' 꼴로 쓰여) 생각하지도 못하고 알지도 못하는 사이.

'**정화수**

"정한수 떠 놓고…"의 바른말은 '정화수(井華水)'다.
가족의 평안을 빌거나 약을 달일 때 쓰는,
부정 타지 않은 우물물을 뜻한다.

어머니는 이른 새벽에 정성스레 길어온 우물물 한 사발을 장독대 위에 올려놓고 두 손을 모은다. 드라마, 특히 사극에서 한 번쯤은 봤을 법한 장면이다. 지금도 입시철이면 치성을 드리는 어머니 모습에서 민간신앙의 흔적을 엿볼 수 있다.

그런데 이런 장면에서 빠지지 않는 말이 있다. "정한수 떠 놓고…." 깨끗하고 차가운 물이어서 정한수(淨寒水)로 생각하는지 모르지만, 정한수는 우리 사전에 없다. '정안수'도 없다. 둘 다 뜻도 모른 채 입에 굳은 채로 쓰고 있는 것. 바른말은 '정화수(井華水)'다. 가족의 평안을 빌거나 약을 달일 때 쓰는, 부정 타지 않은 우물물을 뜻한다.

'정화수' 하면 떠오르는 '성황당(城隍堂)'은 '서낭당'으로 변해 '원말'로 남은 말이다. '연분홍 치마가 봄바람에 휘날리더라/…/산제비 넘나드는 성황당 길에…'('봄날은 간다')라는 노랫말과 정비석의 단편소설 《성황당》 등에 남아 명맥만 유지하고 있는 실정이다. 이같이 원말이 변한 말에 밀려 거의 쓰이지 않는 사례는 많다. 음달이 응달로, 화살통인 전통(箭筒)이 전동으로 바뀌면서 변한 말이 원말보다 언중의 사랑을 받고 있다. 서낭당에 모시는 신을 일컫는 '성황신'과 '서낭신', 서낭당에서 지내는 제사를 일컫는 '성황제'와 '서낭제'도 똑같은 처지다.

서울 남산 꼭대기에 가면 국사당(國師堂) 터가 있다. 조선 태조 4년(1395년) 12월 조정은 남산 산신을 목멱대왕으로 봉작하고 제사를 지내 받들기로 했다. 국사당은 나라에서 제사를 지내는 사당이라는 뜻. 2016년 2월 종영한 〈장사의 신-객주 2015〉에서 극 중 매월(김민정)이 국사당 마마님이었다.

'비난수'는 무당이 귀신에게 비는 말이다. 죽은 이의 말을 무당이 대신 전달해주는 것을 '손대잡이'라 한다. 그런가 하면 무당이 굿을 의뢰한 사람에게 꾸지람을 늘어놓는 걸 '푸념'이라고 한다. '내림대'는 굿을 하는 동안 무당이 가족이나 친척들에게 붙잡고 있게 하는 대나무나 소나무 가지다. 미지의 세상을 향한 안테나라고나 할까.

---

* 넋두리 : 「명사」「1」불만을 길게 늘어놓으며 하소연하는 말. 「2」「민속」굿을 할 때에, 무당이나 가족의 한 사람이 죽은 사람의 넋을 대신하여 하는 말.

제비 생각

연과(燕窠), 연소(燕巢), 연와(燕窩)는 모두 '제비집'을 뜻하는 한자어다. 이 어려운 한자어는 다 올라있는데 정작 알기 쉬운 제비집은 표제어에 없다.

음력 3월 초순에는 우리나라를 찾아온다는 제비. 그렇지만 요즘 도심에서는 거의 자취를 감췄다. 지지배배… 지지배배…, 지절대는 그 소리가 그리워지는 요즘이다.

제비 하면 새만 있는 게 아니다. '인간 제비'도 있다. '제비족'의 인상은 좋지 않지만 1989년 방영된 〈왕룽일가〉에서 "예술하자(춤추자)"며 여인네들을 등치던 제비족 '쿠웨이트 박(최주봉)'은 나름 귀엽기도 했다. 하지만 제비로선 여간 분통 터질 노릇이 아니다. 새끼들을 굶기지 않으려 쉴 새 없이 벌레 등을 잡아 먹이는 자신을 제비족과 관련지으니 말이다.

'제비족.' 유흥가를 전전하며 돈 많은 여성에게 붙어사는 젊은 남자를 말한다. 이 말, 어디서 왔을까. 우선 '제비'의 외모에서 왔다는 설이다. 몸매가 매끈하고 보기 좋은 사람을 '물 찬 제비'라고 하듯 제비족도 춤 솜씨가 빼어나고 매너도 좋으니 그럴듯하다. 또 하나는 일본에서 여자에게 빌붙어 사는 젊은 남자를 '제비(燕·쓰바메)'라고 부른 데서 온 것으로 본다(《정말 궁금한 우리말 100가지》·조항범). 일본의 '쓰바메'나 우리의 '제비족'이나 있어서는 안 될 인간인 건 마찬가지다.

제비의 서러움은 이뿐 아니다. 혹시 연과(燕窠), 연소(燕巢), 연와(燕窩)라는 말을 들어보셨는지. 모두 '제비집'을 뜻하는 한자어다. 하나같이 뜻을 파악하기커녕 읽기도 만만찮다. 이 어려운 한자어는 다 올라있는데 정작 알기 쉬운 제비집은 표제어에 없는 게 우리 사전이다. 그런가 하면 제비꽃을 일상적으로 이르는 말로 오랑캐꽃을 올려놓고 있다. 제비꽃이라는 예쁜 이름을 쓰면 어디 덧나나.

'제비추리'라는 말은 제비와는 전혀 관련이 없다. 소주 안주로 많이 구워 먹는, 소의 안심에 붙은 고기다. 이를 '제비초리'로 잘못 아는 사람도 있지만 제비초리는 뒤통수나 앞이마의 한가운데에 골을 따라 아래로 뾰족하게 내민 머리털을 뜻하니 번지수가 영 다르다.

참, '꾀다'의 잘못으로 묶여있던 '꼬시다'도 당당히 표준어가 됐다. 언중이 '꾀다' '꼬이다' 같은 표준어 대신 말맛이 좋은 '꼬시다'를 더 많이 사용한 결과다.

---

* 꽃제비 : 「명사」 일정한 거주지 없이 먹을 것을 찾아 떠돌아다니는 북한의 어린아이들을 이르는 말.

젠장!

언중은 너나없이 '젠장할!'을 입에 올린다.
입말에서 멀어진 '난장칠'만 고집하지 말고
'젠장할'을 받아들일 때가 됐다.

몇 년 전 법원의 한 1심 판결은 화제를 모았다. 한 검사장이 기업체 대표에게서 받은 9억5000여만 원을 뇌물로 보기 어렵다고 해서다. 이유인즉슨 직무 연관성과 대가성이 입증되지 않은 데다 두 사람은 일반적인 친구 사이를 넘어 '지음(知音)의 관계'란다. 지음은 중국 춘추시대의 거문고 명인 백아가 자기의 '소리를 알아준' 벗 종자기가 죽자 자신의 거문고 줄을 끊었다는 데서 유래한다. 열자(列子)의 '탕문편(湯問篇)'에 나온다. 이 판결대로라면 사람들은 이제 뇌물을 주고받는 걸 비난할 게 아니라 기업체 대표 같은 친구를 두지 못한 자신을 탓해야만 한다. 젠장!

'젠장'은 뜻에 맞지 않거나 불만스러울 때 혼자서 하는 욕이다. '제기 난장'의 준말이다. '제기'는 '제기랄'이고, 난장(亂杖)은 조선시대에 매로 몸 전체를 마구 때리던 고문을 말한다. 난장이 '치다' '맞다'와 호응해서인지 사전엔 '난장칠' '난장맞을'이 표제어로 올라있다.

한데 이상하다. 언중은 너나없이 사전에도 없는, '제기랄, 난장을 맞을'의 준말인 '젠장할!'을 입에 올린다. 입말에서 멀어진 '난장칠'만 고집할 게 아니라 '젠장할'을 표제어로 삼는 걸 검토할 때가 왔다.

일이 뜻대로 되지 않아 속이 상할 때 하는 '빌어먹을!'이란 욕도 있다. 많은 이가 '빌어먹다'는 구걸의 뜻으로, '비러먹다'는 욕으로 알고 쓰지만 우리 사전은 '빌어먹다'만을 인정한다. 그래 놓고선 '빌어먹다'엔 '남에게 구걸하여 거저 얻어먹다'라는 뜻풀이뿐이다. '빌어먹다'에 '화가 나서 혼자서, 또는 어떤 대상을 욕할 때 쓴다'는 뜻풀이를 추가해야 한다.

'인마'도 흔하게 들을 수 있는 욕이다. 친한 사이엔 친근감마저 준다. '임마'라고 하는 이도 있지만 인마가 옳다. '이놈아'의 준말이기 때문. 우리말에서 한 낱말이 줄어들 때는 사라지는 말의 첫소리가 앞말의 받침으로 들어가고, 끝소리는 뒷말의 첫소리가 된다. '이놈아'에서 '놈'의 첫소리 'ㄴ'은 '이'의 받침으로 들어가고, '놈'의 끝소리 'ㅁ'은 뒷말의 첫소리로 넘어가 '마'로 바뀌었다. 그렇다면 '야 이놈아'의 준말은? 얌마가 아닌 '얀마'다.

* 배라먹다 : 「동사」【…을】(속되게) 남에게 구걸하여 거저 얻어먹다.

주책바가지

주책바가지의 '주책'은 한자어 '주착(主着)'이
변한 말이다. 주착은 본래 '줏대 있고 자기 주관이
뚜렷해 흔들림이 없다'란 뜻인데 지금은 아는 이도,
쓰는 이도 별로 없다.

선거에 나서는 일부 후보자를 보면 떠오르는 낱말이 있다. '주책
바가지'다. 너무 심한가. 이들은 복지 천국을 주장하다가도 경제 악
화엔 너나없이 '네 탓'이라고 우기니 그런 말을 들어도 싸다.

주책바가지의 '주책'은 한자어 '주착(主着)'이 변한 말이다. '초생
달'이 '초승달'로 바뀐 것처럼 주책은 이제 고유어처럼 쓰이고 있다.
주착은 본래 '줏대가 있고 자기 주관이 뚜렷해 흔들림이 없다'란 뜻.
지금은 아는 이도, 쓰는 이도 별로 없다.

'주책없다'와 '주책이다'. 언중은 두 말을 모두 쓴다. 반대되는 말
을 똑같은 뜻으로 쓰고 있으니 하나만 표준어일 터. '주책없다'가 맞
는 말이다. 많은 이가 "그 사람 참 주책이야"라는 식으로도 쓰지만
틀린 말이다.

그런데 정말로 틀렸다고 할 수 있을까. '우연하다'와 '우연찮다',
'엉터리'와 '엉터리없다'를 보면 답을 얻을 듯싶다. 두 낱말군은 글꼴

로 보면 반대지만 같은 의미로 쓰고 있고, 둘 다 표준어로 인정받았다. 언중의 말 씀씀이가 단어의 뜻을 바꿔 버린 것이다.

'주책이다' '주책떨다'도 언젠가는 '주책없다'와 같은 뜻이 될지 모른다. 물론 언중이 지금처럼 '주책이다'를 많이 써야 하지만…. 표준어 여부와 상관없이 '주책이다'를 많이 쓰는 이유는 '주'자를 술 주(酒)자와 연관시켜 술에 취해 횡설수설하거나 실수하는 것을 연상하기 때문은 아닌지.

비슷한 사례는 또 있다. "그 후보 밥맛이야"가 그렇다. 이때 '밥맛'은 어떤 맛일까. '밥맛'은 '밥의 맛' '밥 등 음식을 먹고 싶은 마음'을 가리킨다. '밥맛이 없다'고 떼어 쓰면 '음식 먹을 기분이 나지 않는다'란 뜻. 그럼, '밥맛없다'라고 붙여 쓰면? '아니꼽고 기가 차서 정이 떨어지거나 상대하기가 싫다'는 전혀 새로운 뜻이 된다.

언중은 여기서 한발 더 나아가 '밥맛이야'라고 부정어를 떼어버리고도 부정어로 사용하고 있는 것이다. '싸가지 없는 사람'을 '걔 싸가지야'라고 하듯 말이다. 물론 '밥맛이야' '주책이야' '싸가지야'처럼 부정어를 생략한 어법은 아직은 표준어로 인정받지 못하고 있다.

---

* -바가지 : 「접사」 (일부 명사 뒤에 붙어) '매우 심함'의 뜻을 더하는 접미사. 속되거나 놀림조에 쓰인다. ¶고생바가지/주책바가지.

`진달래와 철쭉

같은 진달랫과인데도 진달래는 참꽃으로,
철쭉은 개꽃으로 불린다. 왜일까.
먹을 수 있느냐 없느냐의 차이 때문이다.

봄이 오면 어김없이 산과 들은 불이라도 난 듯 붉게 물든다. 이 계절을 봄답게 만드는 주역 중 하나는 역시 너른 야산에 흐드러지게 피는 진달래와 철쭉이다.

그런데 둘의 처지는 천양지차다. 같은 진달랫과인데도 진달래는 참꽃으로, 철쭉은 개꽃으로 불린다. 왜일까. 먹을 수 있느냐 없느냐의 차이 때문이다. 진달래는 칡, 쑥처럼 춘궁기(春窮期)나 흉년에 밥 대신 배를 채울 수 있는 구황식물(救荒植物)이다. 반면 철쭉은 독성이 있어 먹을 수 없다. 철쭉은 억울하겠으나 목구멍이 포도청인 시절에 붙은 이름이니 누굴 탓하랴.

참꽃의 '참–'은 '진짜'와 '썩 좋다'는 뜻을 가진 접두사다. 참꽃, 즉 진달래는 '진짜 달래'라는 뜻이다. '개–'는 진짜나 좋은 것이 아니라는, 보잘것없다는 뜻을 담고 있다. 개꿈, 개살구, 개나리 같은 낱말들을 봐도 알 수 있다.

개나리? 개나리의 '개-'가 별 볼 일 없다는 뜻이라면 고개를 갸웃할 독자들이 많을 줄 안다. 그러나 앞에 예를 든 '개나리'는 봄의 대표적 전령사이자, '나리 나리 개나리 입에 따다 물고요'('봄나들이'·윤석중 작사 권태호 작곡)에 나오는 물푸레나뭇과의 그 개나리가 아니다. 야생하는 나리의 총칭인 '개-나리'를 말한 것이다.

진달래 하면, 김소월 시인이 자연스레 떠오른다. 애절한 사랑과 이별, 그리고 한(恨)을 호소력 있게 표현한 그의 시 '진달래꽃'은 국민 애송시다. 가수 마야가 노래로 불러 히트하기도 했다. 이 시의 한 대목, '가시는 걸음 걸음/놓인 그 꽃을/사뿐히 즈려밟고 가시옵소서'에 나타나는 '즈려밟다'는 표준어가 아니라는 사실을 아시는지. '위에서 내리눌러 밟다'라는 의미의 바른말은 '지르밟다'이다. 이때의 '지르-'는 '내리누르다'라는 뜻을 지니고 있다. 신이나 버선 따위를 뒤축을 눌러 신는 게 '지르신다'이고, 아랫니와 윗니를 꽉 눌러 무는 게 '지르물다'이다.

철쭉에는 산철쭉, 왜철쭉, 황철쭉 등이 있다. 이 중 왜철쭉을 많은 사람들이 '연산홍'이라고 부르는데 바른말은 '영산홍(映山紅)'이다. 말 그대로 '산을 붉게 비치게 한다'는 뜻이다.

---

* 목구멍이 포도청 : 「속담」 먹고살기 위해서는 안 될 짓까지 하지 않을 수 없음을 이르는 말. ≒입이 포도청
* 먹고살다 : 「동사」 생계를 유지하다. 이때는 한 낱말이므로 붙여 쓴다. ¶요즘은 먹고살기가 정말 힘들다.

짬뽕

경직된 어문규범에 대한 저항의 상징이었던
짜장면은 2011년 표준어가 됐다.
짬뽕은 아직도 중국 음식인 '초마면(炒碼麵)'으로
고쳐 사용하란다. 웃기는 짬뽕이다.

"난 짬뽕." KBS 코미디 프로그램 〈한바탕 웃음으로〉의 코너였던 '봉숭아학당'에서 맹구(이창훈)가 유행시킨 말이다. 선택의 순간, 그는 언제나 남들과 달리 자지러질 듯한 목소리로 '짬뽕'을 외쳤다. '봉숭아학당'은 나중에 〈개그콘서트〉에서도 인기를 끌었다.

지금도 중국집에만 가면 짬뽕과 짜장면을 놓고 고민하는 이들이 많다. 허나 먹거리 세계와 달리 현실에선 짜장면의 처지가 훨씬 낫다.

경직된 어문규범에 대한 저항의 상징이었던 짜장면은 2011년 8월 31일 표준어가 됐다. 그러나 짬뽕은 아직도 중국 음식인 '초마면(炒碼麵)'으로 고쳐 사용하란다. 사전대로라면 중국집에 가서 '초마면 주세요'라고 해야 옳다. 초마면이라는 말조차 모르는 사람이 태반인데 어떻게 초마면으로 순화할 수 있겠는가.

사전은 짬뽕을 '국수에 각종 해물이나 야채를 섞어서 볶은 것에 돼지 뼈나 소 뼈, 닭 뼈를 우린 국물을 부어 만드는' 중화요리의 하

나라고 설명한다. 1999년에 나온 표준국어대사전과 비교해 보면 '소
뼈, 닭 뼈' 등만 더해졌을 뿐 초마면으로 순화해서 사용하라는 건 그
대로다.

짬뽕은 어디에서 만들어졌을까. 19세기 후반 일본 나가사키에 살
던 중국 푸젠성 출신 천핑순(陳平順)이 개발한 것으로 알려져 있다.
그는 가난한 중국인 유학생과 노동자들을 위해 값싸고 푸짐한 요리
를 개발했다. 그게 '나가사키 잔폰'이다. 개항기 때 우리나라에 들
어와 '짬뽕'으로 정착했다고 한다. 그래서일까. 우리 사전은 '짬뽕
(일 · champon)'을 일본말로 규정하고 있다.

나가사키 잔폰은 우리가 먹는 짬뽕과 달리 맑은 국물의 맵지 않
은 요리다. 우리나라의 짬뽕은 고추기름과 고춧가루를 쓰면서 빨갛
고 얼큰한 맛으로 바뀌었다. 짬뽕의 뿌리는 초마면일지 모르지만
100여 년의 세월을 거치며 우리 입맛에 맞는 음식으로 재탄생한 것
이다. 이걸 일본을 거쳐 중국까지 거슬러 올라가 '초마면'으로 순화
하라니….

짬뽕은 음식에만 있는 것도 아니다. 언중은 짬뽕을 '짬뽕 인생'
'소주 맥주에 양주까지 짬뽕으로 마셨다'처럼 서로 다른 것을 뒤섞었
다는 의미로 확장해서 사용한다. 짬뽕은 그야말로 시간과 정서가 쌓
이면서 의미와 용도가 늘어나고 있는 낱말이다.

* 먹거리 : 「명사」 사람이 살아가기 위하여 먹는 온갖 것. '먹다'의 어간 '먹-'에 바로 의존 명사
'거리'가 붙는 것은 불가능하다는 의견에 한동안 쓰임새를 인정받지 못했다. 국립국어원은 2011
년 표준어인 '먹을거리'와 뜻과 말맛이 다름을 인정해 별도 표준어로 삼았다.
* 먹을거리 : 「명사」 먹을 수 있거나 먹을 만한 음식 또는 식품. 이 낱말은 원래 '먹을 거리'로 관
형사형이 명사를 수식하는데, 지금은 하나의 단어로 굳어진 합성어로 붙여 쓴다.

‘
쩨
쩨
하
다

‘사람이 잘고 인색하다’를 뜻하는 ‘쩨쩨하다’를
‘째째하다’로 아는 이가 많다.
하지만 우리말에 ‘째째하다’는 없다.

‘새파랗게 젊다는 게 한밑천인데／쩨쩨하게 굴지 말고 가슴을 쫙
펴라／내일은 해가 뜬다∼.’

삶이 팍팍할 때면 한 번쯤 목청껏 불러 젖혔을 대중가요 ‘사노라
면’의 한 구절이다. 한데 노랫말 가운데 ‘사람이 잘고 인색하다’를 뜻
하는 ‘쩨쩨하다’를 ‘째째하다’로 아는 이가 많다. 하지만 우리말에는
‘째째하다’가 없다.

‘말이나 행동이 경솔해 위엄이나 신망이 없다’란 뜻의 ‘채신없다’
도 그렇다. 흔히들 이 말을 ‘몸 체(體)’에 ‘몸 신(身)’이 더해진 ‘체신’으
로 알고 ‘체신없다’라고 한다. 얼토당토않다. 한자 풀이대로라면 ‘몸
뚱이가 없다’는 이상한 뜻이 되고 만다.

채신은 처신(處身 · 세상을 살아가는 데 가져야 할 몸가짐이나 행동)이
세월을 거치면서 고유어처럼 굳어진 말인데, 사전은 ‘처신을 낮잡아
이르는 말’로 설명한다. 그래서 한글로만 쓴다. 채신은 또 단독으로

는 잘 쓰이지 않고 주로 '~없다, ~사납다'란 말과 어울려 부정적 의미를 나타낸다. '채신사납다'는 '몸가짐을 잘못해 꼴이 몹시 언짢다'는 뜻이다.

'채신머리없다' '채신머리사납다' 같은 표현도 자주 볼 수 있는데, '채신머리'는 '처신'을 속되게 이르는 말이다. 싹수머리, 인정머리, 주변머리, 주책머리에서 보듯 '머리'는 일부 명사 뒤에 붙어 비하의 뜻을 더하는 접미사다.

쩨쩨하다와 비슷한 낱말로는 '쪼잔하다'와 '쫀쫀하다'를 들 수 있다. 그런데 이 둘의 쓰임새가 재미있다. 쪼잔하다는 한때 말의 세계에서 서러움을 겪었으며, 쫀쫀하다는 본래의 좋은 의미에서 부정적 의미로 바뀌었다.

쪼잔하다는 언중의 말 씀씀이에 힘입어 뒤늦게나마 표제어로 올랐지만 작은말인 '조잔하다'는 여전히 전남 지방의 사투리로 묶여있다. 그런가 하면 쫀쫀하다는 본래 '피륙의 발 따위가 잘고 곱다'를 뜻했으나 요즘은 '소갈머리가 좁고, 인색하다'라는 뜻으로 쓰인다. 피륙을 촘촘하게 짜듯이 아주 작은 일까지 신경 써서 손해를 보지 않으려는 데서 부정적 의미가 생겨난 것이다.

---

* 새알꼽재기 : 「명사」 「1」새알처럼 아주 작은 물건이나 분량을 비유적으로 이르는 말. 「2」좀스럽고 옹졸한 사람을 낮잡아 이르는 말.

쪽밤과 쌍동밤

밤송이가 저절로 벌어지면서 떨어지는 밤톨을 알암이라는 이가 많지만 '아람'이 옳다. 한 톨에 두 개의 알이 든 밤의 표준어는 '쌍동밤'이다.

"툭, 투둑 툭." 가을 햇살에 영근 밤알이 저 혼자 떨어져 내린다. 밤나무마다 소담스러운 밤송이를 주렁주렁 매달고 있다. 생밤을 하나 집어 보늬를 벗기고 깨물면 풋풋한 향내가 난다. 가을 냄새다.

밤송이가 저절로 벌어지면서 떨어지는 밤톨을 뭐라고 할까. 밤알에 이끌려 알암이라는 이가 많지만 '아람'이 옳다. 도토리나 상수리가 익어 저절로 떨어진 것도 아람이다. 보늬는 밤이나 도토리 등의 속껍질을 말한다. '버네(경기·충남)' '버니(경북)'라고도 한다.

한 톨에 두 개의 알이 든 밤은? '쪽밤'을 떠올리는 사람이 많겠지만 표준어는 '쌍동(雙童)밤'이다. '의미가 똑같은 형태가 몇 가지 있을 때 압도적으로 널리 쓰이는 단어만을 표준어로 삼는다'는 표준어 규정에 따른 것이다.

복수표준어를 허용하는 편인 북한은 쪽밤과 쌍동밤은 물론이고 쌍둥밤까지 인정한다. 이 중 쌍둥밤은 우리말법으로는 허용하기가 곤란한 낱말이다.

1988년 표준어 규정을 개정하면서 '막동이'를 '막둥이'로, '쌍동이'를 '쌍둥이'로 바꿨다. 그래서 쌍둥밤도 표준어가 안 될 이유가 없다고 생각할는지 모른다. 그렇지 않다. '쌍동이'가 '쌍둥이'로 바뀐 것은 한글 어미인 '-동이'가 '-둥이'로 바뀐 것이니, 한자어 '아이 동(童)' 자를 한글 '둥'자로 바꿀 수 있는 근거는 되지 못한다. 그러니 한 태(胎)에서 나온 두 아들은 쌍동아들이 아닌 '쌍동아들'이 맞다. 굳이 '-둥이'를 쓰고 싶다면 '쌍둥이 아들'로 쓰면 된다.

배, 복숭아, 사과 등을 넣고 담근 술도 남북한의 이름이 다르다. 우리는 과실주를 표준어로, 북한은 과일술을 문화어로 삼고 있다. 많은 사람이 쓰는 과일주는 표준어가 아니다. 과일과 과실은 같은 낱말이고 과실주와 과일술의 뜻도 같은데 달리 쓰는 까닭은 왜일까.

'멀국'과 '말국'도 쪽밤과 비슷한 처지다. 우리는 '국물'만 표준어로 인정하고 있다. 그런데 가만, 국물과 멀국은 과연 같은 뜻일까. 멀국과 말국은 콩나물국이나 설렁탕의 국물처럼 '멀건 국' '말간 국'이다. 이에 비해 국물은 건더기와 온갖 양념이 다 들어간 불투명한 국이다. 충분한 검토 없이 멀국을 국물의 사투리로 내친 것은 분명히 잘못됐다(《방언의 미학》·이상규). 멀국과 말국은 독자적인 언어 세력과 의미를 가진 우리말로 독립시켜야 한다.

* 소담스럽다 : 「형용사」 「1」생김새가 탐스러운 데가 있다. 「2」음식이 풍족하여 먹음직한 데가 있다.

찌라시

표준국어대사전에는 '찌라시'는 없고
'지라시'만 있다. 허나 언중의 말 씀씀이는
딴판이다. 대부분 찌라시라고 한다.
누가 언어의 세계에서 살아남을까?

선거철이면 어김없이 음해성 '찌라시'가 난무한다. 오죽하면 경찰이 '선거 찌라시'를 집중 단속하겠다고 했을까.

'찌라시.' 익명성을 이용해 유포하는 사설 정보지나 증권가 정보지를 말한다. 이른바 '카더라 통신'이다. 일본어 '散らし'를 한글로 옮긴 것이다. 몇 년 전 한 정치인이 국가 기밀을 "찌라시에서 봤다"고 해 논란이 일었고, 〈찌라시: 위험한 소문〉이라는 영화까지 나왔다. 그러나 사전 속에서는 여전히 푸대접을 받고 있다.

표준국어대사전에는 '찌라시'는 없고 '지라시'만 있다. 지라시도 '낱장 광고' '선전지'로 순화하라고 권고하고 있다. 외래어표기법에 따라 일본어 어두에는 'ㄲ, ㄸ, ㅃ, ㅉ' 등 된소리를 쓸 수 없다. '쓰시마 섬'에서 보듯 'ㅆ'만 예외다. 그러므로 '찌라시'는 틀리고 '지라시'가 맞다. 허나 언중의 말 씀씀이는 딴판이다. 대부분 찌라시라고 한다. 《고려대 한국어대사전》은 찌라시를 인정해 둘 다 표제어로 삼고 있다.

선거철이면 으레 나오는 '봇물 터지다'와 '안갯속'이란 말도 재미 있다. '봇물 터지다'는 말 그대로 봇물이 터지는 걸 뜻하는 게 아니 다. '각종 방위사업 비리가 봇물 터지듯 나오는…'처럼 어떤 상태나 현상이 급격하게 많이 발생할 때 쓴다. 이를 '봇물이다' '봇물처럼…' 으로 쓰는 이도 많지만 봇물은 '터지다'와 함께 써야 하는 관용구인 셈. 하지만 '봇물 터지다'라는 말은 아직 예문으로만 제시됐을 뿐 관 용구에는 오르지 못했다.

'안갯속'도 마찬가지다. 이 낱말 역시 안개가 끼어있는 상황을 가 리키는 게 아니라 어떤 일이 어떻게 이루어질지 모르는 상태를 뜻 한다. 오리무중(五里霧中)과 비슷하다. 안개가 자욱하게 끼어있는 상 황을 가리키려면 '안개 속'이라고 해야 한다. 한 단어가 아니므로 띄 어 쓰는 게 옳다. 이와 비슷한 낱말로 '뱃속'과 '배 속'이 있다. 뱃속은 '마음'을 속되게 이르는 말이고, '배 속'은 글자 그대로 '배의 안'을 가 리킨다.

아 참, 많은 이가 '이미 썼던 내용을 다시 써먹다'는 뜻으로 '울궈 먹다'를 쓰지만 '우려먹다'가 표준어이다. '울궈먹다, 울궈내다'는 '우 리다'의 경기·함경 사투리인 '울구다'에서 나온 말이다. 울궈먹다는 말맛이 강해선지 우려먹다와 우려내다 못지않은 세력을 갖고 있지 만 아직은 사전 밖에 있다.

---

* 오리무중(五里霧中) : 「명사」 오 리나 되는 짙은 안개 속에 있다는 뜻으로, 무슨 일에 대하여 방 향이나 갈피를 잡을 수 없음을 이르는 말.

❛ 찌질이

'보잘것없고 변변하지 못하다'는 뜻의
'지질하다'의 어근 '지질'에 명사화 이미 '-이'가
붙은 '지질이'를 되게 발음한 것이 '찌질이'다.
많이 쓰이지만 표제어는 아니다.

우리나라만큼 욕이 발달한 나라도 드물다고 한다. 외국인은 좀처럼 이해하기 어려울 정도로 종류와 표현이 다양하다. 그래서일까. 방송 드라마엔 욕에 가까운 말이 심심찮게 등장한다.

몇 년 전 방영된 〈왕가네 식구들〉에서 나온 '찌질이'도 그중 하나다. 극 중 아들의 친구나 오빠에게 "찌질이 왔냐" "너 같은 찌질이에게는 안 얻어먹는다"며 시도 때도 없이 사용한다. 그러다 어느샌가 그 찌질이는 욕하는 사람의 사위와 남편이 된다.

찌질이. '보잘것없고 변변하지 못하다'는 뜻의 '지질하다'의 어근 '지질'에 명사화 어미 '-이'가 붙은 '지질이'를 되게 발음한 것이다. '술 취해 옛 연인에게 전화하는 찌질남' '찌질하고 찌질했던 내 스무 살의 흔적들' 등으로 많이 쓰이지만 아직 표제어는 아니다. 의미는 계속 확장 중이다. 강자에게 약하고 약자에겐 강한 비열한 인간, 남과 잘 어울리지 못하는 외톨이, 별로 도움이 안 되는 하찮은 존재 등으로도 쓰인다.

'찌질하다'와 '찌질찌질'도 '지질하다'와 '지질지질'의 센말. 많은 이가 쓰고 있으나 이 역시 표제어는 아니다. '지지리 못난 놈'이라고 할 때 지지리 역시 지질이에서 왔다.

말맛 때문에 된소리를 쓰는 사람이 늘어난 건 사실이다. 그렇다고 무슨 말이든 세게만 발음할까. 단언컨대, 아니다. '지질구질하다'를 보자. 지질하다와 구질구질하다가 합쳐진 말인데, 이를 찌질구질, 찌질꾸질하다고는 하지 않는다. 언중은 된소리를 즐기면서도 뜻을 구별해 쓰임새에 맞게 쓰고 있는 것이다.

사전에 없는 말이라고 해서 쓸 수 없는 것은 아니다. 찌질이는 사전이 미처 싣지 못했을 뿐이다. 다만, 찌질이는 사전에 오른다고 해서 마구 쓸 수 있는 말도 아니다. '애칭'이 아니라 욕으로 변했기 때문이다.

* 지질구질하다 : 「형용사」 보잘것없고 변변하지 못하며 더럽고 지저분하다. ¶그 친구는 달동네에서 지질구질하게 살고 있었다.

⟨ 찔레꽃

노랫말로 널리 알려진 '민들레 홀씨 되어'란
표현은 잘못된 것이다.
민들레는 종자식물이어서 홀씨가 '없다'.

꽃떨기들이 울긋불긋, 흐드러진 자태를 뽐내는 5월이면 산과 들
과 내, 어딜 가도 꽃 멀미가 난다. 아침 산책길에 만난 하얀 찔레꽃
에서도 맑은 향기가 났다. '배고픈 날 가만히 따 먹었다오 / 엄마 엄마
부르며 따먹었다오.' 가수 이연실 씨가 부른 '찔레꽃'의 서글픈 사연
은 느끼지 못했다. 하긴 찔레꽃이 참꽃처럼 고픈 배를 움켜쥐고 먹
는 구황식물(救荒植物)이었음을 아는 이가 있을 리 없으니.

노랫말로 널리 알려진 '민들레 홀씨 되어'란 표현이 잘못된 것임
을 아는지. '홀씨'는 식물이 무성생식을 하기 위해 만든 생식 세포다.
버섯, 고사리 같은 식물의 포자(胞子)다. 그런데 민들레는 씨앗이 바
람을 타고 멀리 날아가긴 하지만 꽃을 피우고 열매를 맺는 엄연한
종자식물이다. 따라서 민들레에 홀씨는 '없다'.

향기가 코를 찌르는 아까시나무도 억울하다. 많은 이가 '아까시
아'라고 잘못 알고 있기 때문. 여기엔 1972년에 발표된 '과수원길'이

라는 노래가 '한몫'했다. '동구 밖 과수원 길 아카시아 꽃이 활짝 폈
네.' 친구들과 손을 맞잡고 즐겨 부르던 이 노랫말과 1976년에 나와
인기를 끈 '아카시아' 껌에 익숙해진 언중은 '아카시아'라는 말을 꾸
준히 사용했다. 결국 우리 사전도 아카시아를 '아까시나무를 일상적
으로 이르는 말'로 올려놓았다.

어린 꽃봉오리는 '몽우리'일까, '몽오리'일까. '꽃봉오리'의 글꼴에
이끌려 몽오리로 아는 이가 많지만 몽우리가 옳다. 망울 또는 꽃망
울과 같은 계열의 말이다. 몽오리가 있긴 한데, '작고 동글동글하게
뭉쳐진 것'을 뜻하는 북한어이다.

요즘 꽃들도 이상 기후에 힘들어한다. 잘못 입력된 '철다툼'을 벌
여야 하기 때문. 하긴, 꽃이 피는 순서가 뒤바뀌면 어떤가. 꽃향기에
어찔어찔해지는 요즘, 행복하지 않은가.

---

* 철다툼 : 「명사」 철을 놓치지 아니하려고 서둘러 대는 일.

책가위와 보람

'가의(加衣), 책가위, 책가의(冊加衣)' 등은
'책의 겉장이 상하지 않게 종이, 비닐, 헝겊
따위로 덧씌우는 일. 또는 그런 물건'을 가리킨다.

　새로운 학년이 시작될 때면 묘한 설렘에 가슴이 부풀었다. 새 교과서의 겉장이 닳을까 봐 달력, 종이 등으로 정성껏 싸곤 했다. 지금은 추억으로나마 남아 있을는지. 그런데 책 겉장을 싸는 행위나 그런 종이를 가리키는 말이 있으리라곤 짐작조차 못 했다.

　'가의(加衣), 책가위, 책가의(冊加衣)' 등이 그것들이다. 하나같이 '책의 겉장이 상하지 않게 종이, 비닐, 헝겊 따위로 덧씌우는 일. 또는 그런 물건'을 가리킨다.

　가의(加衣)는 한자 뜻 그대로 '옷을 입히다', 책가의는 '책에다 옷을 입힌다'는 얘기니 그 쓰임새가 쉽게 와 닿는다. 그렇다면 책가위는?

　박일환 씨는 《잠든 우리말을 깨우다》에서 책가위는 책가의가 변해서 된 말이라고 추론할 수 있다고 했다. 하지만 책가위를 하는 사람들이 줄어들면서 그런 행위를 나타내는 말 자체가 잊히고 있다.

노란 단풍잎을 연상케 하는 '책갈피'도 책과 떼려야 뗄 수 없는 물건이다. 한데 표준국어대사전은 이 낱말을 처음엔 '책장과 책장의 사이'를 가리키는 말로만 보았다. 그래서일까. '책을 읽다가 어딘가 다녀와야 할 때는 책갈피를 끼워놓고 가면 된다'에서의 책갈피는 잘못 사용한 것이며, 이때는 서표(書標)를 써야 옳다는 글도 있었다. 지금은 어떨까.

서표를 써야 한다는 주장은 물론 옳다. 이와 함께 '읽던 부분을 책갈피로 표시했다'는 언중의 말 씀씀이 또한 옳다. 국어원은 책갈피에 '읽던 곳이나 필요한 곳을 찾기 쉽도록 책의 낱장 사이에 끼워 두는 물건을 통틀어 이르는 말'이란 뜻풀이를 덧붙여 놓았다.

'보람'도 재미있는 낱말이다. 많은 이가 '어떤 일을 한 뒤에 얻어지는 좋은 결과나 만족감'이란 의미로 사용하지만 '다른 물건과 구별하기 위해 표시를 해둔다'는 뜻도 있다. '보람줄'은 책 따위에 표지를 하도록 박아 넣은 줄이다. 요즘은 갈피끈이나 가름끈을 입에 올리는 이도 많다.

도시의 거리를 수놓고 있는 간판(看板)을 뜻하는 우리말을 아시는지. '보람판'이다. 한데 아쉽게도 입말에서 멀어져버렸다.

---

* 책씻이 : 「명사」 글방 따위에서 학생이 책 한 권을 다 읽어 떼거나 다 베껴 쓰고 난 뒤에 선생과 동료들에게 한턱내는 일. =책거리
* 떼려야 뗄 수 없다 : '−려고 하여야'가 줄어든 말은 '−려야'로 쓴다. 뗄레야 뗄 수 없다(×)

천둥과 우레

천둥은 본래 천동(天動)이라는 한자어에서 왔는데 우리나라에서 음이 바뀌었다. 천동과 뜻이 같은 '우레'는 '하늘이 운다(鳴)'는 뜻에서 나왔다.

'천둥소리 요란한데 빗방울은 작다.' 소리만 컸지 실상은 보잘것 없다는 뜻으로 태산명동서일필(泰山鳴動鼠一匹)과 비슷하다. 중국 언론이 북한 노동당 창건 70주년(2015년) 열병식을 비꼰 말이다.

천둥은 '뇌성과 번개를 동반하는 대기 중의 방전(放電)현상'을 이른다. 본래 천동(天動)이라는 한자어에서 왔는데 우리나라에서 음이 바뀌었다. 장고(杖鼓·長鼓)가 장구로, 호도(胡桃)가 호두로 된 것처럼.

천동과 뜻이 같은 우리말은 '우레'다. "우레라니? 우뢰가 표준어 아닌가"라며 고개를 갸우뚱하는 독자들도 많을 줄 안다. 그도 그럴 것이 우레는 우레 → 우뢰 → 우레로 표준어가 바뀌었기 때문이다.

우레는 '하늘이 운다(鳴)'는 뜻에서 나왔다. '울다'의 어간 '울-'에 접사 '-게'가 붙어 '울게'가 되고, 'ㄱ'이 'ㄹ'의 영향을 받아 'ㅇ'으로 약화돼 '울에'가 됐다가 '우레'로 바뀌었다. 그런데 왜 우뢰를 한때 표준어로 삼았을까. '울에'가 '우레'로 바뀌면서 한자어 '우뢰(雨雷)'

의 간섭을 받았기 때문. '우레'의 어원을 '우뢰'로 잘못 인식한 것이다
(《그런, 우리말은 없다》· 조항범). 그러다 우레는 '울―(鳴)'에서 파생된
명사라는 사실을 확인하고 1989년 시행한 표준어 규정에서 '우레'로
되돌렸다. 현재 국어사전은 '우레'를 표준어로 삼고 한자어 우뢰는
버렸다.

우리와 달리 북에서는 '우뢰'를 문화어로 삼고 있다. 우뢰와 함께
내리는 비를 '우뢰비', 우뢰가 우는 것을 '우뢰질'이라 한다. 많은 사
람이 치는 매우 큰 소리의 박수도 '우뢰 같은 박수소리'라 한다. 우레
와 우뢰는 남북 언어의 다름을 보여주는 좋은 예다.

그럼에도 불구하고 남북 모두 천둥은 표준어로 삼고 있다. 천둥
이 울 때 나는 소리를 천둥소리라 하고, 천둥벌거숭이도 함께 올려
두고 있다. 왜 있잖은가. 북한이 핵실험을 시사하며 "언제든 '핵뢰성
(核雷聲)'으로 대답할 준비가 돼 있다"고 하는데, '핵뢰성'은 바로 핵
천둥을 뜻한다.

'저게 저절로 붉어질 리는 없다 / 저 안에 태풍 몇 개 / 저 안에 천둥
몇 개 / 저 안에 벼락 몇 개'('대추 한 알'· 장석주). 어떤가. 천둥은 시어
로도 썩 잘 어울린다.

---

* 천둥벌거숭이 : 「명사」 철없이 두려운 줄 모르고 함부로 덤벙거리거나 날뛰는 사람을 비유적으
로 이르는 말. ¶하룻강아지 범 무서운 줄 모른다더니, 어디서 또 이런 천둥벌거숭이들이 뛰어
들지? 《송기숙, 녹두 장군》

천불이 나다

천불은 '하늘이 내린 불'이란 뜻으로 억장이 무너질 때 일어나는 불이다. '억장이 무너지는' 건 높은 성이 무너질 때처럼 슬픔과 절망으로 가득 찼다는 뜻이다.

몹시 눈에 거슬리거나 화가 날 때 사람들은 '천불이 난다'라고 한다. 천불은 '하늘이 내린 불'이라는 뜻으로 억장이 무너질 때 일어나는 불이다.

억장은 '억장지성(億丈之城)'이 줄어든 말이다. 1장(丈)은 10척(尺)으로 약 3m이니, 억장은 3억m다. 그러니 '억장이 무너지는' 건, 높은 성이 무너질 때처럼 슬픔과 절망으로 가득 찼다는 뜻이다.

날씨가 추워지면 떠오르는 낱말이 있다. '곁불'이다. 장터 등에서 옹기종기 모여 쬐는, 정감 있는 불이다. 한데 곁불과 '겻불'을 헷갈려 하는 이가 많다.

'겻불'은 말 그대로 '겨를 태우는 불'이다. 이 불은 세지가 않아 '불기운이 미미하다'란 뜻이 생겼다. '양반은 얼어 죽어도 겻불은 안 쬔다'라는 속담 속 바로 그 불이다. 아무리 궁하거나 다급해도 체면 깎일 짓은 하지 않는다는 뜻이다. 비슷한 속담으로 '양반은 물에 빠져도 개헤엄은 안 한다'가 있다.

곁불은 '얻어 쬐는 불'이다. 그래서 가까이해서 보는 덕을 이르기도 한다. '콩고물'과 일부 뜻이 같다.

'모닥불 피워놓고 마주 앉아서/우리들의 이야기는 끝이 없어라~.'

1970~80년대 즐겨 불렸던 '모닥불'의 한 구절이다. 이 노랫말이 잘못됐다고 주장하는 이들이 있다. 모닥불은 잎나무나 검불 따위를 모아 피우는 불인데, 그런 불로는 오래 얘기할 수 없단다.

사실 모꼬지 등에서 피우는 불은 화톳불이다. '한데다가 장작 등을 모아놓고 태우는 불' 말이다. 말법대로라면, '화톳불 피워놓고 마주 앉아서…'라고 노래 불러야 한다는 얘긴데, 노래 맛이 싹 달아난다. 사전도 캠프파이어를 '야영지에서 피우는 모닥불'로 올려놓고 있다.

'후림불'은 남의 일에 까닭 없이 휩쓸려 걸려드는 일을 뜻한다. 한 자로는 비화(飛火)다. '잉걸불'은 다 타지 않은 장작불, '꽃불'은 이글이글 타오르는 불이다. '불어리'는 불티가 바람에 날리는 것을 막으려고 화로에 들씌우는 가림막이다. 다소 엉뚱한 불도 있는데, '소줏불'이 그렇다. 이는 소주를 너무 많이 마셔서 코나 입에서 나오는 독한 알코올 기운을 말한다.

---

* 불땀 : 「명사」 화력이 세고 약한 정도. ¶불땀이 좋다/마른 장작이 불땀이 세다.

‘ 총각
김치

총각김치의 ‘총각(總角)’은 ‘머리를 땋아서 뿔처럼
묶는 것’이고, 총각무의 총각은 ‘머리처럼 땋아서
묶을 수 있는 무청’으로 볼 수 있다.

‘손으로 집으면 별것 아니지만/입속 넣으면 금세 부풀어/아삭아삭
풀 먹인 홑청//설왕설래 군침 찰찰 고이는데…’(‘총각김치’·김종철)

‘총각김치.’ 겨울철 밥상의 단골손님이다. 손가락 굵기의 어린 무
를 무청째 담근 김치다. 그런데 왜 하필 ‘총각김치’일까. 무나 배추
한 가지로만 담근 김치를 ‘홀아비김치’라고 하니 알 듯싶다가도, ‘처
녀김치’는 없으니 궁금증이 더한다.

총각은 한자어로 ‘總角’이다. 지금은 ‘결혼하지 않은 성인 남자’
를 가리키지만 처음부터 그랬던 것은 아니다. 총(總)은 ‘거느리다, 묶
다’, 각(角)은 ‘뿔’을 뜻한다. 그러니 총각은 ‘머리를 땋아서 뿔처럼 묶
는 것’이고, 총각무의 총각은 ‘머리처럼 땋아서 묶을 수 있는 무청’으
로 볼 수 있다. 한 줌 안에 들어올 만큼을 모아 묶은 미역을 ‘총각미
역(표준어는 ‘꼭지미역’)’이라 하는 걸 보면 ‘총각’은 분명 묶는 것과 관
계가 있다. 따라서 총각무로 담근 김치가 총각김치고, 총각무로 담

근 깍두기가 '총각깍두기'다. 처녀무가 없으니 처녀김치는 애당초 있을 수 없는 것이다. 여담이지만 총각이라는 단어는 일본으로 건너가 '총가(チョンガ)'라는 말로 살짝 바뀌었다. 뜻은 '결혼하지 않은 성년 남자'로 우리말과 같다.

깍두기 얘기가 나왔으니 '석박지' 얘기도 해보자. 가끔 설렁탕집 같은 데서 내놓는 엄청 큰 깍두기를 '석박지' '석박김치'라고 하는 사람이 많다. 틀렸다. 크기에 관계없이 무로 담근 김치는 '깍두기'일 뿐이다. 우리말에는 '석박지'란 단어도 없다. '섞박지'가 옳다. 배추와 무, 오이를 섞어 만든 김치라는 뜻이다. '석박김치'는 북한어.

총각무를 '알무' '알타리무'라 하는 사람도 많다. 허나 이들 단어도 이젠 표준어가 아니다. 1988년 개정 표준어 규정은 알무, 알타리무가 생명력을 잃었다고 보고 총각무로 통일해 쓰도록 했기 때문이다. 그래도 아쉬움은 남는다. 한자어로 통일하기 전에 알무나 알타리무도 함께 쓸 수 있도록 했으면 어땠을까 싶다.

'무'도 그렇다. 무우를 버리고 무로 통일했다. 어느 시인은 '무우' 대신에 '무'를 쓰지는 않겠다며 불만을 표시하기도 했다. 무 역시 서울 중심의 편의성만 앞세운 단어라는 것이다.

* 무청: 「명사」 무의 잎과 줄기.
* 금세: 「부사」 지금 바로. '금시에'가 줄어든 말로 구어체에서 많이 사용된다. 금새(×)

출사표를 던진다고?

'출사표'는 장수가 군대를 이끌고 싸움터로 나가면서 왕에게 올리는 글이다. '바치다' '올리다'와 함께 써야 어울리지만 요즘 들어 '던지다'가 부쩍 세를 넓히고 있다.

선거일이 다가올수록 선출직에 입후보하는 사람들이 입에 올리는 낱말이 있다, '출사표(出師表)'다.

'출사표.' 장수가 군대를 이끌고 싸움터로 나가면서 왕에게 올리는 글이다. 중국 삼국시대 촉나라의 재상 제갈량이 쓴 전후(前後) 2개의 출사표가 유명하다. 특히 전 출사표는 이를 읽고 울지 않으면 충신이 아니라고 할 정도로 문장이 빼어나고 애국심과 죽은 선제(先帝) 유비에 대한 충성심이 가득해 출사표의 대명사가 됐다.

그런데 요즘 이 출사표를 마구 내던지고 있다. 불충도 그런 불충이 없다. 어느 신하가 우국충정의 마음을 담아 쓴 글을 임금에게 감히 던질 수 있겠는가.

출사표는 '바치다' '올리다'와 함께 써야 어울린다. 요즘 들어 말맛에 이끌려 출사표를 던지는 사례가 너무 잦다. '선거전에 나선다'는 의미로 쓰는 건 그나마 나은 편이다. 기업들이 새 사업에 뛰어들 때도, 스포츠 팀이 경기에 나설 때도 출사표를 던진다.

새삼스레 '출사표를 던지다'를 관용구로 삼은 것을 탓할 생각은 없다. 말의 쓰임새는 변하게 마련이고, 이 또한 언중의 입말을 존중한 결과이기도 하다. 그렇더라도 출사표의 본래 뜻을 되새겨 함부로 쓰는 건 자제해야 옳다. 출사표의 본래 의미를 새긴다면 선출직 입후보자가 국민에게 출사표를 '던진다'는 것도 상식에 맞지 않다. 이럴 경우엔 '출마한다' '출마의 뜻을 밝혔다' 정도로 쓰면 어떨까.

'출사표를 던지다'와 함께 사전에 올라있는 관용구가 '출사표를 내다'다. 두 표현이 경쟁 중이라고는 하나 이미 세(勢)는 '던지다' 쪽으로 기운 것 같다. '던지다'가 '내다'보다 뜻이 강하기 때문일 것이다.

선거가 끝난 뒤 당선자들은 대개 "이 자리를 빌어 감사 말씀을 드립니다"라고 인사한다. 이 경우 '빌어'가 아니라 '빌려'라고 해야 맞다. 돈이나 물건, 기회나 남의 말글 따위를 취할 때는 '빌리다'를, 기원(祈願)하거나 사죄할 때는 '빌다'를 써야 한다. 즉 돈은 빌리고 용서는 비는 것이다.

---

* 삼고초려(三顧草廬) : 「명사」 인재를 맞아들이기 위하여 참을성 있게 노력함. 중국 삼국 시대에, 촉한의 유비가 난양(南陽)에 은거하고 있던 제갈량의 초옥으로 세 번이나 찾아갔다는 데서 유래한다.

칠칠맞다

'칠칠맞다'는 '주접이 들지 않고 깨끗하고 단정하다'
'성질이나 일 처리가 반듯하고 야무지다'는 뜻이다.
부정적 의미로 쓰려면 '칠칠맞지 못하게'로 써야 한다.

"아유, 칠칠맞긴…." 드라마 속에서 만난 대사다. 상대방에게 핀잔을 주며 쓴 말이지만 "칠칠맞지 못하긴"으로 써야 할 곳이었다. 칠칠맞다는 남을 칭찬할 때 쓰는 말이기 때문. 칠칠맞다와 칠칠하다는 '주접이 들지 않고 깨끗하고 단정하다' '성질이나 일 처리가 반듯하고 야무지다'는 뜻이다.

하지만 언중은 사전과는 정반대의 의미로 쓴다. 부정적인 느낌을 주는 '-맞다'의 영향 때문이다. 능글맞다, 방정맞다, 쌀쌀맞다 등에서 보듯 '맞다'가 붙은 낱말은 대개가 나쁜 뜻이다. 그래서 사람들은 '칠칠맞다'도 부정적인 낱말로 받아들인다.

칠칠맞다를 부정적인 의미로 쓰려면? '못하다' '않다'와 함께 쓰면 된다. "너는 꼴이 그게 뭐니? 칠칠맞지(칠칠하지) 못하게"처럼 말이다.

'칠칠맞다'처럼 부정적인 뜻으로 쓸 때 반드시 '못하다'를 붙여 써야 하는 말이 또 있다. '마음이 초조하고 불안해 어찌할 바를 모르다'란 뜻의 '안절부절못하다'가 그것. 한 낱말이므로 붙여 써야 한다. '안절부절하지 말고'처럼 쓰기 쉽지만 '안절부절못하지 말고'라고 해야 옳다. 물론 '안절부절 어쩔 줄 모르다'처럼 부사로도 쓸 수 있다.

그런가 하면 '우연하다'와 '우연찮다'는 입말이 말법을 아예 바꿔버린 경우다. 글꼴로 보면 두 낱말은 반대의 뜻이 돼야 할 것 같은데 같은 의미다. 그렇게 된 연유가 흥미롭다. 두 낱말을 구분하는 것 자체가 어렵다 보니 언중이 실제 언어생활에서 같은 의미로 오랫동안 써온 탓이다. 마침내 국립국어원도 사람들의 말 씀씀이를 존중해 우연찮다에 '꼭 우연한 것은 아니나 뜻하지도 아니하다'라는 뜻풀이를 덧붙여 두 낱말을 같은 뜻으로 쓸 수 있는 길을 열어줬다.

'엉터리'와 '엉터리없다'도 같은 경우다. 언중은 처음엔 '이치에 맞지 않는다'란 뜻으로 '엉터리없다'를 썼다. 그러다 뒤의 '없다'를 빼고 '엉터리이다' 식으로 자꾸 쓰다 보니 엉터리가 엉터리없다와 뜻이 같아졌다. 엉터리는 이후 의미가 넓어져 터무니없는 말이나 행동뿐 아니라 '그런 말이나 행동을 하는 사람'까지를 가리키게 됐다.

칠칠맞다의 부정적 의미가 강해져 '칠칠맞지 못하다'와 같은 뜻이 될 수 있을까? 칠칠맞다는 말을 듣고 웃는 사람보다 화를 내는 사람이 점점 많아지면 언젠가는 그렇게 될 것이다.

---

* 안절부절 : 「부사」 마음이 초조하고 불안하여 어찌할 바를 모르는 모양.
* 안절부절못하다 : 「동사」 마음이 초조하고 불안하여 어찌할 바를 모르다. 안절부절하다(×)

퉁치다

'서로 주고받을 물건이나 일 따위를 비겨 없애다'는 뜻의 '퉁치다'는 사전에는 올라있지 않다.
입말로는 자리 잡았지만 속어 냄새가 짙어서일 것이다.

"꽃으로 퉁칠 생각 하지 마라 – 우리 엄마."

몇 해 전 어버이날을 앞두고 아는 사람 여럿이 메일로 보내준 플래카드 내용이다. 카네이션 한 송이로 어버이날을 때우지 말라는 경고 아닌 경고다. 아낌없이 주는 '우리 엄마'가 실제로 그런 속내를 드러냈을까마는 보는 이의 마음을 짠하게 했다.

문장 속 '퉁치다'의 뜻을 모르는 사람은 없다. '물건이나 일 따위를 비겨 없애다' '대신하다' '맞바꾸다'는 의미로 쓴다. '우리 이걸로 퉁치는 게 어때?'처럼 친한 사이일수록 더 많이 사용한다. 그런데 이말, 사전에는 올라있지 않다. 입말로는 자리 잡았지만 속어 냄새가 짙어서일 것이다.

퉁치다와 비슷한 말로 '에끼다'가 있다. '서로 주고받을 물건이나 일 따위를 비겨 없애다'는 뜻이다. 곱씹을수록 말맛이 살아나는 순우리말이지만 써 본 적도, 들어본 적도 거의 없다. 이를 '에우다' '어끼다'라고 하는 이도 있지만 에우다는 에끼다의 경북 사투리이고 어끼다는 잘못 쓴 말에 불과하다. 비슷한 뜻의 '엇셈하다'나 '삭(削)치다'도 사전에는 올라있지만 낯설기는 마찬가지다.

말맛에 이끌려선지 요즘 입에 자주 오르내리는 낱말이 또 있다. 웃기면서 슬프다는 뜻의 '웃프다'다. 웃기지만 왠지 눈물이 나는 복잡한 감정을 드러낼 때 유용하다. 그래서일까. '웃픈 이야기' '나, 웃픈 거야!'처럼 애매한 상황에서 자주 쓰인다. 신문 제목으로도 등장할 만큼 세력을 넓혔다.

말과 글은 생물과 같아 시대 상황을 반영해 빠르게 변한다. 새로운 단어 자체도 부침에서 자유롭지 못하다. 자신이 공주처럼 예쁘고 귀하다고 착각하는 것을 일컫는 '공주병'은 지금 당당히 사전에 올라있다. 반면 2006년 인터넷을 뜨겁게 달궜던 된장녀(분수에 맞지 않는 소비를 하는 여성)와 간장녀(알뜰소비를 하는 여성)는 여전히 유행어에 머물러 있다.

'웃프다'의 생명력은 좀더 지켜보더라도 '퉁치다'는 표제어로 삼는 걸 검토할 때도 됐다고 본다. 그러나 퉁치다가 표제어가 될지와 상관없이 더 중요한 게 있다. 퉁칠 만한 것끼리 퉁쳐야 한다는 것이다. 그렇지 않으면 속임수다.

* 엇셈하다 : 「동사」 서로 주고받을 것을 비겨 없애는 셈을 하다.
* 삭(削)치다 : 「동사」 「1」뭉개거나 지워서 없애 버리다. 「2」셈할 것을 서로 비기다.

피맛골의 추억

조선시대 때부터 있었던 서울 종로통의 한 골목인
'피맛골'은 '말을 피한다'는 '피마(避馬)'에서 유래했다.
'말을 피해 다니는 골목'이란 뜻이다.

'피맛골.' 조선시대 때부터 있었던 서울 종로통의 뒷골목 이름이다. 예전 이곳에 음식점이 많다 보니 이름 가운데의 '맛'을 '음식 맛'과 연관지어 생각하는 사람도 있다. 그러나 전혀 관계가 없다. 이 지명은 '말을 피한다'는 '피마(避馬)'에서 유래했다. '피맛골'은 '말을 피해 다니는 골목'이란 뜻이다.

왜 조선시대 사람들은 번듯한 대로를 버리고 좁은 골목길로 다녔을까. 백성들이 고관대작의 행차와 마주치는 걸 싫어했기 때문이다.

"쉬~, 물렀거라. ○○○ 대감 행차시다." 백성들은 행차가 끝날 때까지 맨땅에 엎드려 고개를 조아려야 한다. 그러니 높은 사람들의 행차가 달가울 리 없다. 이때 잡인의 통행을 통제하며 거들먹거리던 하인을 '거덜'이라 하고 이들이 외치는 소리를 '권마성(勸馬聲)'이라 한다.

그런데 '물렀거라'와 '물럿거라' 중 뭐가 옳은지 헷갈린다. 쉽게 구분할 방법이 없을까. 준말은 본딧말을 유지하려는 경향이 있다. '가지다'가 '갖다'로, '디디다'가 '딛다'로 줄어드는 것도 그 때문이다. '물렀거라'는 '물러 있거라'의 준말. 따라서 '있'의 받침 'ㅆ'이 '러'에 붙어야 정상이다. 마찬가지로 '게 섯거라'가 아니라 '게 섰거라'가 맞는 말이다.

피맛골의 단골은 서민들이었다. 그러다 보니 선술집, 국밥집, 생선구이집 등 값싸고 맛있는 먹거리가 풍부했다. 사석원 씨는 《사석원의 서울연가》에서 찌그러진 황주전자에 담긴 막걸리와 굵은 꽃소금에 찍어 먹던 임연수어를 떠올리며 피맛골을 예찬한다. 아, 그러고 보니 '임연수어'를 '이면수'로 잘못 알고 있는 사람도 많다. 생선의 양면이 다르기 때문일 것이다. 19세기 초 실학자 서유구가 지은 '난호어목지(蘭湖漁牧志)'에 따르면 이 생선은 함경도 지방의 임연수(林延壽)라는 사람의 이름에서 따왔다. 임 씨가 이 생선을 잡는 데 달인이어서다.

예전 피맛골은 재개발로 사라졌다. 지금은 고층빌딩이 즐비하다. 아쉬운가. 허나 누구를 탓하랴. 피맛골이 사라지기 전에, 피맛골의 정취를 사랑하는 인간들이 먼저 사라져버린 것을….

---

* '네 죄를 네가 알렷다' '그놈을 당장 잡아오렷다' 등에서 보듯 이때는 '렷'으로 써야 한다. 경험이나 이치로 추측하거나 명령의 뜻을 나타내는 종결어미가 '−렷다'이기 때문이다.

'피케이전(PK戰) = 승부차기'로 표제어로 올라있다.
'승부차기'는 알겠는데 '피케이전(PK戰)'은 요상하다.
영문 약자에다 한자를 더한 '잡탕말'이다.

PK전戰이 뭐꼬?

월드컵이나 축구 시즌이 되면 자주 듣는 말 중에 'PK전(戰)'이라는 게 있다. '피케이전(PK戰) = 승부차기'로 국립국어원 웹사전에 표제어로도 올라있다. '승부차기'는 알겠는데 '피케이전(PK戰)'은 뭔가 요상하다. 영문 약자에다 한자를 더한, 속된 말로 '잡탕말'이다.

피케이(PK)는 페널티킥(penalty kick)의 약자다. 페널티 에어리어 안에서 수비수가 직접 프리킥에 해당하는 반칙을 했을 때 공격 측이 얻는 킥이다. 경기 중에만 준다. 골대로부터 11m 떨어진 곳에 공을 놓고 찬다.

승부차기는 연장전까지 치르고도 승부를 가리지 못했을 때 두 팀에서 일단 5명씩 나와 양 팀이 번갈아 가며 골키퍼와 일대일로 맞서 공을 차는 것이다. 페널티킥과는 전혀 다르다. 그런데도 승부차기 결과를 '브라질-칠레 1:1 PK 3:2'라고 전하는 포털사이트도 있다. 당연히 '승부차기 3:2'라고 적어야 옳다.

어린아이도 구분하는 걸 국어원 웹사전만 동의어라고 우기는 까닭을 도무지 알 길이 없다. 한때 일각에서 PK전이라는 말을 쓴 적은 있다. 그러나 요즘엔 중계방송을 하는 아나운서나 해설자도 전혀 쓰지 않는다. '피케이전(PK戰)'은 빨리 표제어에서 내려야 한다.

승전보(勝戰譜)와 승전고(勝戰鼓)도 잘못 쓰는 경우가 많다. 한자를 보면 쓰임새가 명확하다. 승전보는 싸움에 이긴 경과를 적은 기록이고, 승전고는 싸움에 이겼을 때 울리는 북이다. 따라서 '코리안 남매가 필드에서 동반 승전보를 울렸다'라고 쓰면 잘못이다. 승전보는 '전하다' '알리다' '올리다'와 만나야 하고, 울리고 싶으면 '승전고'를 울려야 한다.

'승부욕이 강하다' '승부욕을 드러냈다'처럼 언중이 많이 쓰는 '승부욕'도 논쟁 중이다. 승부욕은 '이기거나 지려는 욕심'이라는 이상한 말이므로 '승리욕'으로 써야 한다는 것이다. 어떤 때는 언중이 많이 쓰지만 바로잡아야 하고, 어떤 때는 틀려도 많이 쓰니까 인정해야 하는 게 말이다. 옳고 그름의 경계가 미묘하다. '승부욕' '승리욕' 둘 다 아직은 표제어가 아니지만 온라인 국어사전인 우리말샘에선 나란히 올라 경쟁 중이다.

---

* 잡탕말 : 「명사」 여러 가지 외국어가 뒤섞여 언어의 민족적 순수성을 잃고 혼란해진 말을 속되게 이르는 말.

하룻강아지

하룻강아지는 '하릅강아지'가 변한 것으로 본다.
'하릅'은 한 살 된 소, 말, 개 등을 이르는 말로
하릅강아지는 '한 살짜리 강아지'다.

'사마귀가 수레바퀴를 멈추려 들다.' 한자로는 당랑거철(螳螂拒轍)
이라고 한다. 강한 상대에게 무모하게 덤비는 걸 일컫는 말이다. 중
국 제나라 장공(莊公)이 겪은 일화인데 장자(莊子)의 '인간세편(人間世
篇)'에 나온다. 시골에서 살아본 적이 있는 나이 든 독자라면 사마귀
가 긴 앞다리를 치켜들고 꼼짝 않고 곧추서서 무섭게 생긴 두 눈을
굴리던 모습을 아마 기억할 것이다.

사마귀의 다른 이름이 '버마재비'라는 것을 아시는지. 버마재비는
사마귀와 함께 표준어로 올라있다. 연까씨(경상), 버무땅개비(충북),
오줌싸개(경기·충북) 등 사마귀를 이르는 다양한 사투리에 비해서
는 버마재미의 형편이 그래도 나은 편이다. 그렇지만 입말에서는 버
마재비조차 사마귀에 많이 밀린다. 북한에서는 '버마재비 매미 잡듯'
'버마재비가 수레를 버티는 셈' 등 남한보다는 많이 쓰고 있다.

당랑거철과 비슷한 속담에 '하룻강아지 범 무서운 줄 모른다'는

게 있다. 한데 '하룻강아지'의 뜻을 두고 의견이 분분하다. 많은 사람들이 '하루'라는 말에 끌려 '태어난 지 하루밖에 되지 않은 강아지'로 이해한다. 어딘지 이상하다. 하루밖에 안 된 강아지가 어떻게 호랑이에게 대들 수 있을까.

하룻강아지의 어원은 밝혀지지 않았지만, 대체로 '하릅강아지'가 변한 것으로 본다. 지금은 거의 쓰이지 않지만 '하릅'은 한 살 된 소, 말, 개 등을 이르는 말이다. 그러니 하릅강아지는 '한 살짜리 강아지'다. 우리 조상들은 가축의 나이를 하릅(한 살), 두습(두 살), 세습(세 살) 등으로 셨다.

우리 사전은 '하룻강아지'와 '하릅강아지' 둘 다 표제어로 삼고 있다. 하릅망아지와 하룻망아지, 하릅비둘기와 하룻비둘기도 함께 올라있다. 하룻강아지는 '난 지 얼마 안 되는 어린 강아지'라는 의미를 넘어 이제는 '사회적 경험이 적고 얕은 지식을 가진 어린 사람'을 놀림조로 이를 때도 쓴다.

* 일화(逸話) : 「명사」 세상에 널리 알려지지 아니한 흥미 있는 이야기.

‘한식

한식은 산소를 찾아 제사를 지내고
사초(莎草)를 하는 등 묘를 돌보는 날이다.
'뫼를 쓸 자리 또는 쓴 자리'로는
묏자리, 묫자리 둘 다 쓸 수 있다.

한식(寒食)은 산소를 찾아 제사를 지내고 사초(莎草)를 하는 등 묘를 돌보는 날이다. 사초는 무덤에 떼를 입혀 잘 다듬는 것을, 벌초(伐草)는 한식이나 추석 때 무덤의 풀을 베어내는 것을 말한다. '금화벌초(禁火伐草)'란 말도 있다. '불을 금하고 풀을 베어 무덤을 잘 보살핀다'는 뜻이다. 줄여서 '금초(禁草)'라고도 하지만 사전엔 올라있지 않다.

한식의 유래는 크게 두 가지 설이 있다. 첫째는 중국 춘추시대 진나라의 은사(隱士) 개자추(介子推)가 문공(文公)이 산속의 그를 불러내기 위해 지른 불에 타 죽은 것을 애도해서 시작되었다는 설. 그래서 이날만큼은 불을 사용하지 않고 찬 음식을 먹었다고 한다. 두 번째는 오랜 옛날부터 전래된 우리의 국가적인 의식이라는 설. 매년 봄, 나라에서 새 불을 만들어 쓸 때 일정 기간 묵은 불을 금했는데 한식이 바로 그 기간에 들어있었다는 설이다.

산소가 있는 곳을 이르는 말을 놓고 한동안 말이 많았다. 우리 사전이 '묏자리'만을 고집하고 '묫자리'는 표준어로 인정하지 않았기 때문. '묘(墓)+자리'는 구조도 자연스럽고 발음도 '묘짜리'이니 '묫자리'가 표준어가 안 될 까닭이 없다. 언중은 산소를 뜻하는 말로 뫼 못지않게 묘, 묘소도 많이 쓴다. 국립국어원이 2011년 8월 묫자리를 복수표준어로 삼으면서 논란은 일단락됐다.

몇 년 전 전남 고흥군에 봉분을 시멘트로 덮어씌운 문중 묘지가 등장해 화제가 됐다. 후손들이 고령화해 벌초하기가 힘든 데다 멧돼지가 봉분을 파헤쳐 골머리를 앓던 차에 내놓은 고육책이었지만 보는 이를 씁쓸하게 했다.

한식날, 봄꽃 향기를 맡으며 성묘를 하는 이들이 많을 것이다. 이제 성묘는 의무로 생각하지 말고, 나들이쯤으로 여겨야 자손들이 따라나설 것도 같다.

---

* 선영(先塋) : 「명사」 조상의 무덤 또는 그 근처의 땅.
* 선산 : 「명사」 「1」조상의 무덤. 「2」조상의 무덤이 있는 산.

'헛물켜다

아무리 배불리 먹어도 슬픈 눈칫밥이 있듯,
아무리 마셔도 갈증이 사라지지 않는 헛물이 있다.
보람 없이 애만 쓰는 일을 '헛물켠다'고 한다.

물이 그리워지는 여름이면 떠오르는 낱말이 있다. '들이켜다'와 '들이키다'다. 물을 벌컥벌컥 마실 때 위아래로 움직이는 목울대, 생각만 해도 더위와 갈증이 싹 가신다. 허나 이 두 낱말, 글꼴도 비슷하고 '과거형'이 '들이켰다'로 똑같지만 뜻은 전혀 다르다.

우리는 '물을 단숨에 들이켰다'처럼 '들이켜다'만 인정한다. '들이키다'는 '사람이 다닐 수 있게 발을 들이키고 섰다'처럼 '안쪽으로 약간 옮기다'의 의미다. 사실 잘 쓰지 않으니 사어(死語)나 마찬가지다. 반면 북한은 물이나 술에 대해서는 '들이키다'를 '들이켜다'와 같은 의미로 쓴다. '들이마시다' '들여마시다'도 마찬가지. 우리는 '들이마시다'만을 표준어로 삼고 있지만 북한은 둘 다 쓴다.

물의 세계에도 재미난 표현이 수두룩하다. 아무리 배불리 먹어도 슬픈 눈칫밥이 있듯, 아무리 마셔도 갈증이 사라지지 않는 물이 있다. 헛물이다. 그래서 보람 없이 애만 쓰는 일을 '헛물켠다'고 한다.

'자리끼'는 잠잘 때 머리맡에 두는 물이다. 자리끼도 사람과 함께 잠든다고 생각해서일까, 밤을 지낸 자리끼는 '밤잔물' '밤잔숭늉'이라고 한다.

맛도 모르고 마구 들이켜는 물이나 논에 물을 댈 때 딴 데로 새는 물은 '벌물'이다. 소리가 같은 '벌(罰)물'은 고문을 할 때 강제로 먹이는 물이다. 간장을 뜨기 전에 장물이 줄어드는 만큼 새로 채우는 소금물은 '제깃물'이라 한다. 마중물은 펌프질을 할 때 물을 끌어올리기 위해 붓는 한 바가지쯤의 물을 이르는데, 팍팍한 삶의 윤활유라고나 할까.

나비물처럼 예쁜 이름도 있다. 세숫대야 같은 데에 물을 담아 가로로 쫙 퍼지게 끼얹는 물이 나비물이다. 더운 여름날 마당에 시원하게 물 뿌리는 모습을 상상해 보라. 그때 튀는 크고 작은 물방울을 물찌똥이라고 한다. 방울꽃은 물방울을 아름답게 이르는 말이다.

더러워서 제대로 대접받지 못하는 물도 있다. 구정물은 무엇을 씻거나 빨아서 더러워진 물, 쇠지랑물은 외양간에 고인 쇠오줌이 썩은 물이다. 지지랑물은 비 온 뒤 썩은 초가집 처마에서 떨어지는 검붉은 낙숫물이다.

---

* 개숫물 : 「명사」 음식 그릇을 씻을 때 쓰는 물. =설거지물. 설겆이물(×)

회자

膾炙

'사람들이 회와 구운 생선을 맛있게 먹듯 행실이 좋은 쪽으로 입에 오르내리는 것'을 '인구에 회자되다'라고 한다. 그러므로 좋지 않은 사실에는 회자를 쓸 수 없다.

"롯데로선 그 장면이 자꾸 회자되겠군요." 롯데와 넥센의 프로야구 경기에서 롯데의 한 선수가 안타를 친 뒤 2루로 내달리다 아웃됐을 때 해설자가 불쑥 한 말이다. 말맛에 이끌려 '회자(膾炙)'를 쓴 듯싶지만 의미가 이상해져 버렸다. '롯데로선 그 장면이 두고두고 아쉽겠군요' 정도면 좋았다.

신문 역시 회자를 즐겨 쓴다. '건설 근로자에 대한 부정적인 인식 등이 쌓여 건설업을 비하하는 토건족이라는 말까지 회자되고 있다' '월드컵 본선 진출이 좌절된 사실도 인구에 회자하고 있다'고 한다. 얼토당토않다.

많은 이가 '인구에 회자되다' 등으로 즐겨 쓰는 회자의 올바른 뜻은 무얼까. 회(膾)는 '고기나 생선의 회'를, 자(炙)는 '구운 생선'을 뜻한다. 인구(人口)는 '사람들의 입'이다. 즉 '인구에 회자되다'는 '사람들이 회와 구운 생선을 맛있게 먹듯이 행동과 행실 등이 좋은 쪽으로 입에 오르내리는 것'을 말한다. '그는 입지전적인 인물로 회자된다'처럼 쓴다. 그러니 좋지 않은 사실에는 회자를 쓸 수 없다. 위 예문은 '토건족이라는 말까지 생겨났다' '사람들 입에 오르내리고 있다'로 써야 옳다.

나쁜 일로 남의 입에 오르내리는 것은 '구설(口舌)'이다. 많은 사람들이 구설과 구설수(口舌數)를 헷갈려 한다. 구설은 시비하거나 헐뜯는 말 그 자체이고, 구설수는 그런 말을 들을 운수(運數)다. 즉 좋지 않게 남의 얘깃거리가 될 때는 '구설에 휘말리다' '구설에 오르다'로, 구설수는 '있다, 없다, 들었다'로 표현하면 된다.

회자 못지않게 사람들이 잘못 쓰는 말이 타산지석(他山之石)이다. '부정적인 대상을 통해 교훈을 얻는다'는 뜻이다. 반면교사(反面敎師)와 비슷하다. 따라서 본받아야 할 성공사례를 언급하면서 '타산지석으로 삼자'고 하는 것은 잘못이다. '정권의 운명을 거는 개혁을 추진해 성공한 것을 타산지석으로 삼아야 한다'는 표현은 안 된다. 이때는 '본보기로 삼아야 한다'고 해야 옳다.

미담의 주인공은 인구에 회자되기 마련이고, 구설에 오르는 장본인은 타산지석으로 삼아야 하는 것이다.

---

* 타산지석(他山之石) : 「명사」 다른 산의 나쁜 돌이라도 자신의 산의 옥돌을 가는 데에 쓸 수 있다는 뜻으로, 본이 되지 않은 남의 말이나 행동도 자신의 지식과 인격을 수양하는 데에 도움이 될 수 있음을 비유적으로 이르는 말. 《시경》 〈소아(小雅)〉에 나오는 말이다.

[']후래자삼배

'후래자삼배(後來者三杯)'는 나중에 온 사람은
석 잔을 거푸 마셔야 한다는 뜻이다.
먼저 온 사람들과 술기운을 맞춰주려는
주당들의 배려인지 모르겠다.

"뒤에 오면 석 잔이라니 자네가 더 먹어야 하네."

우리말 보고(寶庫)라는 벽초 홍명희의 《임꺽정》에 나오는 대목이다. 소설 속 한온이가 황천왕동이에게 연속해서 술잔을 권하는 장면이다. '뒤에 오면 석 잔'이라는 건 요샛말로 '후래자삼배(後來者三杯)' 아닌가. 나중에 온 사람은 석 잔을 거푸 마셔야 한다는 뜻이다. 먼저 온 사람들과 술기운을 맞춰주려는 주당들의 배려인지 모르겠다.

후래자삼배를 누가 처음으로 입에 올렸는지는 알 수 없지만 우리나라에 들어온 건 70년이 넘은 것으로 보인다. 1930년대 경성(서울)을 배경으로 한 다나카 히데미쓰의 《취한 배》(1948년)에 이 말이 나온다. 일본어에도 가케쓰케산바이(驅けつけ三杯)라고 해서 똑같은 말이 있다.

술 따위를 남에게 권하기도 하고 자기도 받아 마시는 모습을 '권커니 잣거니' 또는 '권커니 잡거니'라고 한다. 국립국어원이 바른말로 삼은 것이다. 하지만 언중은 '권커니 자커니' '권커니 작거니'도 입에 올린다.

'권(勸)하다'와 어미 '-거니'를 줄여 쓴 '권커니'는 문제 될 게 없다. 하지만 표준으로 삼은 '잣거니'는 어딘가 어색하다. '잣'이 어디에서 왔는지 알 수 없다. '잡거니'의 '잡'은 '술잔을 잡는다(執杯)'는 뜻이 있고, '작거니'의 '작'은 술잔(爵·酌)이라고 할 수 있다. 문제는 '집(執)'도, '작(爵·酌)'도 사실인지 아닌지 명확하지 않다는 것. 그렇다면 '자커니'가 제격 아닐까. 말의 뿌리가 분명하지 않을 경우에는 소리 나는 대로 적는 게 말법이니.

거섶안주는 나물로 차린 초라한 안주를 뜻한다. 이보다 못한 안주도 있다. '침안주'다. 침을 안주로 삼아 강술을 마시는 걸 말한다(열에 열, 깡술이라지만 강술이 표준어다). '술잔거리'는 술 몇 잔 정도를 사먹을 만한 돈이라는 뜻이다. 〈춘향전〉에서 춘향이 자기를 잡으러 온 아전들에게 건네는 돈이 바로 이 술잔거리다. '술추렴'은 여러 사람이 술값을 분담하거나, 차례로 돌아가며 술을 내는 것이다. '계영배(戒盈杯)'라는 술잔이 있다. '술이 가득 차면 전부 빠져나가는 술잔'인데, 욕심을 다스리라는 가르침을 준다.

---

* 주당(酒黨) :「명사」술을 즐기고 잘 마시는 무리.

흐
지
부
지

구렁이 담 넘어가듯 흐리멍덩하게 일이 끝날 때
쓰는 표현인 '흐지부지'는 '말짱 도루묵'이나
용두사미(龍頭蛇尾)와 닮았다.

사람마다 새해에는 이런저런 결심을 한다. 그런데 대개 흐지부지
되는 경우가 많다.

'흐지부지.' 구렁이 담 넘어가듯 흐리멍덩하게 일이 끝날 때 쓰는
표현이다. '말짱 도루묵'이나 용두사미(龍頭蛇尾)와 닮았다. 북한에서
는 흐지부지를 '이렇다 저렇다 하면서 걸고 들거나 말썽을 부리는 모
양'으로 쓴다고 한다. 시비를 건다는 뜻과 비슷하니, 우리가 쓰는 의
미와는 다르다.

이 낱말, 어디에서 왔을까. 홍윤표 선생은 '휘지비지(諱之秘之)'를
어원으로 본다. '자꾸 입에 오르내리는 것이 꺼려져 드러나지 않도록
감춘다'는 뜻이다. 이게 19세기 말과 20세기 초에 '흐지부지'로 변하
면서 뜻까지 바뀌었다는 것이다. 조선어학회의 《큰사전》(1957년)에
'히지부지'와 '시지부지'가 있던 걸 보면 그럴듯한 설명이다(《살아있는
우리말의 역사》·홍윤표).

정신이 맑지 못하고 흐릿할 때 쓰는 '흐리멍덩하다'와 '흐리멍텅하다' 역시 남북의 표준어가 다르다. 많은 이들이 둘 다 즐겨 쓰는데도 남한에서는 흐리멍덩하다를 표준어로, 북한에서는 흐리멍텅하다를 문화어로 삼고 있다.

보람 없이 쓰는 힘을 '헛심'이라고 하는데, 이를 '헛힘'으로 쓰는 이들이 많다. 우리말의 '힘'은 어떤 말과 결합해서 뒤에 올 때는 'ㅎ'이 'ㅅ'으로 변한다. '팔의 힘'이 '팔심', '배의 힘'이 '뱃심', 밥의 힘이 '밥심'인 이유다. 요즘처럼 말의 권위가 사라지고, 약속의 무게가 가벼워지고 있는 것은 헛똑똑이들이 헛심만 쓰고 있는 탓이다.

* 헛똑똑이 : 「명사」 겉으로는 아는 것이 많아 보이나, 정작 알아야 하는 것은 모르거나 어떤 것을 선택해야 하는 상황에서 판단을 제대로 하지 못하는 사람을 놀림조로 이르는 말.

흥청망청

'흥청망청'이란 말은 조선시대 연산군 때 생겨났다. 운평(運平) 중에서도 미모가 뛰어난 기생을 따로 뽑아 대궐에 출입시켰는데 이들이 바로 '흥청(興淸)'이다.

흥에 겨워 마음껏 즐기거나 돈이나 물건 따위를 마구 쓸 때 쓰는 말이 '흥청망청'이다. 이 말은 나랏일은 돌보지 않고 허구한 날 사치 향락에 빠졌던 조선시대 연산군 때 생겨났다. 그는 조선 팔도에 채홍사(採紅使), 채청사(採靑使)를 파견해 미녀와 기생을 뽑아 여러 고을에서 관리토록 했다. 기생이란 호칭도 '운평(運平)'으로 바꿨다. 운평 중에서도 미모가 뛰어난 기생을 따로 뽑아 대궐에 출입시켰는데 이들이 바로 '흥청(興淸)'이다.

'맑음(淸)을 일으킨다(興)'는 뜻과 달리 역사는 거꾸로 내달렸다. 연산군은 사리에 어둡고 어리석은 암군(暗君), 혼군(昏君)으로 꼽힌다. 그가 흥청들과 놀아나다 망했다 해서 생겨난 말이 흥청망청이다.

흥청망청의 '망청'은 무슨 뜻일까. 많은 이들이 흥(興)의 반대말인 망(亡)을 떠올리겠지만 '망청'에는 별다른 뜻이 없다. 그저 후렴구처럼 붙은 말이다. 우리말에는 이런 형태의 말이 꽤 있다. 울긋불

굿의 '울긋', 울퉁불퉁의 '울퉁', 티격태격의 '태격', 옥신각신의 '각신'은 아무 뜻 없이 그저 운율을 맞추기 위해 붙은 말이다.

홍청망청과 함께 떠오르는 낱말이 농단(壟斷)이다. '국정 농단'이라고 할 때의 그 농단이다. 농단은 본래 '깎아 세운 듯한 높은 언덕'이란 뜻.

옛날 중국의 한 상인이 시장을 한눈에 내려다볼 수 있는 높은 언덕에 올라 시장의 수요와 공급을 미리 파악한 뒤 부족한 물건을 사들여 비싸게 팔아 폭리를 취했다. 그때부터 농단에 거래를 좌지우지해 이익을 독차지한다는 뜻이 생겼다. 《맹자》의 '공손추(公孫丑)'에 나온다. 그 말이 상업상의 이익뿐만 아니라 권리를 과도하게 독점한다는 뜻으로까지 의미가 넓어졌다.

중국 후한(後漢) 영제(靈帝) 때 황제의 신임을 믿고 권력을 휘두른 10명의 환관, 즉 십상시(十常侍)가 국정을 농단한 대표적인 인물들이다.

---

* 허구하다 : 「형용사」 ('허구한' 꼴로 쓰여) 날, 세월 따위가 매우 오래다. 허구헌 날(×)

흰 선 신
소 소 소
리 리 리

우리말에 '소리'가 붙은 말은 대개가 부정적이다.
군소리는 하지 않아도 좋을 쓸데없는 말이다.
선소리는 '이치에 맞지 않은 서툰 말'이다.

따듯한 집밥의 소박함을 보여준 tvN 〈삼시세끼〉가 한동안 많은 이의 눈길을 모았다. 예능 프로그램인데도 시끌벅적하지 않고 누군가와 함께 밥을 짓고 함께 먹는 일이 소소한 행복임을 일깨워주었다. 무엇보다 거친 말과 욕설이 없는 '청정 프로그램'이라는 점이 인기에 한몫했다.

그러나 세상은 청정하지 않다. 어느샌가 말 대신 각종 '소리'가 넘쳐난다. 좋은 소리면 모르겠는데, 우리말에 '소리'가 붙은 말은 대개가 부정적이다.

우선 군소리. 군소리는 하지 않아도 좋을 쓸데없는 말이다. 군소리는 힘 있는 사람이 하면 '갑질'이 되기 쉽고, 힘 없는 사람이 하면 핑계가 되기 쉽다.

언중이 헷갈려 하는 소리 중에 대표적인 것이 '흰소리, 선소리, 신소리'다. 흰소리는 '터무니없이 자랑을 하거나 허풍을 떠는 말이다. 경기도와 충남 북부 지역 등에서는 이를 '쉰소리'라고도 한다. '형님'을 '성님'으로 부르는 것과 비슷하다.

선소리는 착할 선(善)을, 신소리는 매울 신(辛)을 떠올리기 쉽지만 둘 다 한자어가 아니다. 선소리는 '이치에 맞지 않은 서툰 말'로서 '생(生)소리'와 뜻이 비슷하다. 신소리는 '상대편의 말을 슬쩍 받아 엉뚱한 말로 재치 있게 넘기는 말'이다. 그런데도 아직까지 많은 사람들이 신소리를 '듣기에 거슬리는 소리' 또는 '쓸데없는 소리' 등의 의미로 쓰고 있다.

우리 사회는 정당한 요구에도 '볼멘소리'로 타박하는 경우가 많다. '발림소리'로 윗사람의 비위를 맞추는 사람이 즐비하고 '오만소리'로 참견을 하다가도 잘못되면 사과는 '혼잣소리' '모깃소리'로 한다. '허튼소리'를 '우스갯소리'라고 발뺌하는 사람도 있다. 사회가 신뢰와 정의, 정도를 잃어버렸기 때문이다.

우리 사회에 넘쳐나는 불건전한 '갖은소리'를 잠재울 '쓴소리' '죽비소리'는 어디에 있는가.

* 허드렛소리 : 「명사」 별로 쓸모가 없고 중요하지 아니한 말.

'추천사

　　손진호 기자가 동아일보에 연재했던 우리말글 관련 글들을 모아 책을 펴
낸다니 반갑고 기쁘다. 손 기자는 '잎새, 속앓이, 마실, 묵은지' 등 새로이 표
준어로 편입된 단어들을 맛깔스러운 글솜씨로 언중에게 널리 알리기도 하였
고, '염치 불고하다, 유명세, 향년' 등 한자어의 잘못 쓰임을 예리하게 짚어주
기도 하였다. 신문이나 방송, 영화 등에 나타나는 언중의 말글살이를 현실감
있게 다루기도 하였다. 때로는 언중의 말 씀씀이를 받아들여 뜻풀이를 추가
하거나 차별적인 표현은 순화할 것을 제안하기도 하였다. 이런 글들을 통해
우리는 그의 우리말글에 대한 애정이 깊고 넓음을 느낄 수 있고, 우리말글 연
구의 내공이 깊음을 엿볼 수 있다. 우리말글을 아끼고 사랑하는 이라면 누구
나 꼭 한 번 읽어 보기를 권한다.

_ 송철의, 국립국어원장

　　언론인은 바쁘다. 어문기자는 더 바쁘다. 내가 아는 손진호 기자는 다른
기자들보다 많이 바쁘다. 그는 누구보다 우리말을 사랑하기 때문이다. 말의
주인은 언중이므로, 국어사전의 속 좁음을 지적하고, 신문이나 방송 드라마,

312

영화 등에 나타나는 언중의 말글살이를 현실감 있게 다룬 그의 글은 그래서 소중하다. 기자와 아나운서가 만나면 술자리에서도 우리말에 대해서 이야기한다. 투박한 경상도 사투리로 우리말에 대한 사랑을 이야기하는 그가 있기에 우리말은 그 모습을 지키고 있다. 책을 낸다는 것은 쉬운 일이 아니라고 알고 있다. 얄팍한 지식을 보기 좋게 포장하기는 쉬울 것이다. 그러나 어문기자 30년의 내공을 실어서, 그것도 우리말에 대한 사랑을 구수하게 풀어내는 이 책은 오랫동안 내 책상에 놓여 있을 것이다. 두 번째 책이 나올 때까지….

_ 손범규, SBS 아나운서팀 부장

30년간의 언론사 어문기자로서의 묵직한 경험이 느껴진다. 저자는 신문, TV, 인터넷 등 우리가 일상생활에서 사용하는 언어에 민감하게 반응하고 수용한다. 그것도 단순히 설명하는 게 아닌, 다양하게 인용하며 그 의미의 뿌리를 찾아가고 확장한다. 마치 정신분석이 한 개인의 언어 속에 개별적 상징과 이야기를 따라가는 과정과 유사하다. 거기서 우리는 과거 역사 속의 언중을 만나 그들의 숨은 이야기들을 듣는다. 저자는 거기에 머물지 않고 언어의 규정과 비규정을 고민한다. 그래서 그가 이 책에서 제안한 표준말의 지정 여부는 현재와 미래의 의식과 무의식 곳곳에 포진할 언어의 자리이기에 중요하다. 이렇듯 그는 우리 일상의 말글을 매개로 우리의 과거 · 현재 · 미래를 연결하였다. 그 연결은 핏줄처럼 우리의 삶에 생명력을 부여한다. 그리고 그 생명력의 기원은 바로 과거 · 현재 · 미래를 잇는 우리들의 모습, 저자가 강조하는 '언중'이다.

_ 이현권, 정신건강의학과 전문의 겸 사진작가

찾아보기

손진호 지음

1961년 경남 밀양 출생. 1987년 동아일보에 입사해 어문연구팀에서 근무하고 있다.
콘텐츠기획본부 전문기자로 3년여간 연재했던 말글칼럼을 깁고 더해 이 책을 냈다.
정부언론외래어심의위원회 위원과 부위원장, 한국어문기자협회장을 지냈다. 2003년
표준국어대사전을 분석해 한국어문상 대상(단체)을, 2017년 한국어문상 대상을 받았다.

허남문 그림

1961년 경북 경주 출생. 홍익대학교 산업미술대학원을 졸업했다. 2017년 서울 예술의
전당 한가람미술관에서 일곱 번째 개인전을 열었다. 대구문화예술회관, 대구대학교
중앙박물관 등에 작품이 소장되어 있다. 대구 미술인상을 수상하고 한국정수미술대
전 심사위원을 지냈다. 현재 작품 활동에 전념하고 있다.

지금
우리말글

인쇄 – 2018년 5월 31일
발행 – 2018년 6월 12일
지은이 – 손진호
발행인 – 허진
발행처 – 진선출판사(주)
편집 – 이미선, 권지은, 최윤선
교열 – 이승훈
디자인 – 고은정
총무 · 마케팅 – 유재수, 나미영, 김수연
주소 – 서울시 종로구 삼일대로 457 (경운동 88번지) 수운회관 15층
　　　　대표전화 (02)720–5990　팩시밀리 (02)739–2129
　　　　홈페이지 www.jinsun.co.kr
등록 – 1975년 9월 3일 10–92

※책값은 표지에 있습니다.　© 손진호, 2018

ISBN 978-89-7221-565-3 03710